W0305318

Theodor Lessing
Ausgewählte Schriften – Band 2

Theodor Lessing

„Wir machen nicht mit!"

Schriften gegen den Nationalismus und zur Judenfrage

Herausgegeben von Jörg Wollenberg
unter Mitarbeit von Helmut Donat

Mit Beiträgen und Zeichnungen
von Walter Grab und Alfred Hrdlicka

Donat Verlag · Bremen

Deutsche Bibliothek – CIP-Einheitsaufnahme

Lessing, Theodor:
Ausgewählte Schriften / Theodor Lessing. – Bremen : Donat
NE: Lessing, Theodor: [Sammlung]
Bd. 2. „Wir machen nicht mit!“ : Schriften gegen den Nationalismus und zur Judenfrage / hrsg. von Jörg Wollenberg unter Mitw. von Helmut Donat. Mit Beitr. und Zeichnungen von Walter Grab und Alfred Hrdlicka. – 1997
ISBN 3-931737-16-0
NE: Wollenberg, Jörg [Hrsg.]

© 1997 by Donat Verlag
Umschlagzeichnung: Alfred Hrdlicka (Wien), 1996
Druck: Fuldaer Verlagsanstalt GmbH, Fulda

Inhalt

ENTTÄUSCHUNGEN

AUSGRENZUNGEN

VISIONEN

VERMÄCHTNIS

Walter Grab

Theodor Lessings Kampf gegen den antisemitischen Nationalismus in Deutschland

Theodor Lessing war ein von der Gleichwertigkeit aller Menschen und Kulturen überzeugter pazifistischer Gesellschaftskritiker, der die „macht- und geltungswilligen Bannerträger der alten Tradition“[1] bekämpfte. Im Gegensatz zu den meisten Zeitgenossen verfiel er zu Beginn des Krieges 1914 keinem Hurrapatriotismus, sondern stellte vielmehr fest, daß Deutschland „jahrzehntelang die Politik eines selbstgerechten Imperialismus getrieben“[2] habe. Elf Jahre später warnte er die akademische Jugend vor dem „volksbetrügenden“ Nationalismus, der ein „vaterländisches und heroisches Ideal“ vorspiegele, dessen Staatsziel aber in Wirklichkeit die „Wiedererrichtung eines von Militär- und Beamtenklüngeln geleiteten Obrigkeitsstaates“ sei, „gefürchtet von allen fremden Nationen und die Keimzelle einer neuen Eroberungs-, Unterjochungs- und Kriegsgeschichte“[3].

Lessing bezeichnet sich selbst als einen „zum Lose der Kassandra bestimmten“ vereinzelten Weltbürger.[4] Diese politische Prophezeiung bewahrheitete sich, denn seine Warnungen verhallten ebenso ungehört wie die Voraussagen der Tochter des Priamos vom Untergang Trojas, und Lessing wurde ebenso ein Opfer siegreicher Mörder wie Kassandra.

Lessing war zwar der jüdischen Religion gänzlich entfremdet, bekannte sich jedoch zu seiner Herkunft aus Solidarität mit der verfolgten Minderheit und sprach der jüdischen Gemeinschaft die Aufgabe zu, „Vertreter des geistigen Schicksals der Menschheit“ zu werden. Das Judentum sollte sich zum Träger einer „zwischenvölkischen, allvermittelnden Sendung“ machen, die „von Boden und Landschaft“ unabhängig ist und „den geistigen Adel der reinen Vernunftmenschheit“ begründet.[5]

Um Lessings An- und Einsichten gebührend zu würdigen, ist es von Nutzen, einige Besonderheiten der deutschen Judenemnzipation und die Funktion des antisemitischen Nationalismus kennenzulernen.

Die rechtliche Gleichstellung der Juden in Deutschland wurde zweimal verkündet: erstmals vom Parlamenr der Frankfurter Paulskirche und 21 Jahre später vom Reichstag des Norddeutschen Bundes. Der 1848 proklamierte Grundrechtskatalog emanzipierte die Juden, indem er die Unabhängigkeit der staatsbürgerlichen Rechte vom Bekenntnis aussprach. Diese Grundrechte und die gesamte Verfassung der Paulskirche wurden jedoch nach der Niederlage der Revolution annulliert. Das 1869 erlassene Gesetz des Norddeutschen Bundes, das zwei Jahre später in die Verfassung des Deutschen Reiches aufgenommen wurde, bestimmte, daß die Konfession kein Hindernis zur Bekleidung öffentlicher Ämter bilden dürfe.

Dieses Emanzipationsgesetz war jedoch kein Ergebnis des revolutionären Erbes eines souveränen Volkes, das eine demokratische Neuordnung im Kampf gegen die alten Gewalthaber erfolgreich durchgesetzt hatte. Es wurde erst erlassen, nachdem die preußischen Liberalen ihren Frieden mit Bismarck gemacht und ins Regierungslager übergegangen waren. Der israelische Historiker Jacob Toury bezeichnet die Judenemanzipation von 1869/71 zutreffend als „Flickwerklösung", denn sie betraf lediglich die individuellen Rechte der jüdischen Staatsbürger; dem Judentum hingegen billigten die Obrigkeiten Preußens und der meisten Teilstaaten des Deutschen Reiches nur den Rang einer geduldeten Religion zu. Sie gewährten nur den christlichen Konfessionen Anspruch auf Staatsmittel und führten keine Trennung des Staates von der Kirche durch. Es gab keine Emanzipation des Judentums als religiöser Gemeinschaft und kultureller Gesamtheit in Gleichberechtigung mit den anderen rezipierten Religionen.[6] Die konservativen Machtträger, die den durch die Industrialisierung bewirkten rapiden sozialen Mangel als Bedrohung der althergebrachten Gesellschaftshierarchie empfanden, gewährten den jüdischen Einzelbürgern zwar Gleichheit vor dem Gesetz, weil marktwirtschaftliche Bedürfnisse dies erforderlich machten, neigten jedoch dazu, alle polizeilichen Freiheitsrechte, also auch die Judenemanzipation, als staatliche Konzessionen mit Vorbehalt des Widerrufs zu betrachten.

Die Forderung nach jüdischer Gleichberechtigung im öffentlichen Bereich beruhte auf dem demokratischen Egalitätsbegriff des rationalen Naturrechts und widersprach der Ideologie der Führungselite des Deutschen Reiches in der Staatsverwaltung, dem Offizierskorps, dem Großgrundbesitz und den Kirchen. Diese herrschenden Sozialgruppen bekämpften die Idee der Demokratie als verabscheuungswürdiges Produkt, das dem deutschen Geist, dem deutschen Wesen fremd und unzuträglich sei, und hielten daher auch nach der rechtlichen Gleichstellung der Juden am Axiom der jüdischen Nichtzugehörigkeit und Andersartigkeit fest.

Die Behauptung der prinzipiellen Unvereinbarkeit von Deutschtum und Judentum war schon zu Beginn des 19. Jahrhunderts von Deutschtümlern und politischen Romantikern aufgestellt worden. Die Doktrinen von konstanten, kollektiven und unveränderbaren Volkscharakteren, von der Reinheit des germanischen Blutes, von der moralischen Höherwertigkeit des Deutschtums und der unausrottbaren Verderbtheit der Juden bildeten das ideologische Fundament des in den siebziger Jahren aufkommenden Rassenantisemitismus. Die Obrigkeiten gestanden den Juden trotz ihrer nominellen Gleichberechtigung keine „hoheitlichen Rechte“ zu und schlossen sie de facto von der Staatsverwaltung, dem Justizwesen, der Offizierslaufbahn und den höheren Lehrämtern aus. Diese Diskriminierung machte die Judenemanzipation zu einem Torso und ermöglichte es, den Judenhaß als politische Waffe zu verwenden. Da das demokratische Bewußtsein im Obrigkeitstaat verkümmerte, konnte man die Juden in Krisenzeiten leicht zu Sündenböcken stempeln, um die verproletarisierenden Massen zu verdummen und irrezuführen.

Akkulturierte Juden wie Lessing, die die orthodoxen Religionsgesetze nicht mehr befolgten, befanden sich in einer eigentümlichen Zwitterstellung: sie empfanden sich zwar als Deutsche jüdischer Konfession, hatten jedoch ihre Integration in die deutsche Gesellschaft nicht erreicht, weil keine der maßgebenden politisch-ideologischen Richtungen sie bedingungslos als Gleichwertige akzeptierte. Traditonsgebundene Protestanten und Katholiken fuhren fort, die Juden als Volk der Gottesmörder zu verabscheuen, während die dem Christentum entfremdeten Konservativen sie als unassimilierbaren Fremdkörper ansahen. Die Liberalen bejahten zwar ihre völlige Gleichberechtigung, forderten aber von den Juden den Verzicht ihres Kollektivbewußtseins und ihrer Tradition, also die Selbstaufgabe des Judentums, um im Deutschtum aufzugehen und als gleichwertige Mitbürger gelten zu können.

Es bestand ein prinzipieller Unterschied zwischen der Situation der Juden im Deutschen Reich und in jenen Ländern, in denen der demokratische Gleichheitsgrundsatz gesetzlich verankert und zum festen Bestandteil des politischen Lebens geworden war. In den Niederlanden, den Vereinigten Staaten und Frankreich wurden nicht nur die jüdischen Einzelbürger, sondern auch die jüdische Religion von den staatlichen Behörden als gleichwertig und gleichberechtigt anerkannt. In diesen Ländern glückte die gesellschaftliche und politische Integration der Juden, während die deutsch-jüdische Weggemeinschaft sich als nicht tragfähig erwies, häufig Rückschläge erlitt und schließlich scheiterte. Die Ursache dieses Gegensatzes liegt darin, daß die Toleranzedikte und Emanzipationsgesetze in den Niederlanden, England, den USA und Frankreich nicht von den traditionellen antidemokratischen Obrigkeiten, sondern von den Revolutionären erlassen wurden. In Deutschland verliehen die von den Zwängen sozialer und politischer Modernisierung getriebenen konservativen Machtträger den Juden zwar zögernd und bruchstückhaft bürgerliche Rechte, tasteten jedoch die überlieferte Gesellschaftsstruktur kaum an. Die Judenemanzipation erfolgte ohne Mitwirkung und Mitbestimmung der Bevölkerungsmehrheit, ohne Einschränkung der Normen und Werte der alten Sozialelite. Dieser Weg führte die deutschen Juden in den Abgrund.

In den Niederlanden, in England, den Vereinigten Staaten und Frankreich hingegen proklamierten die Revolutionäre in früheren Jahrhunderten den legitimen Widerstand gegen die althergebrachte Obrigkeit, griffen zu den Waffen, stürzten die Fremdherrschaft oder die eigenen traditionellen Gewalten und beschritten nach ihrem Sieg einen Weg, der sich die Änderung der Gesellschaftshierarchie und des politischen Bewußtseins zum Ziele setzte. Diese Umwälzungen eröffneten der gesamten Bevölkerung vorwärtsweisende und zukunftsträchtige Perspektiven, schufen eine geistige Atmosphäre des Liberalismus und der Völkerfreundschaft und leiteten die Demokratisierung der Gesellschaft ein. Dies ermöglichte den Juden, nicht nur im privaten, sondern auch im öffentlichen Bereich geachtete Positionen zu erringen. Da sich rückschrittliche Ideologien weniger entfalten konnten, vermochten faschistische und antisemitische Bewegungen und Parteien in unserem Jahrhundert nicht, die politische Macht aus eigenen Kräften zu erobern. Gewiß hat es auch in diesen Ländern zahlreiche Judenfeinde gegeben; sie vermochten jedoch nicht, das humanistische und völkerverbindende Erbe der Aufklärung hinwegzufegen, aus dem sich die Judenemanzipation speiste. Zur Zeit der Dreyfus-Affäre flammte auch in Frankreich wütender Antisemitismus empor; aber ihr Ergebnis war nicht der Triumph der Judenfeinde, sondern vielmehr ein großer Erfolg der Demokratie und der Fortschrittsbewegung, nämlich die 1905 vom französischen Parlament beschlossene Trennung von Kirche und Staat. Auf dem Gipfel des Dreyfus-Prozesses ergriffen bedeutende Staatsmänner wie Georges Clemenceau und Jean Jaurès, hervorragende Schriftsteller wie Emile Zola und Anatole France für die Juden Partei und wiesen die Hetze der Antisemiten in die Schranken; in Deutschland gab es eine Generation später, in der Endkrise der Weimarer Republik, keine Politiker und Geistesgrößen von ähnlichem Format, die die Juden im Interesse der Demokratie verteidigt und den Nazis „J'accuse" zugerufen hätten.

Nach dem Verschwinden des Kaiserreiches, als erstmals in der deutschen Geschichte eine parlamentarische Demokratie entstand, konnten Juden politische Positionen einnehmen, die ihnen zuvor vorenthalten worden waren. In der Regierung Scheidemann war Hugo Preuß, der die Weimarer Verfassung schuf, Innenminister und Otto Landsberg Justizminister; unter dem Ministerpräsidenten Wirth war 1921/22 Walter Rathenau Außenminister, und in der sozialdemokratischen Regierung Hermann Müller war sieben Jahre später Rudolf Hilferding Finanzminister. Auch im öffentlichen Dienst und an Universitäten gelang es jüdischen Persönlichkeiten, Stellungen zu erlangen. Die deutsche Judenheit glaubte sich daher auf dem Gipfel der Erfolge; in Wirklichkeit war sie jedoch mehr gefährdet als jemals seit Beginn der Emanzipation.

Denn die Niederlage im November 1918, die dem Traum von nationaler Harmonie und internationaler Vorherrschaft Deutschlands ein Ende machte, führte zu enormer Verschärfung des Antisemitismus. Die Alldeutschen und völkischen Rassenfanatiker, die den Krieg angezettelt hatten, entfalteten eine militante Hetze, die von den wahren Schuldigen am Volkselend ablenken sollte und den Juden die Niederlage in die Schuhe schob. Es war paradox, daß die von der Arbeiterpartei stets angestrebte Beseitigung der Überreste der Feudalgesellschaft, also das Schwinden des Adels als eines politisch bevorrechteten Standes, nicht zu durchgreifender Demokratisierung, sondern zur Verstärkung des Antisemitismus führte. Die Juden wurden als Vorkämpfer und Wegbereiter der verhaßten Demokratie bekämpft; die Antisemiten warfen ihnen vor, sie hätten am Krieg verdient und das Volk ausgeplündert, eine „Verschwörung des internationalen Judentums" sei für die Novemberrevolution verantwortlich. Die Juden wurden also bewußt und planmäßig zum Sündenbock für die ökonomische Not und für den kriegsbedingten Auflösungsprozeß der ständischen Ordnung gemacht. Die Legende, daß die Juden dem deutschen siegreichen Soldaten den „Dolch in den Rücken gestoßen" hätten, war zwar eine Erfindung antidemokratischer und arbeiterfeindlicher Kräfte; aber auch der sozialdemokratische Politiker Friedrich Ebert leistete – bewußt oder unbewußt – dieser Legende Vorschub, indem er als Vorsitzender des Rates der Volksbeauftragten am 6. Dezember 1918 den durch das Brandenburger Tor marschierenden Regimentern, die von der Front zurückkehrten, zurief: „Im Felde unbesiegt!"

Es bestand ein merkwürdiger dialektischer Widerspruch zwischen der Stellung der Juden vor und nach dem Krieg. Im Kaiserreich war der Antisemitismus zwar virulent, aber doch nur eine Randerscheinung gewesen. Die traditionellen Herrenschichten Preußens, die den Staat lenkten und dem demokratisch gewählten Reichstag keine politische Mitbestimmung einräumten, bestanden auf bedingungslosem Untertanengehorsam. Sie hatten die Juden zwar als Bürger zweiten Ranges angesehen, den Antisemitismus zugelassen und ihn als salonfähig betrachtet, antijüdische Exzesse jedoch nicht geduldet. Bismarck verwarf die Antisemitenpetition, die die Rücknahme der jüdischen Gleichberechtigung verlangte, nicht aus Judenfreundschaft oder Humanitätsempfinden, sondern weil er sich das Gesetz des Handelns nicht von unten vorschreiben lassen wollte. Die herrschende Adelsschicht vermochte auf Unterstützung der Massen zu verzichten, weil das ungleiche, indirekte und öffentliche preußische Dreiklassenwahlrecht ihre Herrschaft garantierte.

Nach dem verlorenen Krieg erhielt der deutsche Antisemitismus eine wichtige politische Funktion, die nicht nur für die Juden verhängnisvoll war, sondern die gesamte Gesellschaft bedrohte. Die Parteien der Weimarer Koalitionsregierungen trugen der Tatsache kaum Rechnung, daß die hemmungslose Hetze der Antisemiten nicht nur gegen die Juden gerichtet war, sondern auch gegen die neue Republik und Demokratie. Hatte der Nationalökonom Werner Sombart vor dem Krieg behauptet, die Juden seien „Erfinder des Kapitalismus", so machten die antisemitischen Demagogen nach 1918 die Juden zu „Erfindern des Kommunismus und Bolschewismus." Sie wurden nicht nur für den militärischen Zusammenbruch, sondern für alle Übelstände der Nachkriegszeit verantwortlich gemacht. Die nationalistischen Gewalttäter wurden hingegen mit Milde und Nachsicht behandelt. Die völkischen Verbände konnten den antisemitischen Terrorismus nahezu ungehindert betreiben, weil die Staatsverwaltung in Händen der traditionellen Bürokratie verblieb, die die Niederlage den Juden und den „sozialistischen Novemberverbrechern" zuschrieb.

Die völkischen Nationalisten waren an keinen Auseinandersetzungen mit Demokraten und Sozialisten interessiert, sondern räumten ihre politischen Gegner mit Gewalt aus dem Weg, um ihre eigenen Absichten leichter durchführen zu können. Unter den Revolutionären jüdischer Herkunft, die im ersten Jahr der Weimarer Republik ermordet wurden, waren in Berlin die Kommunisten Rosa Luxemburg und Leo Jogiches und der Vorsitzende der USPD, Hugo Haase. Auch in Bayern bezahlten einige dem Judentum entstammende Sozialisten ihre politische Wirksamkeit mit dem Leben. Der Publizist Kurt Eisner, der schon vor dem Weltkrieg die Kriegspläne der kaiserlichen Politiker bekämpfte, rief als

Vorsitzender des Münchner Arbeiter- und Soldatenrates am 8. November 1918 die Republik aus. Er fungierte drei Monate lang als bayerischer Ministerpräsident und wurde von einem reaktionären Studenten erschossen. Einer der Führer der nach Eisners Ermordung errichteten bayerischen Räterepublik war der jüdische Kommunist Eugen Leviné; er wurde nach dem Sieg der Konterrevolution zum Tode verurteilt und hingerichtet. Der anarchistische Apostel der Gewaltlosigkeit, Gustav Landauer, der eine herrschaftsfreie und sittliche Gemeinschaft anstrebte, wurde nach der Niederlage der Räterepublik von aufgehetzten Soldaten bestialisch erschlagen.

Die Diffamierungskampagne der deutschen Nationalisten, die die Bevölkerung gegen jüdische und nichtjüdische Demokraten und Sozialisten aufhetzte, erschütterte die Grundfesten der parlamentarischen Ordnung. Die erzkonservative Deutschnationale Volkspartei, die die Junker und Großgrundbesitzer, das Offizierskorps, die hohe Beamtenschaft und die Schwerindustrie repräsentierte, war ein Sammelbecken all jener reaktionären Kräfte, die die militärische Niederlage nicht zur Kenntnis nehmen wollten. In der Weimarer Republik mußte sie sich demokratisch legitimieren und maskieren, um ihre politischen Ziele durchzusetzen. Daher waren diese ehemals herrschenden Schichten genötigt, sich durch Massenorganisationen im Volk einen Rückhalt zu verschaffen und die Hilfe derjenigen in Anspruch zu nehmen, die sie im Kaiserreich in Abhängigkeit gehalten hatten.[7] Sie unterstützten daher Verbände wie den „Deutschvölkischen Schutz- und Trutzbund“, den „Reichshammerbund“, später die Nazipartei und ging mit dem durch Krieg, Krise und Inflation pauperisierten Kleinbürgertum Bündnisse ein. Dabei diente der Antisemitismus als verbindendes Element und wurde zu einem politischen Faktor ersten Ranges.

Nach dem Tode Friedrich Eberts stellten die konservativen Parteien dem ehemaligen Generalstabschef des kaiserlichen Heeres, Paul von Hindenburg, im Frühjahr 1925 als Kandidaten zum Amt des Reichspräsidenten auf. Der greise Feldmarschall war ein Mann, der nach eigener Aussage in seinem ganzen Leben außer der Bibel nur ein einziges Buch gelesen hatte, nämlich das preußische Exerzierreglement. In einem ohne Bosheit, aber auch ohne Blindheit geschriebenen Essay, das im „Prager Tagblatt“ erschien, bezeichnete Theodor Lessing Hindenburg als eine der „einfältigsten und treugläubigsten Naturen – ein Fragezeichen, ein Zero“ und schloß mit den Worten: „Leider zeigt die Geschichte, daß hinter einem Zero immer ein künftiger Nero verborgen steht.“[8]

Diese politische Prophezeiung, die sich acht Jahe später bewahrheiten sollte, als der „Ersatzkaiser“ Hindenburg Hitler zum Reichskanzler ernannte, löste bei den nationalen Sittenwächtern einen Sturm der Entrüstung aus. Die Studentenschaft der Technischen Hochschule Hannover, an der Lessing als nicht beamteter außerordentlicher Professor lehrte, verlangte die Abberufung des unabhängigen und nicht parteigebundenen Kulturphilosophen, der das eiserne nationale Idol Hindenburg beleidigt habe. Die Tumulte der antisemitischen und aufgehetzten Studenten nahmen derartige Ausmaße an, daß Lessing seine Vorlesung abbrechen mußte. Das Stadtparlament von Hannover verlangte die Einstellung seiner Lehrtätigkeit, und der Lehrkörper der Technischen Hochschule forderte den preußischen Kultusminister auf, ihn zu entlassen. Lessing war gezwungen, auf seinen Lehrauftrag zu verzichten.

Der Erfolg der Nationalisten beweist, daß die Selbstbehauptungskräfte der demokratischen Weinmarer Republik sogar in ihren „besten Jahren“ gering waren. Die Ministerien und Reichsbehörden waren nicht bereit und imstande, die verfassungsmäßige Garantie der freien Meinungsäußerung durchzusetzen und wichen vor dem antisemitischen Terror zurück. Dieses Nachgeben ermunterte die nationalistischen Judenfeinde zu immer radikalerem Vorgehen, so daß schon vor dem Machtantritt der Nazis keine Juden mehr in den Staatsapparat und in wichtige Lehrämter aufgenommen wurden.

Lessing ahnte schon 1925, daß sein „Fall“ ein Meilenstein auf dem Todeswege der Weimarer Republik war und daß er dem nationalistischen Terror ebenso zum Opfer fallen würde wie Walther Rathenau. In seinen letzten Lebensjahren verfaßte er ein Buch über seine Kindheits- und Jugenderinnerungen und eine Analyse über den „jüdischen Selbsthaß“. In einem Diskussionsbuch über die Judenfrage, das 1932 erschien, stellte er fest, daß die Juden in Deutschland auf verlorenem Posten standen. „In der deutschen Republik, einem Volksstaate, welcher jedem Bürger die Freiheit des Gewissens und den Schutz seiner Ehre verbürgt, geschieht ein Kollektiv-Verbrechen, desgleichen niemals ähnlich dagewesen ist. Denn niemals war es erlaubt, daß die Majorität im Staate die wehrlose Minderheit in Wort und Schrift als hassenswert und parasitär dem Masseninstinkte preisgeben durfte.“[9]

Im Februar 1933 flüchtete der ausgegrenzte Unglücksprophet Theodor Lessing in die Tschechoslowakei und wurde dort ein halbes Jahr später ein Opfer von Meuchelmördern. Die Massenverhaftungen und physische Vernichtung von tausenden bürgerlichen und proletarischen Demokraten waren die unerläßliche Voraussetzung der „Endlösung“ der Judenfrage, also zum millionenfachen Mord, der von einer Minderheit des deutschen Volkes begangen und von der Mehrheit stillschweigend geduldet wurde, Die Ideologie der antisemitsichen Nationalisten, die den demokratischen Grundsatz der Gleichwertigkeit aller Menschen negierte, übte auf das politische Bewußtsein der Bevölkerung entscheidenden Einfluß aus. Eine derartige Entwicklung war möglich, weil die beiden deutschen Revolutionen – die bürgerliche von 1848 und die proletarische von 1918 – gescheitert waren. Die selben Feinde der Menschheit, die die Juden in die Todesöfen trieben, führten auch das eigene Volk auf die Schlachtbank.

KRIEG

An den Nerven krank und dem Zusammenbruch nahe – Tagebuchnotizen August 1914

Ich fühle, daß meine Kräfte nachlassen. Mein Leben ist im Absinken. die Müdigkeit und Nervenerschöpfung vieler Jahre hat sich in einem Zustand nicht mehr überwindlicher Schwäche angehäuft. Werde ich diese grauenhafte Zeit überleben? Ich weiß kaum, ob ich mir noch längeres Leben wünschen darf. – Mich hält einzig der Gedanke, daß ich die „Philosophie der Not“ vollenden muß. Dazu war ich geboren. Darum bitte ich. Gelingt das nicht, so bin ich um mein Leben betrogen. –

Der letzte gute Tag, den wir hatten, war Miriams Geburtstag, den wir im Gedächtnis an unsere liebste Tote noch jedes Jahr durch einen Ausflug feierten. 1912 an das Steinhuder Meer, 1913 nach Ilten bei Hannover, 1914 durch den Besuch des Zoologischen Gartens mit Ruth, welche 1 1/2 Jahre alt zum ersten Male alle die riesigen, mannigfachen, lauten, fremdartigen Geschöpfe zu sehen bekam, hinterdrein sprach sie tagelang von dem „großen, großen Fort“; vom Elefanten, dessen Kunststücke unauslöschlich auf sie wirkten. Es war ein schöner Tag, frische Luft, Sonnenschein, Musik, Café und Kuchen, Judy und Ada froh und liebenswürdig, das Kleine im Kinderwagen durch den Wald von mir geschoben, wo am Waldrand Soldaten sich im Abgeben von Trompetensignalen übten. – O schöner Tag! Zwischen Österreich und Serbien war schon der Krieg ausgebrochen. – Niemand aber ahnte, daß der große europäische Krieg vor der Tür stand. Drei Tage später kam die Kriegserklärung gegen Rußland. –

Am zweiten August begab ich mich, an den Nerven krank und dem Zusammenbruch nahe, nach Goslar, in das Sanatorium Theresienhof. Bei der Ankunft wurde ich auf dem Bahnhof vom Stationsvorsteher verhaftet, weil man mich für einen Russen hielt. Zum Glück konnte ich mich durch meinen Militärpaß legitimieren. – Im Sanatorium war eine trostlose Gesellschaft, viele uralte Damen, darunter ein Fräulein Angelika Hartmann, Gründerin einer großen Froebel-Schule in Leipzig, eine trotz ihrer 85 Jahre noch ungemein lebendige brave alte Lady, ein Justizrat aus Braunschweig, ein älterer Offizier, ein paar junge Mädchen. Als ich 24 Stunden dort war, kam die Kriegserklärung Englands. Nun hielt es mich nicht länger. Ich begehrte bei den Meinen zu sein und beschloß sofort abzureisen, um mich auf dem Oberkommando zu etwaigem Sanitätsdienst zur Verfügung zu stellen. Das erregte Widerspruch und üblen Lärm. Ich hatte gerade eine Kur angefangen, der Sanatoriumsbesitzer hatte mich untersucht und wollte mich nicht wieder fortlassen. Aber meine Ruhe war dahin.

Am 4. August morgens wünschte ich abzureisen. Aber dieses Mal ohne Militärpaß, denn ich hatte den Paß schon schriftlich dem Oberkommando zur Verfügung stellen müssen. – Im Begriffe abzureisen, wurde ich auf dem Bahnhof als russischer Spion verhaftet. Ein Kerl packte mich grob an, holte zwei Soldaten herbei. Ich soll mich ausweisen, habe aber keine Papiere. Also als Arrestierter zur Kaserne, von zwei Soldaten mit Gewehr und Bajonett eskortiert, ein dritter trägt meinen Handkoffer, ein kleiner Junge ergreift die Handtasche, ihm wird bedeutet, daß er im Zuge mitzugehen habe, die Tasche vorsichtig tragen müsse (es könne ja Dynamit darin sein), wenn ich einen Schritt vom Wege weiche, wird geschossen, ich mußte auf dem Fahrdamm gehen, ein langer Zug von Kindern, Dienstmädchen schloß sich an. Ein Junge hat eine kleine Mundharmonika. Darauf spielt er „Deutschland, Deutschland über alles". – Ich höre noch jetzt die Klänge im Ohr. So ging es durch die gute Stadt Goslar zur Kaserne der grünen Jäger. Die Bürger und Bürgertöchter, die selben, welche heuer in der Harzreise so freundlich Kußhände zuwarfen, liefen an die Fenster. Die Kaufleute traten vor die Läden. Blitzschnell verbreitete sich die Kunde: „Schon wieder ein russischer Spion gefangen". An den vorigen Tagen hatte man in Hannover 14 Russen als vermeintliche Spione erschossen. Die Leute waren ganz toll. Schuld daran war zum großen Teil das Kriegsministerium oder der Generalstab, die verlauten ließen, daß von Frankreich aus goldbeladene Automobile durch den Harz nach Rußland unterwegs seien, um den Russen ich weiß nicht wie viel Millionen Gold zur Kriegsunterstützung zu bringen.[1] Jedes Auto auf deutschen Landstraßen wurde angehalten und wenn es nicht auf Anruf strikt hielt, beschossen. Auf den Landstraßen im Harze sah ich dicke Baumstämme gelagert; man versperrte die Wege. Es wurden dann auch wirklich einige dieser französischen Goldautomobile abgefangen. Aber auf Kosten vieler Menschenleben. Von allen Seiten kam die Nachricht, daß man Unschuldige totgeschossen habe. – Noch toller wurde der Zustand, als einige Tage später, an allen Straßenecken der Anschlag zu lesen stand: die französischen Goldträger versuchten, seitdem keine Autos mehr deutsche Landstraßen ungehindert passieren könnten, in Verkleidungen, als Arbeiter, Schlosser, Bergarbeiter auf Zweirädern Deutschland zu durchqueren, um die russische Grenze zu erreichen. Jetzt wurde in den Tagen vom 4. bis 10. August sogar jedermann aufgefordert, auf jeden Radler zu schießen, der auf Anruf nicht stille hielt und sich zum nächsten Wachtbüro führen ließ. – Wie viel Mißbrauch, wie viele Bosheiten, Racheakte, Bestialitäten wurden in diesen gräßlichen Tagen geübt. – Keiner war seines Lebens sicher. – Schließlich rächte sich diese unsinnige Maßregel an der deutschen Begierde selber. Acht Tage später wurden durch alle Zeitungen und Magistrate Aufrufe verkündet: Das Volk möge doch endlich das unsinnige Schießen auf Radler und Automobile lassen. Es seien so und so viele deutsche Generalstabsoffiziere aufgehalten, verwundet oder getötet worden. Man hatte eben nicht mit der Schwerfälligkeit des Massengeistes gerechnet. Als dieser begriffen hatte, daß es darauf ankam, mit Gold beladene Automobile anzuhalten, da war schon wieder ein neuer Befehl da: nur ja nicht auf Räder und Autos zu schießen; wochenlang mußte dieses Verbot wiederholte werden, ehe das zuvor erteilte Gebot vergessen war.

Ich konnte bei meiner Verhaftung von Glück sagen. Wäre ich wegen meines slawischen oder jedenfalls exotischen Typs wegen auf der Straße von Privatpersonen verhaftet worden, so wäre ich wehrlos allen möglichen Mißhandlungen ausgeliefert gewesen. Derartige Fälle waren gar nicht selten. Russisch oder überhaupt nur fremdländisch aussehende Männer und Frauen wurden bei der Mobilisierung auf den Straßen angefallen und mißhandelt. Die militärische Begleitung aber schützte mich. Die johlende Menge sang: „Deutschland, Deutschland über alles“. – Ich sang lachend mit, aber das nützte mir nichts, ich wurde in die Kaserne gebracht, wo ein Leutnant in Napoleon-Stellung mich in Empfang nahm. Er begann zu fragen: Warum ist der Mann verhaftet worden? Mangels einer Legitimation. Sie heißen ... Lessing. „Sind Sie ein Sohn von dem Lessing, der den Antilärmverein begründet hat?" Der bin ich selbst. „Ei was, Sie sind der Antilärmverein; dann haben wir miteinander korrespondiert." Es stellte sich heraus, daß der Leutnant mir vor Jahr und Tag eine schriftstellerische Arbeit geschickt hatte. Er war sehr eitel auf seine Schriftstellerei. Er ließ meine Identität feststellen. Trotzdem mußte ich mein Gepäck durchforschen lassen, dann bot der Leutnant mir eine Zigarette an und stellte mir einen Paß aus, auf welchem ich als Arzt bezeichnet wurde und somit sogar militärischen Rang bekam, der mir ermöglichte in Hannover ein Auto zu requirieren und kostenlos zu reisen. Da der Zug versäumt war, kehrte ich noch in das Sanatorium zurück, wo allerlei recht alte Menschen weilten, ein kleiner jüdischer Justizrat namens Arensohn aus Braunschweig, ein 85jähriges Fräulein Angelika Hartmann aus Leipzig, eine Persönlichkeit von wundervoller Frische und Vitalität, eine Justizrätin Rüssel aus Goslar, Engländerin von Geburt, ebenselbst Mitglied meines Antilärmvereins. Alle waren durch den Ausbruch des Krieges beunruhigt, alle strebten nach Hause, alle waren tief bedrückt. Abends 6 Uhr fuhr ich nach allerlei Weitläufigkeiten nach Hannover ab. Mit mir reiste ein junger Mensch namens Anders, seine Mutter wohnt am Taubenfeld in Hannover, er selbst war im Welfengarten als landwirtschaftlicher Elève in Stellung: Er war nach Goslar gefahren, um bei den Jägern als Kriegsfreiwilliger eingestellt zu werden; er war erst 17 Jahre alt; man hatte ihn genommen, darob war er überselig. Mehr als 200 junge Freiwillige waren zurückgewiesen worden. Welch eine brave ... gute Jugend. Er brannte und glühte vor Kriegsbegeisterung. Er sah wie Klages aus: groß, blond, niedersächsisch, ein Kind wie Milch und Blut. Er schloß sich mir an und schüttete sein Herz aus; ich erfuhr bald all sein Leben und das Leben der Seinigen. Wir gebrauchten 6 1/2 Stunden von Goslar bis Hildesheim. Als wir durch die stille Nacht fuhren, zirpten die Grillen an den Wiesenrändern. „Man hat doch nie gewußt, daß man die Heimat so liebt", sagte der schlichte Junge. O wie ich ihn gern hatte, und mir war sehr sehr traurig. – In Hildesheim benutzten wir die letzte elektrische Bahn, die nach Hannover fuhr. Um 1 1/2 Uhr nachts kamen wir in Hannover an. Ich wurde noch ein Mal meines schwarzen Bartes wegen für einen Russen gehalten – von einer Patrouille angesprochen, konnte mich nunmehr aber legitimieren. Nachts gegen 2 Uhr war ich in Kirchrode bei den Meinen. –

Am 25. August fahre ich in diesen Aufzeichnungen fort. Die ungeheuer unruhigen bewegten Wochen liegen nun hinter mir. Was ist inzwischen geschehen?

Krieg und Not: Vorbemerkung zu den Vorträgen im Winter 1914

Die vorliegenden Reden wurden im Winter 1914/15 gehalten. Der kleine Saal in der Königlichen Technischen Hochschule zu Hannover, in dem das geschah, war eine armselige Nußschale in einem sturmgeschüttelten Ozean; aber diese Nußschale erschien mir als Wiege zeitüberdauernder Gedanken.

Über zerschossener Städtetrümmern und Ruinen der Menschen, über Gräbern und verkohlten Feldern weben die Lerchen weltverloren und harmlos ihre Lieder fort, weil sie nur diese Waffe und nur dieses Leben haben.

Was ich geschaffen und dargelebt habe, ist noch nie zu eines Menschen Ohr gelangt. Meine Leser oder mein Leser werden hundert Jahre nach mir leben. Dieses Buch ist zwecklos, wie alles was ich schuf. Und wenn Jesus oder Buddha unter Euch auflebten, ihr würdet sie nicht einmal immer neuer Passionen würdig erachten, nein, ihr würdet wohlwollend sagen, sie seien „geistvoll und feinsinnig“ und sodann zu Euren hochwichtigen Weltanschauungen und Tagesforderungen wieder übergehn.

Für die Zahllosen, deren ewigmenschliche Ärmlichkeit diese Blätter nicht anders auslegen kann denn als Vaterlandsverrat, Selbstsucht, Feigheit, Unklarheit in dem Augenblick, wo auch der ärmste Deutsche sein Scherflein auf dem Altar der Volkheit niederlegte, kann ich nur sagen: das tat ich wie jeder andere. Ich habe diese Reden zu halten gewagt, während ich als Arzt im deutschen Heeresverband stand und glaubte, damit meine Pflicht zu tun. Ich will, daß meine Urenkel erfahren, daß nicht jeder bessere Europäer in diesem 'Heldenzeitalter' seine Geistespflicht versäumt hat: die Pflicht ein geistiger Mensch zu sein auch im Höllensturz. Ich gehöre nicht zu den Vertretern der 'europäischen Kultur'. Ich verachte diese Kultur. Nein, mich ekelt vor ihr. Und mich ekelt vor ihren Vertretern. O ja, sie haben seit je allem Großen und Hohen den Weg vertreten. Im übrigen sind diese Vorträge das Vorspiel der Philosophie der Not, meines Hauptwerkes, dessen Vollendung der Krieg unterbrach. In Klarheit und Ruhe mein Werk beenden zu können ist das Einzige, was ich vom neuen Deutschland persönlich ersehne.

Et si omnes ego non: Krieg und Armut Vorspiel der Philosophie der Not (1914)

Einleitung. Entstehung des Weltbrands. Gegen die Zeit.

„Gehe hin mein Sohn und sieh, mit wie wenig Weisheit diese Welt regiert wird.“
(Lord Chesterfield an seinen Sohn)

Während Millionen Mörser eine schreckliche Todessaat über die bebende Erde streun, während Kanonen, Haubitzen, Maschinengewehre die allen verständliche Sprache der Gewalt reden, während Granaten über Millionen Lagerfeuern, Millionen Schützengräben pfeifen, – – (klagende Stimmen der Toten im Sturm oder in den Lüften musizierend, wie Höllenharfen, von Teufeln gespielt), – – was soll uns da die feige Weisheit der Begriffe? Was soll in Deutschlands weltgeschichtlicher Stunde der Philosoph und die Philosophie? – Diese Stunde fragt nicht, was wir meinen, sondern wer wir sind. Und was rundum in Europa jetzt vorgeht, mag es vor dem Auge des Geistes Sinn und Vernunft, mag es Wahn und Unsinn heißen, es ist jedenfalls die brutale Tatsache brutaler Wirklichkeit. Barbarisch aber notwendig. Wie alles Wirkliche...

Inmitten von Not und Krieg dieser brutalen Wirklichkeit haben wir, eine kleine Gemeinde denkender Menschengeister, unter der weißen Fahne mit dem roten Kreuz uns zusammengefunden, um Mut und Trost aus der Philosophie zu schöpfen. Was aber ist Philosophie? Sie ist die unwirklichste und unhistorischste aller Wissenschaften. Sie ist überhaupt keine Wissenschaft. Sie gibt kein Wissen von der Welt, kein Feststellen, kein Zurechtfinden in der Wirklichkeit. Sondern sie bietet Welterkenntnisse. Das heißt: Wahrheit über Wirkliches. Der Mensch als „Vernunftwesen“ muß der Macht und dem Zufall von nachhinein einen Sinn geben. Muß alles Wirkliche „beurteilen“, alle Erfahrung „auswerten“. Und er beurteilt und bewertet nun seine Wirklichkeit, (diese Welt von künstlichen Unterstellungen), an Hand einer andern Welt der Gesichte und Ideale. Dabei kümmert ihn nicht, ob Ideale je wirklich waren, ob Ideen je wirklich werden können. „Kehre Dich ab vom Wirklichen, wenn Du wahr sein willst“ mahnt Buddha. Und Christus: „Die Wahrheit ist nicht von dieser Welt.“ –

Über dem großen Weltkrieg schwebt der Schatten eines echten Sohnes dieser Zeit. eines kühl beherrschten und klaren Rechners; so unheldisch als klug und geschäftstüchtig. Er war zugleich Deutscher und Engländer, also ein Biedermann mit Vorteil. In seiner runden, immer vergnügten, wohl gepflegten Person verkörperte sich jener zeitgemäße Wirklichkeitsgeist, der die Menschenwelt für einen Kampfplatz von Interessen und den Erfolg für das Wertmaß ihrer Geschichte hält und darin den Völkerschicksalen nichts anderes zu sehen vermag als Fragen der Politik und Volkswirtschaft. – „Reichsgeschäft“, so lautet der ruchlose Name der Politiker. – Gesandte, Staatsmänner, Diplomaten, Publizisten sind nach dieser Auffassung die Geschäftsträger, Könige und Kanzler die obersten Betriebsleiter der Kulturfirma. Das war Eduard VII., Kaiser von Indien, König von England, welcher heute in Gesellschaft der klügsten Bankdirektoren eine durchaus friedensfreundliche Politik betrieb, morgen in der verschwiegenen Sammetloge eines kleinen theâtre à coté mit der elegantesten Halbweltlerin von Paris beim Sekte saß, welcher die Beratung mit dem mondänen Herrenschneider von Piccadilly über die neueste Westenform nicht minder wichtig nahm als den Vertrag seines Lordkanzlers von England, welcher als Falschspieler im Baccaratspiel vor Gericht gestellt, dennoch nichts von dem Zauber einbüßte, den die kalt genießende, Menschen verachtende Persönlichkeit auf Menschenpöbel und Pöbelmenschen immer und überall auszuüben pflegt. Aus der Saat der beiden Coburger (Eduards VII. und Leopolds II. von Belgien) erwuchs jene bedeutsame Schule englischer und französischer Staatsmänner, deren verantwortlichster Vertreter Lord Asquith, deren zu unrecht geschmähtester Sir Edward Grey ist, Männer, welche machtwillig so lange mit Feuer gespielt haben bis Europas Haus endlich in Flammen stand. Aber wunderbar! Der Leitgedanke dieser Staatsmänner, welche nun als die „Sündenböcke der Politik“ den Fluch aller gebildeten Deutschen tragen, war der selbe, den gestern noch Millionen Deutsche als fortschrittlich, liberal, kulturell verehrten. – Es war das Weltfriedensprinzip, hinter dessen Kulisse der grauenhafteste aller Geschäfts- und Kabinettskriege angezettelt wurde. Das falsche Weltfriedensprinzip! Denn unsinnig ist es zu wähnen, daß Friede der Menschen je anderswoher als aus ihrer innersten Gesinnung erblühen könne, daß man ihn durch äußere Mittel (sei es durch Parlamente oder Schiedsgerichte, sei es durch Kriegszurüstungen oder Machtprinzipien) bewahren könne. Der Gedankengang, verwandt jener naiven Aufforderung zur Abrüstung, die vor wenigen Zar Nikolaus II. von Rußland an Europas Völker ergehen ließ, war dieser: „Die größte Soldatenmacht Europas ist das deutsche Reich. Indem Deutschland Jahr um Jahr neue Millionen für Kriegszurüstungen verausgabt, zwingt es auch alle anderen Völker, ihm darin zu folgen. Wohin soll das führen? Alle Nationen Europas überbieten seit Deutschlands Reichsgründung einander an Kriegstechnik. Es wurde nötig, durch irgend einen Zwang die Abrüstung zu betreiben. Mit Hilfe Deutschlands kann das nicht geschehen. Denn das Land der Mitte ist durch seine Lage auf das stärkste Volksheer angewiesen. Vielleicht aber gelingt es, Deutschland schachmatt zu setzen, wenn man den alten Neid der germanischen Völkerschaften, der Süd- und Norddeutschen, der Österreicher und Reichsdeutschen, neu erregt. – Doch wehe! Habsburg und Zollern sind eng verbunden. Preußen und Welfen für immer ausgesöhnt. So kann nur die 'entente cordiale' von England, Frankreich und Rußland Europas Frieden bewahren." (Der „Weltfrieden", bei welchem England kein schlechtes Geschäft machen wird.)

Höre man die Worte eines nachdenksamen englischen Politikers: „Scharnhorst und Stein, die beiden Männer, welche die allgemeine Wehrpflicht begründet haben, mögen mit Recht als Stammväter des heutigen deutschen Reiches verehrt werden. Europa aber weiß ihnen kein Dank! Denn die immer neue, verfeinernde, vergeistigte Arbeitsteilung ist das Prinzip seiner Kultur. So mögen auch Soldatenstand und Kriegstechnik, so lange sie auf Erden nötig sind, eine Leistung und Kunst solcher sein, die sich für diese Art des Lebens vorbestimmt fühlen. Unsre letzte Hoffnung ist, daß die Armeen der Völker einst bloße Poizeiarmeen zur Aufrechterhaltung des Rechts und der Rechtsordnung sein werden. Jedenfalls achten wir Engländer schon heute das Recht und die Freiheit des Einzelmenschen so hoch, daß kein englischer Bürger gezwungen ist, auf einen Menschenbruder zu schießen, wenn er das nicht vermag. Und wir wünschen, daß die Anzahl derer, die das nicht vermögen, auf der ganzen gebildeten Erde größer werde. Der allgemeine Sport und die Jugendwehr ersetzen uns mehr als genug die Vorzüge der deutschen Wehrpflicht. Die körperliche Erziehung ist bei uns nicht schlechter als in Deutschland. Indem das deutsche Reich auf die Militärsklaverei all seiner Männer und Jünglinge aufgebaut wurde, ist es die Vormacht jenes Systems geworden, das man 'Militarismus' nennt. Die größte Soldatenmacht Europas ist das deutsche Reich. Es ist aber ein großer Irrtum anzunehmen, daß das Vorhandensein der Kriege die Militärzurüstung der Völker erfordert. Es ist umgekehrt so, daß das Vorhandensein des Militärstands auch Kriege fordert. Deutschland hat 44 Jahre lang Mannschaften gebildet und Geschütze gebaut. Es besitzt vier Millionen ausgebildete Soldaten. Es ist eine sichere Tatsache der Strategie, daß es auch dem geschicktesten Feldherrn unmöglich wäre, sobald einmal Mobilmachung befohlen wurde, zwei, wie losgelassene Eisenbahnzüge, auf einander zubrausende Armeen zurückzuhalten. Kommt die Kugel ins Rollen, so reißt sie alles und alle mit sich fort. Dann erhebt sich der Kriegswille aller, man möchte sagen gegen ihren Willen. Heute oder morgen droht diese Entladung. Wer hat die Schuld? Deutschland nicht zum mindesten. Denn es hat jahrzehntelang die Politik eines selbstgerechten Imperialismus getrieben, welche Talleyrands alte politische Weisheit außer acht ließ: 'Ne pas menacer sans frapper.' Die vielen beunruhigenden Reden und Reisen des dritten Kaisers haben dem Reiche keine Freunde geworben. Das breite träge Volk, noch roh und in all seiner stillen Herzensgüte ausdrucksschwer, ist für Fremde schwer verständlich. Es gibt sich entweder zu polternd unbescheiden oder auch zu demütig. Es ist ein inniges, innerliches, aber auch mißgünstiges und selbstherrliches Volk; nicht so leicht gesinnt und oberflächlich, auch nicht so ritterlich wie die Franzosen, welche bezeichnenderweise weder für das deutsche Wort 'Gemüt' noch für das deutsche Wort 'Schadenfreude' ein entsprechendes Wort haben. An deutscher

Kultur klebt seit fünfzig Jahren viel Stuckfassade und Protzigkeit. Dieses ewige Pochen an die treue deutsche Mannesbrust, dieses ewige Klirren mit der gepanzerten Faust muß sich eines Tages rächen. Wenn alle Volksvertretungen Eu-ropas nur dazu da sind, um die unsinnige Präventivkriegsphrase nachzustammeln: 'Si vis pacem para bellum', wenn das törichte System des allgemeinen Wahlrechts immer neue Zeppeline und Überdreadnoughts[1] erzeugt, wenn die Krupp, Schneider-Creusot, Skoda mit immer neuen Mordtechniken ihre Staaten bedienen, so kommt endlich die Stunde, wo all diese Kanonenrohre wie von selber losgehn. Denn was ist der Soldat im Frieden? Ein Bildhauer ohne Marmor. Ein Richter, der auf seinen ersten Prozeß wartet. Ein Musiker, der immer Vorübungen für sein erstes Konzert spielt. Eine Figur für Witzblätter." So urteilte der englische Denker. Und diese gute oder schlimme Stunde, wo die hunderttausend Kanonen wie von selber losgehn, alle denkenden Deutschen ahnten sie seit Jahren ... So weit wir uns mit Politik befaßten („Welcher echte Philosoph möchte sich je freiwillig mit Politik befassen", mahnte uns Leibniz), so wußten wir, daß jener Zweibund, welcher 1891 zwischen Frankreich und Rußland geschlossen wurde, seine scharfe Spitze gegen das neue deutschpreußische Reich richtete. Wir wußten aber auch, daß die derzeitigen Staatsmänner Englands: Lord Churchill, Lord Asquith, Lloyd George bald friedlich, bald kriegerisch zwischen zwei Möglichkeiten schwankten. Einmal schwebte ihnen die Politik Palmerstons, Gladstones, Disraelis vor Augen, sodann aber die Cobdens und Brights. Die erste Politik (man mag sie mit dem Schlagwort „Merkantilismus" bezeichnen), ist davon überzeugt, daß der Überschuß der Handelsbilanz über die Vorherrschaft in Europa entscheidet. Man erschwere das Handelsleben der andern durch Schutzzölle. Man sorge für ein politisches Gleichgewicht. Und man sorge, daß London die größte Börse Europas bleibt. Das ist jene alte englische Politik, von welcher Washington Irving spöttisch schrieb: „Da sitzt nun Alt-England in seiner kleinen Wohnung, gleich einer dicken alten cholerischen Spinne, welche ihr Gewebe über das ganze Gemach Europas hinzog, so daß keine Fliege summen, kein Lüftchen sich regen darf, ohne ihre Ruhe zu stören und sie zornig aus ihrem Schlupfwinkel herauszulocken."

Und Arthur Young schrieb über dieselbe Politik: „Ich möchte wissen, ob wir Engländer wirklich vom lieben Gott eigens dazu eingesetzt sind, um als Vormund der Kleinen 'Europas Gleichgewicht' zu erhalten.“ Daneben stand als Gegenprinzip die Lehre Cobdens und Brights, dank deren England 1864, 1866, 1870 während der europäischen Kriege die besten Geschäfte machte, indem es sich in die Continentalhändel nicht einmischte. Zwischen diesen beiden Polen schwankte die Politik von 1914. Ist es vorteilhafter für England, alle Mächte des Festlands gegen einander zu hetzen und (indes England neue Kolonien gründet) die einen durch die andern sich beschränken und hemmen zu lassen? Oder ist es vorteilhafter, in den Ring der Continentalmächte einzutreten, um im Bunde mit allen, den jüngeren Handelskonkurrenten Deutschland aus dem Sattel zu heben? Denn (so lautete das ruchlose Schlagwort), am Tage wo Deutschland zusammenbricht, ist jeder Engländer ein reicher Mann. Auf seinem meerumschlungenen Eiland (Hellas und Rom, Japan und England bezeugen die Glückschancen der Inselbewohner) folgte England seit dreißig Jahren dem Worte Brights: “Wir lassen die Leute auf dem Festland ihre Händel unter sich austragen und bauen unterdessen eine große Handelsflotte, um mit jedem von ihnen reellen Handel zu treiben, aber in Händel mischen wir uns nicht.“ Von dieser Politik ist das neueste England wieder abgewichen, nicht wie man ihm in Deutschland Schuld gibt, aus Krämer- und Händlergeist, denn dieser hätte niemals ein so großes und unsicheres Risiko ertragen, sondern aus einer Politik der Größensucht und des Conquistadorentums. –

Dies alles sahen wir voraus. Aber auch ein Zweites, Schlimmeres wußten wir. Unzulängliche Staatskunst hatte jenen unhaltbaren Zustand zuwegegebracht, den man in England als Germanys splendid isolation verspottete. Alle Staaten Europas waren schließlich durch Verträge verbunden, welche Deutschland völlig isolierten. Wenn die Geschichtsforscher die Zusammenhänge dieses großen Krieges entklittern werden (denn was ist Geschichte anderes als eine künstliche logificatio post festum?), dann werden sie viel darüber reden, daß mindestens seit 1904 (seit Eduards VII. „entente“ mit Frankreich) die Mächte Europas durch Brief und Siegel zu Ungunsten Deutschlands verbunden waren.

Auch Belgien! Längst ehe Deutschland dessen vermeintliche 'Neutralität' verletzt haben sollte. Ja die selbstmörderische Haltung der belgischen Regierung, die das schnell erregbare unruhig rohe Volk ('neuerungssüchtig' nannte schon Cäsar die Belgier) hingeopfert hat, man kann sie nur daraus erklären, daß Geheimverträge das Königreich Belgien verpflichteten, sobald die Deutschen einen Durchbruch durch Flandern versuchten, alsbald mit Kriegserklärung zu antworten, für welchen Fall England die volle Assekuranz übernahm.

Auch noch ein Drittes wußten wir zweifellos: daß der sogenannte Dreibund: Österreich, Italien, Deutschland im Kriegsfall – ein beschriebenes Blatt Papier sein werde. Allzu deutlich redeten die Umtriebe der Irredenta, die Studentenhändel in Innsbruck und Graz, die Gefährdung harmloser deutscher Touristen in Welschtirol. Es ist eine gute Überraschung dieses Krieges, daß Deutschlands „Bundesgenosse" bisher der gewissenhafte Zuschauer und nicht, wie zu befürchten stand, der Begünstiger unsrer Feinde geworden ist.

„Schlagt ihn tot, er hat keinen Freund!" Die Luft rund um uns war seit Jahren gewitterschwanger. Zweimal zuckte der Blitz. Zweimal standen wir vor Kriegsausbruch. Zuerst 1905. Bei der sogenannten Algeciras-Konferenz. Damals ging das Gewitter vorüber, weil England einen günstigeren Augenblick abzuwarten wünschte. Uns aber fehlte Bismarcks rücksichtslose oder listige Hand. Konnte keine einzige Großmacht aus dem festen Concern, der sich gegen Deutschlands „Militarismus" gebildet hatte, herausgelockt werden („Einkreisungspolitik" nannte das König Eduard), so waren die Jahre 1905 oder 1911 zu gewaltsamer Rettung am günstigsten. 1905 ging Rußland aus dem japanischen Kriege besiegt und geschwächt hervor. England war nach dem Burenkrieg nicht zu neuen Kriegen geneigt. In Frankreich wurde der kriegwilligste Anhänger der Einkreisungslehre, Theophile Delcassé, aus dem öffentlichen Leben verdrängt. Dann kam 1911 der zweite Blitzschlag, als zu Agadir ein unheilvoller Streit um Marokko ausbrach, der die beiden wichtigsten, eng aufeinander angewiesenen Völker Europas entfremdete. Einst lebten sie im Reiche Karls des Großen vereint, und ein Genie der Staatskunst hätte sie wohl auch jetzt noch vereinen können. Und wenn nicht das, warum redet man jetzt plötzlich so viel von einem Mitteleuropäischen Staatenbunde, welcher Schweden, Norwegen, Dänemark, Holland, die Schweiz an des deutschen Volkes Geschicke bindet? Warum nicht damals? Aber auch 1911 zog das Gewitter nochmals vorüber. Der gute Teil des französischen Volks war dem deutschen immer wohlgesinnt. (Ist doch der deutscheste Dichter der Gegenwart, Romain Rolland, ein guter Franzose). Plötzlich aber änderten sich wieder die Verhältnisse. Denn Politik ist der Markt der Zufälle. Theophile Delcassé, der kriegwilligste, rückte an die entscheidende Stelle. Er wurde der Botschafter Frankreichs am Russenhofe. – Ein merkwürdiger Mann. Als namenloser Hofmeister auf einem Adelsschloß beginnt er seine Laufbahn. Nach dem plötzlichen Tode seines Brotherrn heiratet er die alternde Mutter seiner Zöglinge. Als Grundherrn schickt ihn sein Kreis in die Kammer. Und bald ist er ein bekannter Journalist und Redner, bis schließlich Eduard VII. den Emporkommenen zum Vertrauten jener Einkreisungsidee macht. Während dieser Ehrgeizige in Petrograd sitzt, wird in der Heimat sein Freund und Gesinnungsgenosse Raymond Poincaré, ein ruhiger kluger Advokat, Präsident der Republik. Diese Regierung der Emporgekommenen wünscht für Frankreich einen ruhmvollen Krieg und die Chancen scheinen günstig. Seit 1904 ist die Hilfe des allmächtigen England gesichert, das riesige Rußland seit 1891 mit Frankreich liiert, wird von Iswolski und Delcassé, den geschicktesten Diplomaten, im Sinn des Einkreisungsplans bearbeitet. Die große Stunde der Revanche glaubten sie gekommen. Und die alte römisch-fromme Kaiserin Eugenie, Napoleons III. Witwe, die einst den Krieg gegen das protestantische Preußen ihr „kleines Spielzeug“ nannte, vergoß Freudentränen und dankte Gott, daß sie die große Stunde der Vergeltung noch erleben dürfe. Unseliges Frankreich! Gleich Belgien von zwei robusteren Mächten bei seinen heiligsten Wunden und kranken Leidenschaften gepackt. In den Krieg getrieben, um für den Zäheren die Kastanien aus dem Feuer zu holen. – Sie hatten für Siegesfahnen früher gesorgt als für Soldatenstiefel. Sie schafften ganze Wagenladungen voll französischer Schulbücher ins Elsaß. Aber ihr Landsturm kam auf zerrissenen Sohlen. Sie haben in jeder kleinsten Stadt die billigsten

Bücher, aber in keiner gesundes Trinkwasser. Sie geben dem ärmsten Volk von Paris in jeder Woche mindestens einmal Gelegenheit, auf kostbaren Smirnateppichen herumtreten und die schönsten Meisterwerke der Kunst anstarren zu dürfen, aber sie sind nicht dazu erzogen, sich täglich die Hände zu waschen. – Sie gleichen der schönsten Rose in unsern Gärten, welche nicht mehr durch eigenen Samen, sondern nur durch künstliche Pfropfung zu erhalten ist und wie die Gärtner wissen, eines Tages aussterben muß, diese schönste Rose heißt La France.

Mit diesem adligsten und spätesten Volk der Erde verbündete sich das primitivste, die gequälte, herzensschwere, dumpf bedrückte Schar der Tartaren und Slaven. Ihr Alleinherrscher wurde zu diesem Kriege grausam gezwungen. Fast erdrückt von Sorge, um das künstlich zusammengestückelte, zwischen Europa und Asien ewig hin und hertaumelnde, mit Revolution geladene Riesenreich, fand er sich ohnmächtig in der Last seiner Krone. Dazu in der engeren Familie wenig glücklich. Die Zarin, Alice, geborene Prinzessin von Hessen, seit Erleben eines Unglücksfalls seelisch gestört, halb melancholisch, halb delirant. Der Kronprinz ein an der Bluterkrankheit leidender zarter Knabe. Der Zar selber dahinkränkelnd unter dem Druck einer fanatischen Mutter und eines eigenwilligen und machtwilligen Oheims, zu Bluttat gezwungen und doch von Sehnsucht nach dem großen Frieden erfüllt, wie Karl V. vor St Just. Für dieses Verbrechen – und Schrecken – durchseuchte Rußland gilt jene alte, oft überschätzte Lehre, nach welcher Völkerkriege dadurch entstehn, daß der ewige Kampf der Parteien und Interessen auf Erden zuletzt so scharf und selbstzerstörend wird, daß nur die allen gemeinsame Not und ein alle neu vereinender Krieg noch einmal die in sich zwiespältige Nation zusammenschmieden und die gegebene Staatsform retten kann: Lange widerstrebte der machtlose Zar der Kriegserklärung. Aber Mutter, Onkel, Großfürsten, Generäle, Popen, Tschinownik – alle brauchten den Krieg. Schließlich erpressen die Minister Maklakow, Schtschnglowitow, Suchomlinow von dem Unglücklichen, der sich Tage lang in seine Zimmer einschließt, die Kriegserklärung. Mütterchen Rußland ist seit 1907 England verpflichtet, und die russische Politik wird in London gemacht. England aber stimmt plötzlich für den europäischen Krieg, während in Frankreich, Belgien und Deutschland immer noch auf Erhaltung des Weltfriedens gehofft wird. England will den Krieg? War es so gemeint? Hatte nicht Eduard VII. bei der Verbrüderung in Reval dem Vetter von Rußland dargelegt, daß auch er dem Zaren gleich, den Weltfrieden und die Abrüstung betreibe? Man wollte Deutschland wahrlich nicht zum Kriege zwingen. Man wollte im Gegenteil durch die bekannte Knebelung der großen Militärmacht alle Kriege aus der Welt schaffen.

„Haltet Deutschland, das Urbild der Potsdamerei im Zaum", so schrieb Eduard VII. von England an Nikolaus II. von Rußland, „dann hat Europa Frieden." Und so umzingelten sie den Löwen, der gutartiger als die meisten, sich ruhig umzingeln ließ. Und als er im letzten Augenblick doch noch zusprang und sich in die Bresche warf, da geschah, was keiner gewollt und jeder mitverschuldet hat: die Erde brannte. Denn wie die Verletzung eines Organs die Erkrankung vieler anderer nach sich zieht, bis plötzlich der ganze Leib im Fieber brennt und den Schaden an andrer Stelle heraustreibt als dort, wo er eintrat, so kann heute kein Volk geschädigt werden, ohne daß alle andern mitleiden. – Buchdruck und Bildung, Handel und Technik haben Europa zu einem einzigen Leibe zusammengeschmiedet, dessen Gehirn England, dessen Herz Deutschland ist. Nun liegen Herz und Hirn Europas im Kampf. Indessen aber droht dem unseligen Erdteile das Schwerste: der neue Aufstieg Asiens und seiner antirationalen Gewalt. So wie die gelbe Gefahr von China und Japan her für Amerika und Australien droht, so droht der Islam, dräuen neue Zeitalter der Türkenkriege dem alternden Europa. Und im feuerbedrohten Hause tobt der Krieg der feindlichen Zwillingsbrüder, von dem so viele Dramen der deutschen und englischen Dichter ahnend vorhersagen.

Wer warf den Funken unter das von Englands Politikern bereitete Pulverfaß? Eines Wahnsinnigen heldenhaft-frevelnde Hand. Ein fanatisierter Student, gegängelt von der russischen Partei in Serbien, mordete das treffliche Thronfolgerpaar Österreichs bei Gelegenheit ihres Besuches in Sarajewo. Nun war die Stunde da. Nun gingen die hunderttausend Kanonen überall von selber los. Längst drohte Österreich der Kriegsausbruch auf dem Balkan. Serbien, der tapfere und zukunftreiche Agrarstaat, ward längst zum Zankapfel zwischen Österreich und Rußland. Sein machtloser König, durch Ausschweifung und Unordnung früh geschwächt, neigte Rußland zu. Und die Russenpartei des Landes hatte dem 84jährigen an alles Unglück des Menschenlebens gewöhnten Kaiser Franz Joseph kurz vor Lebensende den Thronfolger geraubt. Österreich mußte Genugtuung fordern. Sofern Österreich an Serbien den Krieg erklärt, tritt an Rußland die Frage heran, ob es seinem Satrapen Rückhalt geben sollte. Greift Rußland ein und verletzt damit Österreichs Volksehre, dann ist Deutschland seit des Dreibunds Tagen zur Bundesgenossenschaft verpflichtet, abgesehn davon, daß es die Zerstückelung seines einzigen Bundesgenossen nicht ohne eigene Gefährdung erdulden könnte. Macht nun aber Deutschland, (das sich doch am liebsten das deutschsprechende Österreich einverleibt wüßte), zugunsten des habsburgischen Staates mobil, dann ist wiederum Frankreich durch Delcassés Verträge Rußland zugesellt und England, welches alle diesen Zunder im Geiste König Eduards zusammentrug und nun allein im Stande wäre, den serbischen Zwist zu 'lokalisieren'[2], wird für alle die Kosten zahlen ... Ach nein! Wird am Ende aller Enden, wie immer die Würfel fallen, auf Kosten der Schwachen, (Belgien und Österreich) wohl nicht das schlechteste Geschäft machen.

So begann im August 1914 das ungeheuerlichste europäische Hasardspiel. Wie es ausgehn wird? Wie die politischen Fragen gelöst werden? Man mag an einen Satz Ernest Rénans denken, welcher füglich als Motto aller sogenannten Realpolitik dienen könnte: „Wie viele Fragen in der Geschichte der armen Menschheit wollen dadurch gelöst werden, daß man sie nicht löst. Nach Verlauf von etlichen Jahren ist man ganz überrascht, daß die ungelösten, unlösbaren Fragen gar nicht mehr vorhanden sind.“ Die Ausgänge solcher Riesenkriege sind immer unberechenbare Zufälle gewesen. Wie dieser Krieg ausgeht, welche Folgen er hat, das kann in diesem Augenblick kein Seher und kein Weiser sagen, aber um vorauszusehn, daß dieses Ende nichts mit Vernunft, nichts mit Gerechtigkeit und Recht zu tun haben wird und den Keim zu neuen Kriegen und Verwicklungen verbergen wird, dazu braucht man wirklich weder ein Weiser noch ein Seher zu sein. Gräßlicher Hohn der eklen Tragiposse „Weltgeschichte“! Der den Funken unters Pulverfaß warf, jener fanatisierte serbische Student führte den Familiennamen Prinzip. Und der Name des Engländers, der den Dreiverband gegen Deutschland, (den „Weltfriedensverband“) gestiftet hatte, lautet Edward Grey. Das falsche Prinzip hat Europa in den gräßlichsten aller Kriege gerissen und grau, so läßt Goethe den Teufel sagen, grau, teurer Freund, ist alle Theorie.

Nun aber geschah das ewig Ergreifende. Dieses breite schwere deutsche Volk, gläubig, tapfer, zuverlässig stand auf. Alle wie ein Mann. Seine Regierung hatte den Reichskarren tief in eine Sackgasse verfahren. Das gläubige, ausdrucksschwere Volk wurde nun aufgerufen, um ihn wieder auf ein glattes Geleis zu bringen. Keiner von uns forderte die Regierenden zur Verantwortung. Keiner von uns machte ihnen, (wie es jeder Regierung nach jedem Kriege geschehen sollte), den Prozeß. Nein! Der Deutsche gehorchte der Not der Stunde. Der Deutsche, der immermäkelnde, schlug tapfer los. Die fremden Machthaber hatten auf die sogenannten ‘kulturellen Hemmungen’ gerechnet. Widerstände bei Sozialisten, Pazifisten, Freidenkern. Aber alle Theorien wurden von der Not dahin geweht wie Staub von einem Schmetterlingsflügel. Die berühmten Autoritäten des Sozialismus, der Ethik, der Religion verleugneten binnen einer Stunde alles, was sie ein Leben lang gelehrt hatten. Jenes Gemisch von Sorge um Besitz und Macht und Wille zu Macht und Besitz, das bei jeder plötzlichen Landesgefahr entsteht, hatte in einer einzigen orgiastischen Stunde alle Schranken der Vernunft hinweggespült und alle deutschen Menschen in einer herrlichen Illusion geeint, alle, welche niemals um einer echten Idee willen sich vereinigen ließen. Die gemeinsame Sorge machte sie zu Brüdern. Der gemeinsame Haß zu Liebenden. Von der gewissenhaft bürokratischen Persönlichkeit des deutschen Reichskanzlers hatte das Ausland lange Verzögerungen oder neue Nachgiebigkeit erhofft. Aber die schwere Stunde schmiedete ihn fest. Was Wilhelm II. in dieser Stunde gelitten hat, mag er noch so viel gesündigt haben (und sein Mund hat viel gesündigt), dafür müßte jeder fühlende Mensch ihn lieben. Ein Glück für Deutschlands Regierungen war, daß der Krieg von heute auf morgen über das Land hereinbrach. Denn gäbe man Völkern auch nur vier Tage Bedenkzeit, um zu überlegen, ob sie einen großen Krieg führen oder vermeiden wollen, so kämen niemals Kriege zustande. Aber der Mensch glaubt ja an Not und Tod immer erst, wenn sie plötzlich vor ihm stehn. Und glücklich ist er, wenn er vor dem eisernen Muß der vollzogenen Tatsache steht, die ihm die Verantwortung, die freie Selbstbestimmung, die freie Lebensgestaltung erspart und abnimmt. Er läßt den Zufall der Natur über sich Herr werden und nennt ihn dann von nachhinein Gott. Und selbst die Freiesten und Mächtigsten (und diese am meisten) sehen sich und gieren nach einer höheren Instanz, auf die sie die Verantwortung und Freiheit ihres Tuns abschieben können. So siegt dann ewig der Zufall über den Geist und die Natur über die Tat. Und man macht sich daraus noch Ruhmestitel; denn wie ertrüge man das Bewußtsein der eigenen Unvollkommenheit.

Flammend erhob sich das deutsche Volk. Nicht von Haß, nein von Zorn und Empörung flammend, von der männlichen Entrüstung des Starken. Das war eine traurige Stunde der Scham für Englands Regenten. Denn die Not der Selbstverteidigung drückte den deutschen Menschen das Schwert in die Hand. Und auch Frankreichs, auch Polens Menschen handelten unter dem Gebote letzter Not. Sie alle bluten für Erhaltung des Vaterlands. Nur für England war der Krieg keine Herzenssache. Die nüchterne Realpolitik, dieses gräßliche Sumpfland aller menschlichen Machtgelüste und törichten Eitelkeiten, hatte Europas größten Krieg geboren. Er ist Kabinetts- und Geschäftskrieg wie jemals einer. Man experimentierte mit „Völkerschicksal", wie man heute mit allem spielt, mit Gott und Liebe, mit Kunst und Leben. Nie aber darf dem englischen Volke vergessen werden, daß es das einzige war, in welchem kühne und selbständig denkende Männer von vornherein den klaren Mut hatten, auf die Gefahr hin als „Landesverräter" erdrosselt zu werden, gegen diesen scheuseligen Krieg aufzustehn. E. Ramsey Macdonald, John Burns, Lord Morley, Charles Trevelyan haben vorgezogen, sich aus dem englischen Parlamente verbannen zu lassen und haben der Regierung ihre Stimme verweigert. Bei uns hatte nur Karl Liebknecht diesen edlen und würdigen Mut. Norman Angell, E.J. Morel, Arthur Ponsoby und viele bedeutende Männer Irlands haben sich zur Rebellion gegen diesen Krieg erhoben. In allen anderen Ländern siegte der einsichts- und gedankenlose, der gesinnungs- und überzeugungslose „Patriotismus"...

In diesem Kriege sind Metzger- und Abschlachtetechniken zur Welt geboren, gegen die alles Menschenmorden der Vorwelt schamhaft verblaßt. Bomben aus Luftschiffen auf ahnungslose Städte niedergeschleudert. Mit elektrischen Hochströmen geladene Stacheldrähte, Sprengstoffe, heimlich unter dem Boden vergraben, genug, um Reiterregimenter arglos darüberhinstürmender Husaren in die Luft zu sprengen. Vergiftete Fliegerpfeile. Dumdumgeschosse, künstlich abgeplattet, um unheilbare innere Zerreißungen zu bewirken. Minenstreuer, feuerflüssige Benzolmassen, in Schützengräben geleitet. Kochendes Wasser, siedendes Öl. Maschinengewehre, mechanisch Hunderte tötend. Handgranaten, um den Gegner in hundert Stücke zu zerreißen. Losgelassene Eisenbahnzüge mit riesigen Steinmassen und Sandsäcken beschwert, blind dahinstürmend, um vernichtend irgendwo in Feindesreihen zu entgleisen. Überall: Mord, Heimtücke, Gewalt! Kein Völkerrecht und jedes Mittel erlaubt. „Am Tage wo die deutschen Bomben auf Westminster und St. Paulskathedrale herabsausen, wollen wir jauchzen", so rief ein deutscher Lehrer des internationalen Völkerrechts in Berlin unter dem Beifall von Hunderttausenden. Und zu allen diesen ruchlosen Waffen kam die giftigste und ruchloseste: das ekelhafte und gesinnungslose Volk der Literaten. Jenes Tagesmeinungs- und Tagesschwätzerunwesen, welches den täglichen Klatsch und die tägliche Galle, die tägliche Neidgier und die Lieblosigkeit aller gegen alle darstellt. Mit Hilfe dieses abscheulichen „modernen Kulturinstituts", welches man Presse und Pressefreiheit nennt, übt jedes unverantwortliche Mundwerk jede unverantwortliche Wirkung. Das erste, was England konsequenterweise tat, als es sich zur Kriegserklärung entschlossen hatte, war dies, daß man die Kabel der Weltmeere durchschnitt. Nun konnte keine Nachricht in andere Erdteile gelangen, denn auch der gesamte Schiffsverkehr der europäischen Meere wurde von England sofort unmöglich gemacht. Deutschland war jetzt auch seelisch vollkommen isoliert. Und die rasend geschwinde Armee der grenzenlosen und schamlosen Lügen marschierte rund um die ächzende Erde hin.

Wer in einem Ballsaale die Musik des Tanzes nicht hört und die Schar der Tanzenden betrachtet, indem er sich die Ohren verstopft, der hat den Eindruck, einer Gesellschaft Tollgewordener zuzuschauen. Betrachten wir vom Luftschiff der Vernunft das Ameisengekribbel dieses gräßlichen Krieges, taub für die dorische Musik der Herzen, taub für all die schönen Rauschsurrogate und Wahnideen, mit denen die Besten, die Jungen, begeistert in den Tod ziehn, so erscheint uns das zum Mordknäuel verschlungene Menschenmeer verzerrter Leiber und verzerrter Seelen als eine schaurige Orgie des vernünftelnden Wahns. In immer neuen Scharen werden Menschen und wieder Menschen, ganz gleich gegen Werte und Unterschiede, wahllos auf die europäischen Schlachtfelder getrieben. Kosaken, Kirgisen, Maschkiren, Turkos, Senegalesen, Siks, Gurkas, Forscher, Dichter, Denker, alles Schlachtvieh für sogenannte Ideale. Das heißt für Worte, welche sie nicht verstehn und nicht durchschauen können. Bomben und Schrapnells platzen zwischen sie. Indessen die Kriegspflichtigen „abgeschossen" werden, eine brüllende Horde blutender Vernunftwesen, lärmen und prahlen die Zurückgebliebenen in allen Sprachen, um auf jede Weise immer Neue zum sinnlosen Opfertode zu ermutigen und jede schüchterne Regung der Selbstbesinnung, jede leise aufsteigende Stimme der Weltvernunft sofort zu ersticken. Gott, König, Vaterland, irgend welches dunkles Gefühl begleitet diese Worte bei Jedem. Heilig und unüberwindbar sind sie. Bis zur Besinnungslosigkeit machen sie trunken. Keiner denkt. Keiner weiß, was er dabei denken soll. Und der Gradlinigste, Grobdrähtigste, Banalste hat immer die meiste Autorität. Im chronisch gewordenen Seelenrausch leben und schlagen alle blindlings drauflos. Eine dionysische Zeit bricht an. Und schließlich ist es gleich, mit welchem Narkotikon man diesen hehren Taumel unterhält. Man prüfe die Helden niemals auf den Inhalt ihres Heldentums. Denn für den gräßlichsten Unsinn sind die Herrlichsten verblutet. Und je gemeiner der Wahn, um so ungemeiner sind seine Märtyrer. Wer aber hohe Augenblicke der Geschichte nüchtern durchlebt, furchtbar ist sein Leben, furchtbar die Einsamkeit.

Blicken wir vorüber an all dem Gram und Jammer, der Würdelosigkeit und Erbärmlichkeit dieser 'Heldenzeit'.

Laßt uns, damit wir nicht am Siege des Lichts in unserer Brust verzweifeln, nur auf das Schlichte und Starke schaun, das jetzt überall aus Qual und Not der Menschlichkeit emporblüht. Blicken wir auf den jungen Fliegerunteroffizier Heinrich Binder, der in diesen Tagen starb. Mit einem Offizier als Beobachter hatte Heinrich Binder einen wichtigen Rekognoszierungsflug vorzunehmen. Sie flogen über die Ardennen. Die gewünschte Erkundung war gelungen. Das Flugzeug wandte sich schon zur Heimfahrt, als es plötzlich einen französischen Aeroplan hinter sich hört. Der deutsche Offizier feuert gegen den französischen Doppeldecker, während die Kugeln eines Maschinengewehrs über die deutsche 'Taube' dahinpfeifen. Schon hat man die deutschen Stellungen erreicht und glaubt sich gerettet, als eine Kugel den Leib des Piloten von rechts nach links durchdringt. Für den Bruchteil einer Sekunde sinkt er zusammen. Aber seine Hände lassen nicht von der Lenkstange. Mit fiebernden Augen verfolgt der Offizier in seinem Rücken seine ermattenden Bewegungen. Die wichtige Erkundung muß gerettet werden. Aufpeitschend klingt es in des Führers Ohren:"'Aushalten Kamerad, im Gleitflug nieder!" Und der todeswunde Unteroffizier führt die Maschine mit letzter Kraft zur Erde. Von allen Seiten strömt Hilfsmannschaft herbei. Binder kauert auf seinem Sitz. Leise fragt er noch: „Bin ich gut gelandet?" Dann bricht er zusammen.

Und die Unsern kamen und trugen ihn fort.
Unsre frommen Schwestern, weiß gewandet.
Auf seinen Lippen brannte das Wort:
Bin ich gut gelandet?

Blicken wir auf Hans Ledi aus Nordhausen, welcher soeben im Tower zu London als deutscher Spion erschossen ist. 'Ich tat, was mein Land mir auftrug', das war des treuen Mannes ganze Verteidigung. Und es geschah während der Kriegsgerichtsverhandlung, daß ein englischer Mann aus dem Volk, hingerissen von dem Anblick des starken stolzen Menschenbruders, auf ihn zuging und auf die Gefahr miterschossen zu werden, ihm die Hand drückte. Blicken wir auf den jungen französischen Leutnant, der in diesen Tagen das Eiserne Kreuz erwarb. Zwei Schützengräben liegen einander gegenüber. Im freien Felde zwischen den Gräben, ungesehen von den deutschen Landsleuten, aber für die Franzosen sichtbar, liegt ein schwerverwundeter Deutscher, den mörderischen Kugeln der beiden Parteien ausgesetzt. Da springt der französische Führer aus dem Graben und eilt auf den Unglücklichen los. Ein Schuß der Deutschen trifft ihn in die Brust. Mit äußerster Kraft reißt er sich zusammen, ergreift den verwundeten Deutschen und schleppt den Körper zu seinen Landsleuten hinüber. Jetzt haben diese verstanden. Sie stellen das Schießen ein. Aus dem deutschen Graben springt ein Offizier, reißt das Eiserne Kreuz von seiner Uniform und heftet es dem Franzosen an, der, zu seiner Mannschaft zurückgekehrt, in ihren Armen zusammenbricht. Alles das war die Tat weniger Minuten. Während deren haben die Soldaten die Gewehre abgelegt. Hingerissen schwenken sie ihre Mützen und jubeln.

Und nun laßt uns den Blick zurücksenken auf die Börsen und Messen, die Lehrsäle und Gotteshäuser dieser „europäischen Kultur". Ich besitze keine Worte, um die Scham beim Anblick der Zeit zu bezeichnen. Wie soll ich die tiefe, nie mehr vergeßliche Enttäuschung ertragen, die mich so vielen entfremdet, an deren unverlierbare Lebenssendung, an deren tragische Größe ich arglos geglaubt habe. Soll ich Ausdruck suchen für den tiefen Ekel vor all diesem schamlosen Mißbrauch der Sprache? Vor der allgeläufigen Phrase des Heroismus? Vor dem Mangel an Treue gegen die eigenste Vergangenheit oder Eigenart?

Nicht vom Opfer- und Helferwillen, nicht vom Liebeswerke fürs Vaterland ist die Rede. Helfen soll und muß jeder und jede. Aber nicht anders, als bei Ausbruch eines Städte zerstörenden Brandes, einer Sturmflut, eines Erdbebens. Nein! Mit denen allein rechte ich, die die „logificatio post festum" dieser gräßlichen Gegenwart zu besorgen haben, die Rechtfertigungstheorie, die dichterische Verklärung der Massennot. Da sitzen sie, an ihren Schreibtischen zurückgeblieben, und geben dem Blutchaos einen erhabenen Sinn. Da steht der Konzertpatriot im erleuchteten Festsaal, da steht „der berühmte Romancier" und „der bedeutende Naturforscher", der „bekannte Nationalökonom" und der „tiefsinnige Denker". Und ein jeder redet das, was ein jeder jetzt hören will. So machen sie alle aus der Not ihre Tugenden. Ruchloser aber noch, furchtbarer sind jene Hochbegabten, welche „das große metaphysische Erlebnis" genießen. Jene Gebildetsten, Verbildetsten, für die Flauberts furchtbares Wort gilt: „Tout est matière pour nous." Was zwingt sie das Unsägliche zu zerreden und zu zerschreiben? Was treibt sie, die Vaterlandsglut ihrer Herzen in die Feuilletons der Tagespresse niederzulegen? So entbehrlich, so schicksalslos sind alle, daß ihre gegenwärtige Überzeugung wohl nie etwas anderes ist als die Spiegelung ihres gegenwärtigen Bedürfens. Und so ist auch gewiß, daß die Gedanken und Werte, die ich heute gegen die Welt bewahren muß, morgen schon wieder als gleichgültige „Rechenpfennige der Bildung" durch die schamlosen Finger Jedermanns gleiten. Der Zufallserfolg des eisernen Würfelspiels entscheidet auch über die Mode der künftigen 'Weltanschauung'. Sobald das Volk verliert, kehrt sich sein Groll gegen dieselben Meinungen, die es im Falle der Erfolges vergöttert. In zwanzig Jahren sind alle Überzeugungen von heute wieder vergessen. Aus Freunden sind Feinde, aus Feinden Freunde geworden. Die Nationen, die sich heute vernichten, verbrüdern sich und prahlen genau so mit ihrer Liebe, wie sie heute prahlen mit kriegerischem Hasse. Aber über zerschossener Städte Trümmern und Ruinen der Gärten, über Gräbern und geschändetem Land weben unaufhörlich neu die Lerchen ihre Lieder. Weil sie nicht anders können und nur diese Waffe haben.

*

An einem wunderbaren Maimorgen dieses Jahres standen in den Champs Elysées zu Paris alle Bäume in Blüte. Unter den Blütenbäumen stundenweit, vom Louvre bis zum Bogen des Triumphes, vom Triumphbogen bis zum Boulogner Wäldchen wogte die tausendköpfige Menge. Man erwartete den König von England, der zum ersten Mal als Bundesgenosse Frankreichs die heitere Stadt betrat. Es war Vormittag im Petit Palais, jenem Schlößchen, das die schönste Meistersammlung aller französischen Augenkunst verbirgt. Kein Mensch schritt durch die hohen Säle. Einsam standen die Griechengötter. Einsam die Landschaften der Schule von Barbizon[3]. Aber draußen vor den Fenstern wogte endlos das Menschenmeer. Soldaten, Wagen, Automobile. In dem kleinen Rokokogärtchen zwischen den Gartenbeeten strahlte die

Sonne, suchten Bienen die voll entfalteten Lila und Rosenblüten. – Was kümmern uns die großen Staatsaktionen der Politiker und Könige? Aber des Volkes Jubellärm lockte aus den Straßen, indes ich in dem verzauberten Garten mich im Rasen gelagert hatte. Wie Unrecht schien es, daß ich mich losriß. Und da der Blick im Abschiednehmen noch einmal auf dem herrlichsten Haupt, dem „sterbenden Narren" ruhte, vernahm ich den stummen Vorwurf der stillen Dinge: 'Was suchst Du unter den lauten Toten? Sind wir nicht lebendiger als jene, die uns schufen? Sind wir nicht ewiger, stärker, größer als unsre Schöpfer?"Aber das Volk tobte vor den Fenstern und die Stunde rief. Spalierbildende Massen standen die Elyseischen Felder entlang. Auf den Bäumen, auf den platten Dächern, in allen Fenstern, an allen Balkonen standen, klebten, hingen Menschen, weiße, schwarze, gelbe, braune. Über eine Stunde lang, von wachthaltenden Gendarmen getrieben, schritt man die Front zahlloser blutjunger Soldaten und Offiziere entlang. Das waren Elitetruppen aus ganz Frankreich. Hinter ihnen auf dem Rande der Trottoire standen Stühle. Darin saßen geputzte Damen und Herren. Hinter diesen kamen drei weitere Reihen Schaulustiger, welche auf dem Trottoir stehen mußten. Dann kamen Holztische, von findigen Unternehmern herbeigeschleppt, die sich die erhöhten Stehplätze teuer bezahlen ließen. Dahinter auf den Parkwegen begann die Wagenburg. Bis zum boulevard du bois, wo die Paläste der Reichen liegen, wurde man eingekeilt vorangeschoben. Kaum hatte ich, eingepreßt unter Hunderten, einen Tisch bestiegen, da donnerten feierliche Kanonenschüsse. Den breiten Boulevard entlang zwischen jauchzenden Menschenspalieren rasselte, donnerte, ein prachtvoller Anblick auf schönen Rappen in Pallasch mit gezückten Degen, die französische Garde. Dahinter der Wagen mit dem Präsidenten der Republik. An seiner Seite die Königin von England. Der Präsident klein und untersetzt. Die Königin aber, lang und steif, so wie Kinder aus Märchenbüchern sich Königinnen vorstellen, wie aus der Spielzeugschachtel genommen. Und dann das Vierergespann mit dem Könige und der Frau des Präsidenten. Beide Frauen deutsche Landsmänninnen, die eine aus Württemberg, die andere aus Bayern. Frau Präsidentin Poincaré, eine kleine niedliche Frau, was man in Berlin madamig nennt, ein bißchen spießig, ein bißchen verlegen, ein bißchen von Stolz geschwollen, an der Seite des Kaisers von Indien durch die Champs Elysées als Frankreichs mächtigste Frau zu fahren, eine geborene Stiglmeier aus München. Und König Georg? Wie aus dem Friseurschaufenster genommen: geschniegelt, gebügelt, chic und friseurfein. Und wer an diesem Tage die hölzernen, stocksteifen, hochnasigen Briten sah unter alle den zappeligen, vor Enthusiasmus tollen Franzosen (auch der erschossene Jean Jaurès war unter den Stadtgrößen, die den König einholten) der fühlte: Der Fisch hat angebissen auf den Köder der Eitelkeit. Dieses trockene leere, geistlose Herrscherpaar, wie auf Draht gezogen, verkörpert den Geist der modernen Realpolitik. Sie fahren stumm und steif durch die Pracht dieses Frühlingsmorgens. Sie lassen sich anbeten. Und machen ein Geschäft...

Jetzt, wo ich mich anschicke, in die Arena der Zeit zu steigen, in das Gewühl der lauten Toten, steht jener Junimorgen wieder da, der verzauberte Garten, die Bienen, die Rosen, der sterbende Narr und jener kurze Konflikt. Aber die Völker toben vor dem Fenster, und die Stunde ruft.

Das Lazarett (1929)

[...]

Kriegsausbruch

Als ich unmittelbar nach dem Ausbruch des Weltkriegs, im August 1914, mich als kriegsfreiwilliger Arzt dem Bezirkskommando stellte, da beflügelte mich nicht die Vaterlandsliebe und nicht die Menschenliebe und überhaupt keine rühmenswerte Triebfeder, sondern ich hatte den Wunsch, nach Möglichkeit vor Vaterland und Menschheit zu flüchten. Ich kämpfte gegen die „Große Zeit", wo immer ich's konnte. Denn ich sah die Welt um mich für verrückt an. Ich verstand ihre Aufschwünge nicht. Nicht die der nationalen, nicht die der Sozialen. Nicht der Männer und nicht der Mütter. Auch meine eigenen Ängste verstand ich nicht. Am wenigsten aber verstand ich die „führenden Geister". Mein geistiges

Werk lag in Trümmern. Alles, wofür ich bis dahin redlich gedarbt hatte. Bis zum Kriege war ich jung. Nun begann das Sterben. Ich war militärisch dienstpflichtig. Also würde ich früher oder später eingezogen werden. Dann würde ich als Muskote ins Feld geschickt werden. Daß ich's überleben würde, war fraglich. Wie aber sollte ich dem zuvorkommen? Mein Militärpaß (er war das damals allein entscheidende Dokument) stammte aus dem Jahre 1896. Im Passe stand „Dr. med.". Daß ich nachmals den Beruf gewechselt hatte, daß ich durch fast zwanzig Jahre mich nicht mehr um die Medizin kümmerte, es konnte verschwiegen werden. Daß ich zwar das medizinische Doktorexamen, nicht aber das Staatsexamen absolvierte hatte, das wog nicht viel in Tagen, wo man Ärzte in Masse nötig hatte. Gelang es, sofort zu Beginn des Krieges als Arzt eingestellt zu werden, dann würde ich versuchen, mich unentbehrlich zu machen und dem gewöhnlichen Dienst zu entgehen. Ich konnte Wunden verbinden, statt Wunden schlagen, stand im Rang des Offiziers und durchlebte den Krieg klarer als der Arme, der in der Baracke tagein, tagaus nur von der eigensten Notdurft erfüllt wird. Ich hatte Glück. Zunächst gelang es, von den Waffenübungen befreit zu werden. Richtiger gesagt: es gelang, mich zu drücken. Durch vier Kriegsjahre mußte ich alle drei Monate zur Ausmusterung. Die Ausmusterungen wurden immer strenger. Ich verwendete immer neue Listen, um der Front zu entgehen. Dazu halfen Gutachten, ausgestellt von befreundeten Ärzten. Studiengenossen von ehemals waren inzwischen Professoren geworden. Manche saßen als Oberstabs- oder Stabsärzte in einflußreichen Stellungen. Ich schrieb an sie, und manche waren bereit, mich als Assistenten anzunehmen. Ich hatte die Wahl. In Ostpreußen war Ärztemangel. Die Ärzte auf dem Lande bekamen hohe Tagesgelder und genossen große Freiheit. In Belgien ging es hoch her; man stellte mangels reiferer Ärzte blutjunge Kandidaten ein, die oft ein Schlemmerleben führten. Dergleichen lockte mich nicht. Lieber wollte ich Verwundetentransporte begleiten. Vorerst aber lernen, wie in der Studentenzeit, nichts als lernen. Und zu diesem Behufe bot ich mich als Volontär bei einem ambulanten Lazarett an. Denn jeder verfügbare Saal, jedes entbehrliche Tanz- und Vergnügungslokal wurde alsbald in ein Lazarett umgewandelt.

[...]

Mein drittes Lazarett

In dem Bergstädtchen liegt ein wunderschönes Altdamenstift. Ein neuer burgähnlicher Bau, ausgestattet mit vielen Bequemlichkeiten. Hier residierten alte Fräuleins. Sie wollten nicht hinter der Zeit zurückbleiben, wollten gern fürs Vaterland ein Opfer bringen und stellten ihr schöngelegenes Stift dem Vaterland zur Verfügung, unter der Bedingung, daß es zu einem Erholungsheim für nicht schwer erkrankte höhere Offiziere benützt werde. Die Betreuung der Erholungsbedürftigen wollten die Damen selber besorgen, gemeinsam mit einer Schar evangelischer Schwestern. Wie nahe lag der Gedanke, mich dort zu Dienstleistungen anzubieten! Verantwortliche Operationen, schwere Fälle konnten nicht vorkommen. Und warum sollten die alten Damen einen Hilfsarzt abweisen, der unentgeltlich und freiwillig sich betätigen wollte, in Tagen, wo jede Arbeitskraft nötig war? Aber hinter meinem Plane stand ein anderer. In dem Bergstädtchen lag ein Pädagogium, dessen Lehrer schon in den ersten Kriegsmonaten fast vollzählig in den Krieg gegangen waren. Ich wußte, daß die Anstalt vergeblich nach Lehrern suchte. Gelang es, gleichzeitig als Hilfslehrer und als Hilfsarzt unterzukommen, so konnte ich mich in dieser oder in jener Stelle, und wenn möglich in beiden, „unabkömmlich" machen und wurde von zwei Seiten „reklamiert". Diese Voraussicht erwies sich nachmals als richtig. So trat ich denn die Stelle als Lehrer an und ging in den Freistunden zu Hilfeleistungen in das Offiziersheim. Aber, was waren das für Institute? Ich kann ruhig sagen: es waren Narrenhäuser, die sich von anderen nicht einmal dadurch unterschieden, daß ihre Insassen sich für die vernünftigsten Wesen unter der Sonne hielten. In dem Pädagogium waren Knaben aus guter Familie untergebracht, Jungen, welche an keiner öffentlichen Schule fortkamen, aber doch mit aller Gewalt zu standesgemäßen Berufen gedrillt werden mußten. In dem „Offizierserholungsheim" aber lagen Exzellenzen mit zweierlei Arten Klapps. Die eine Gemütsart war dem Kriegshandwerk nicht zugetan, hatte aber hohe Stellungen in der Armee, weil Großväter und Väter schon hohe Stellungen hatten und weil des Kaisers Rock das Kleid des feudalen Mannes ist. Die andere Gemütsart bestand im Gegenteil aus „Eroberernaturen", die an der Front jene Manie erlitten hatten, die man damals „Frontkoller" nannte. Das Herrenmenschentum war bei ihnen ausgebrochen. Sie hatten jene Taten begangen, die man immer nur dann für verrückt hält, wenn sie erfolglos auslaufen. Der eine hatte zu viele Kompanien sinnlos in den Tod befehligt, der zweite hatte Mannschaften binden und prügeln lassen, der dritte durch Tobsucht und Nervosität Verwirrung gestiftet. In derartigen Fällen, wenn es sich um Prinzen und Grafen handelte, sagte man: „Nervenüberreizung", und verordnete, bis die Sache vergessen ward, einen Erholungsurlaub. Beide Arten Erholungsbedürftige, die über- und die unterkriegerische, waren durch die Zeit aus den Fugen geraten. Sie verteilten die Erde, machten Völkerschicksal, verfügten Weltgeschichte. Da lagen ein Schock deutscher Helden in den hübschen grauen Liegestühlen und besetzten Calais, beschossen die Westminsterkathedrale, funkten Regimenter ab und ließen den Lord Grey (den damals verhaßtesten Staatsmann) an den Galgen knüpfen. Sie sagen: Dreschen: deutsche Hiebe: Stahlbad: eherne Notwendigkeit. Und ich fühlte ihnen den Puls. Abends stand ich im efeuumrankten Fensterbogen, und über die schwarzen Tannenwälder gondelte der Mond. Die hübschen blonden Schwestern kamen in den koketten Rüschenhäubchen und verstauten die Helden in ihre Futterale. Da lagen sie freundlich und mordeten im Traum. Ich hatte sie aufrichtig lieb; denn ich freue mich, daß ich nicht auf ihr Kommando den Heldentod zu sterben brauchte fürs Vaterland. Denn ich wußte: Jede dieser starken Persönlichkeiten hätte mit reinem Gewissen der Erde edelstes Hirn und reinste Herzen zerstampft, wenn es ihnen notwendig erschienen wäre für die Größe des Vaterlands. Es ging zu wie in jedem Irrenhause, in welchem bekanntlich sich der Kosmos bewegt um das menschliche Ich und das menschliche Ich immer um sich selber. Ob man eine Klasse Schuljungen oder einen Staat, das Personal eines Theaters oder ein Lazarett in Ordnung zu halten hat, die Hauptsache ist: Die Hausordnung. Jede Exzellenz ritt ihr Steckenpferd. Aber die Organisation klappte. Um 8 Uhr brachte Marthchen den Kaffe. Um neun machte Schwester Anna die Darmspülungen. Abends erlosch das elektrische Licht, Punkt zehn. Danach mußte man sich richten. Man konnte im übrigen nach Herzenslust heroisch sein. Man redet viel von den Rechten des Herzens, von der Freiheit des Herzens, von der kalten Nationalität der Staatsmathematik. Ich bin für Mathematik! Ich weiß, die Menschheit würde in Urwirre sinken, wenn nicht die Diktatur der Maschine wäre. Und die „starken Persönlichkeiten" hätten die Erde schon gefressen, wenn nicht die Hausordnung daran hinderte. Jeder mag im Lazarett so heroisch sein, wie er kann und will, wenn nur die Hausordnung dauert!

Mein letztes Lazarett
Das letzte Lazarett, darin ich diente, hatte dreihundert Betten für Geschlechtskranke, und die waren immer besetzt. Ein richtiger Mediziner kennt keinen Ekel. Aber hier mußte jeder den Ekel lernen, nicht den körperlichen, sondern den seelischen Ekel. Bücher schreibende Leute machen viel Wesens von dem, was man Bildung, Charakter, Persönlichkeit nennt. Aber man kennt die Menschen nur dann, wenn der ganze logische oder sittliche Überbau eingestürzt ist. Man reiße den Menschen aus allen seinen bisherigen Gewöhnungen, versetze ihn in Todesangst, in den Irrsinn eines Trommelfeuers, treibe Menschen zu Haufen, lasse den Tod in den Haufen fahren, was bleibt vom „Oberbau"? Nicht Geist, nicht Kultur, nicht Unterschiede der Erkenntnis und der Gesittung. Nichts bleibt als ein Knäuel irrer Triebe, aus denen immer wieder siegreich bricht der Drang nach Selbsterhaltung. [...]

Ich war also in eine Horde geraten, die sich sozusagen entschämt hatte und durch die Röte des Geschlechts täglich entschämter wurde. Es ist abgeleugnet worden, daß an den Fronten mit Bakterien gekämpft worden ist wie mit Sprengstoffen und Giftgasen. Gewiß sind es Märchen, daß von Fliegern Typhus- oder Cholerabazillen in Brunnen abgeworfen wurden, um das Trinkwasser zu verpesten, oder daß Milzbrand, Maul- und Klauenseuche bewußt unter den Rindern im Feindesland verbreitet wurden. Aber Tatsache ist, daß man geschlechtskranke Frauen in die vom Feinde besetzten Gebiete abschob. Daß im ersten Kriegsjahre ganze Regimenter in Belgien und Frankreich vergiftet worden sind, teils mit Gonorrhöe, teils mit primärer Syphilis. Man konnte annehmen, daß unter den in die Lazarette Kommenden jeder fünfte Mann neben sonstigen Wunden oder Leiden auch eine Geschlechtskrankheit mitbrachte. Es verbietet sich, die Nacktheit der Bordellbetriebe auszumalen. Das Weib (in Belgien sagten die Soldaten „Schönvieh“, ein Wort, das sie sich aus jeunes filles gebildet hatten) wurde kaum viel anders gewertet als der Genuß einer guten Zigarre oder einer Zigarette. Der Geschlechtsbetrieb hatte eine seelisch dunkle Verbindung mit Tod oder Angst vor Tod. Wie das vom Tode bedrohte Insekt (z.B. eine Fliege, die man vergiftet) noch schnell den Fortpflanzungsakt übt, gleich als wolle das geopferte Individuum sich in die Dauer der Gattung hineinretten, so wurde unmittelbar vor dem letzten Zusammenraffen die Natur entlockert. Sogar Tiere, ja Kadaver von Tieren wurden mißbraucht. Die Übertragung der Gifte ging wunderliche Wege. Der Mensch im Schlamm und Dreck, wie ein Tier lebend, entschämt sich schnell. Eine „psychologische Studienkommission“ sammelte damals Beobachtungen über „die Seele des Soldaten“. Ich schrieb ihr etwa so: An der Seele des entfesselten Tiers ist überhaupt nichts zu beobachten, als was wir schon wissen, daß, sobald wir uns sinken lassen, wir uns verlieren. Wovon sie reden? Was sie denken? Was die Soldaten interessiert? Sie reden vom Essen, reden nochmals vom Essen; das ist das Wichtigste, und es kommt alles darauf an, wie man sie füttert und hält. Sie denken: „Kinder, ich möchte vierundzwanzig Stunden ausschlafen.“ Oder: „Ich möchte die schweren Stiefel runter haben und besseren Stuhlgang.“ Es interessiert sie, bald nach Hause zu kommen. Den heroischen Schmus dazu machen die Zeitungen. Und es ist ganz dasselbe, ob es Tapfere sind oder Feiglinge, Helden oder Lumpen: jeder ist mit täglicher Notdurft beschäftigt und dreht sich um seinen kleinen Ausschnitt. Es liegt die größte Wahrheit in der Antwort, die der Geschichtsschreiber Ephoros Alexander dem Großen gab, als dieser ihn aufforderte, mit ihm zu gehn, um die Geschichte seiner Kriege schreiben zu können. „Lieber Alexander“, sagte Ephoros, „Kriege kann nur beschreiben, wer zu Hause blieb.“

Die Unverantwortlichen

Sind das nun Feiglinge, sinds Lumpen gewesen, die sich in der Ferne freiwillig vergifteten, um ins Lazarett zu kommen? Es sollte stutzig machen, daß es oft ganz dieselben Männer waren, die sich als Erste in den Krieg gedrängt und mit Begeisterung hinausgestürmt waren. Es gab Kriegsfreiwillige, die nichts sehnlicher wünschten als „einen leichten Heimatschuß“. Es gab Ritter des Eisernen Kreuzes, die Krankheit simulierten. Unter den Verletzungen waren viele Selbstverletzungen; mehr als wir ahnten. Keine Strafe konnte die Leute hindern, mit Eiter zu handeln. Erst als jeder gonorrhöisch Erkrankte degradiert wurde, hörte der widerwärtige Handel auf. Gelenkerkrankung, Herzerkrankung, ja Erblindung folgte nicht selten aus einer leichtsinnig gesuchten Infektion. Mannschaften, die durch Jahr und Tag alle Naturalien in Gruppen verrichten – sie wurden in Gruppen in die Schlacht, in die Latrine, zum Weibe und zum Gottesdienste geführt – werden, je nachdem man's betrachtet, zuletzt die verkommensten oder die erwecktesten. Erweckt werden sie zu Revolte und Revolution. Verkommen waren sie vom Standpunkt der Ethik, die nicht auskommen kann ohne Würde der Person. Das Lazarett war nur ein Zuchthaus. Die Geschlechtskranken wurden Tag und Nacht bewacht. Sobald sie konnten, rückten sie aus. Nirgends kamen so viele Händel, Gewalttaten und Gemeinheiten vor. Sie bemächtigten sich des nächstbesten Weibes. Sie gaben gedankenlos ihre Krankheit weiter. Es waren Leute, die in Aufsässigkeit hineingeraten, innerlich entschlossen waren: „Ich mache nicht mehr mit“ oder „Mir ist schon alles einerlei“. Man konnte sie zurückgewinnen, indem man ihnen Ehre und Verantwortlichkeit gab. Durch Strafe und Härte wurden sie immer weiter abgedrängt. Und doch wäre es zumal im letzten Kriegsjahre nicht möglich gewesen, ohne Terror auszukommen. Drohte nicht Prügel, ja Tod, so brachen alle Schranken. Sie hatten sich sinken lassen und außerhalb der Zeit gestellt.Diese Unverantwortlichen aber sind es, die jeden Umschwung und Aufschwung herbeiführen. Revolutionen macht man nur mit Massen, die nichts zu verlieren haben. Die Leute murrten und führten radikale Reden, wollten die Erde verbessern und waren nicht imstande auch nur das eigene Triebleben zu verantworten. Sie ordneten mit ihren dumpfen Köpfen den Staat und konnten keine Kommodenschublade in Ordnung halten. Sie schrien nach Freiheit, aber würden jedem anheimfallen, der ihnen Spiele und Brot gab. „Spiele und Brot“, das hieß damals: „Kartoffel und Kintopp“.

Wie sie starben
Ich habe den Namen des jungen Lehrers vergessen, aber sein Bild wird, so lange ich lebe, mir vor Augen stehn. Er war durch einige Jahre mein Hörer gewesen, doch außerhalb des Unterrichts hatten wir kaum je miteinander gesprochen. Auf einsamen Spaziergängen im Walde habe ich ihn einige Male gesehn. Ein verträumter Mensch, recht ein Sohn Niedersachsens, strahlend und blond, aber von schwerfälligem Ernst. Ihm begegnete ich in den ersten Tagen nach Kriegsausbruch, und ich gestehe frei: Ich hatte in jenen Tagen nur einen einzigen Vorsatz: „Halte den Kopf frei. Laß dich nicht anstecken von Barbarei. Das Leben lassen, um das Gräßliche zu hindern, tausendmal mit Freude! Aber mitmachen; begeistert sein, weil alle begeistert sind, nein! Und wenn sie dich steinigen. Nichts gegen das eigenste Gewissen." Auf der Straße, vor dem Haus, in dem ich geboren bin, kam der junge Soldat auf mich zu, freudig bewegt, und als wenn es sich von selber verstände, daß jeder Deutsche in diesen Tagen genau das gleiche fühlen müßte, was er selber fühlte, rief er erstaunt: „Sie sind noch nicht in Uniform?" und ohne die Antwort abzuwarten, fügte er hinzu: „Freudig ziehen wir hinaus. Meine Schulklasse zieht mit mir hinaus." Ich kann die Gefühle jenes Augenblicks nicht mehr hervorrufen. Ich schämte mich, empörte mich, litt, hätte ihm gern zugerufen: Das ist ja Irrsinn! und brachte wohl nur hervor „Furchtbar". Aber für ihn waren jene Tage nicht furchtbar. Er erfuhr die stolzeste Erfüllung des Lebens. Liebe zum Vaterland trug ihn. Er war nicht einsam und abgedrängt. Ich beneidete ihn, wie man den Adler beneidet, der hoch im Blau über Felsen schwebt, während unser erdverhaftetes Auge ihm kaum zu folgen vermag. – Er ist nicht wiedergekehrt. Aber von den jungen Menschen, die ihm aus Begeisterung gefolgt sind, haben einige berichtet, wie er gestorben ist. Er war in Flandern der Führer und Vater seiner Freiwilligen. Sie haben, Todverbundene, jeder für jeden sich dargebracht. Da war keiner, der zurückblieb, der diese Tage nicht als das Heiligste des Lebens erfuhr. Singend sind sie in den Kugelregen gegangen, ungeschützt, leichtfertig, fürs Vaterland sich verschwendend, sich vollendend. Ich habe dann diese blassen Kindergesichter in den Lazaretten gesehn, habe in die großen gläubigen Augen gesehen und hätte nie den Mut gehabt zu sagen: Ihr seid Ver-

irrte. Und sie hätten es auch nicht geglaubt. Daß sie allesamt Helden seien – und sie waren Helden – das hielt sie aufrecht. Dieser Glaube trug hinaus weit über Graun und Tod. Aber in den Nächten, von Schmerzen gejagt, riefen sie wohl wie arme Kinder nach ihrer Mutter. Sie waren Kinder. Sie starben herrlich; aber ich wünschte, ich hätte mein Leben hingeben können, damit sie nicht gestorben wären.

Die Heroischen
Und dennoch sind es nicht die Begeisterten und Begnadeten, an die wir mit Bewunderung denken. Wohl mit Liebe und mit Ergriffenheit denken wir an die vielen, vielen Blinden. Aber meine Ehrfurcht gehört einer anderen Gruppe, von der ich nicht viele gesehen habe. Ich denke an K. G. Er war ein Westfale, ein tiefer und schöner Mensch. Ich lernte ihn im Mai 1914 in Paris kennen, wo er in einer Buchhandlung arbeitete. An einem Frühlingstage standen die Champs Elysée entlang eine Stunde weit junge Regimenter aufgereiht, um Spalier zu bilden zum Empfang des Königs von England. Der Präsident Faure[1] und der König kamen im offenen Wagen langsam die Triumphstraße entlanggefahren. Die Volksmenge taumelte in Begeisterung. Überall flatterte die Trikolore neben der britischen Flagge. Wir gingen eine endlose Front von Soldaten entlang, sehr ernst, denn wir wußten, was das bedeutete. Die Raserei kehrte sich gegen unser Vaterland. Acht Wochen später war der Krieg da. Wieder ein paar Wochen später war der junge Westfale auf der Durchreise mein Gast. Er hatte die Heimat noch einmal sehen wollen und ging nun als Kriegsfreiwilliger zurück nach Westen. Gegen dieselben Menschen, unter denen er heimisch geworden war und die er liebte. Mein Wunsch war, ihn zurückzuhalten. Vor diesem brauchte man nicht zu schweigen. Er mußte alles verstehn. Aber unsre Aussprache verlief wider Erwarten. Es war ein schwüler Sommertag, und ich wollte zum Friedhof, um Blumen Wasser zu geben, und auf diesem Spaziergang begleitete er mich. Während wir zwischen den Gräbern auf und nieder gingen, sprach ich frei heraus den ganzen Groll und Schmerz gegen Krieg, Zeit und Menschen. Und dann sprach er, und hatte alles ebenso gesehn. Für ihn war der Krieg ein Wahnsinn, ein Verbrechen, eine abscheuliche Bestialität. Und der Ekel gegen die Zeit,

der aus ihm brach, war nicht anders als der meine. Aber warum tat er nun dennoch mit? Ging freiwillig, wo er hätte zurückbleiben können? Fast verschämt kam seine Antwort: „Es wäre nicht anständig." Dieser seltenste Mensch opferte seine Überzeugung aus Reinlichkeit des Stolzes. Er war überzeugt, daß sein Volk irre, war überzeugt, daß alles, was geschah, ein Verbrechen sei; er glaubte auch nicht an Sieg, nicht an Dank, nicht an Rückkehr. Er wußte nur, daß er eben mit dazugehöre und daß es nicht ritterlich sei, sich dem Schicksal zu entziehn. Er sprach vom Tode kurz, stockend. „Es ist Schicksal." Und es mochte das Gefühl des andern sein wie des Faust, wenn Euphorion davonfliegt. „Und der Tod ist Gebot, das versteht sich nun einmal." Man war damals freigiebig mit den Worten: Held und Heldentod. Nach diesem Nachmittag zwischen den Gräbern reiste er ab, ohne Lebewohl zu sagen. Einige Wochen darauf ist er in Frankreich gefallen. Jene Knaben, die mit Begeisterung gingen, waren glücklich. Dieser Mann war ein Held, wenn jemals Einer Held war.

Lettres d'un soldat

Noch einer dritten Gruppe möchte ich gedenken: weder pathetisch und begeistert, noch als Ethiker und stolz, aber vielleicht schöner als beide. In einem unsrer Lazarette starb ein unbekannter französischer Soldat, dessen hinterlassene Aufzeichnungen damals in den Druck kamen unter dem Titel „Lettres d'un soldat" und einen Typus zeigen, der weit häufiger ist, als wir Reflektierende es uns träumen lassen. Das sind die ganz eigenbezüglichen Naturen ohne Absicht, Zweck und Urteil. Menschen, welche durch alle Gräßlichkeiten der Hölle unbefleckt hindurchgehen wie Kinder, die sich wundern, die Augen aufreißen und die Stunde nehmen, wie sie kommt. Jenes französische Buch bot Psychologen eine erstaunliche Offenbarung. Da war also ein Mensch, der in den Krieg zog ohne Todesfurcht und ohne Lebenshoffnung und nicht aus Tatendurst und nicht aus Abenteuerlust und nicht begeistert und nicht geblendet, aber auch ganz ohne Widerstand und Widerwillen. Er tat, was befohlen wurde, was alle taten, und hatte die Augen offen und dachte nicht. Es war alles ein Schauspiel. Der Brand einer Stadt war ein gewaltiges Schauspiel. Die Felder voll Leichen, die zerschossenen Wälder, die Schwermut der Abende, der Alarmruf des Morgens. Alles war ein Schauspiel. Und wenn er im Feuer der Maschinengewehre stand und die Granaten sangen wie verwunschene Seelen, dieser verfolgte mit den Augen die stolze Bahn der Geschosse und versank in den Farben. Es gibt Menschen, die auch unter den Klauen eines Panthers noch einen bewundernden Blick frei hätten für die Herrlichkeit des Lichtes, wenn es spielt auf den Streifen und Flecken im Falle des Todfeinds und, ertrinkend im Meer, vermöchten sie die grünen, schaumgekrönten Wogenkämme noch zu sehn wie bannende Bilder eines Schauspiels, das sie verschluckt. In den Tagebüchern dieses Junggestorbenen war nie die Rede von Gefahr, Not, Leid, weder von den eigenen Leiden noch vom Schmerz der andern. Der ganze Feldzug war ihm eine Reihenfolge ungeheurer Bilder, in die er sich verlor. Stimmungen waren das, ungeahnt und ihm neu, die er wie ein Dichter schilderte. Dies war der liebenswerteste Menschentypus, der am leichtesten über alles Furchtbare jener Jahre hinwegkam, weil er begnadet war mit dem schauenden Auge, für welches das Wort des Buddhas gilt: „Alles ist schön zu sehen, aber schrecklich zu sein." Und in der Tat, wenn man die brieflichen Schilderungen dieses Franzosen liest, so scheint auch ein Schlachtfeld schön zu sein, und man vergißt, daß die versprengten Krater Massengräber sind und der Purpur auf dem Grase Menschenblut. Glückliche Kinder, Augenmenschen, die über Abgründe hinwegspielen wie Falter; glückseliger die Begeisterten, um deren Sterben sich der Lorbeer schlang und ewiger Dank, und du, ritterlich Stolzer: ihr gingt dahin, und ich wollte, ich und alles schmerzliche Wissen um die Welt wäre dahin, aber ihr dafür, Nichtwissende, weiltet noch im Leben.

Krieg oder Weltrevolution? (1921)

[...]
Angesichts dieser unermeßlichen Leichenfelder der Bildung, was kümmert uns jenes winzige Schlußstück, welches wir jüngst vor Augen hatten, unser sogenannter Weltkrieg!

In runden Zahlen ausgedrückt, kostete er von 1914 bis 1918 ungefähr zehn Millionen Menschen das Leben. An Geld kostete jede Sekunde seiner Dauer etwa 6 000 deutsche Silbermark. Jede Minute eine halbe Million. Jede Stunde dreißig Millionen. Mit jedem Tage seiner Dauer gingen Werte von 700 Millionen Mark für die Erde verloren. Mit der Hälfte dieser im wörtlichen Sinn verpulverten Kraft hätte man die Wüste Sahara in einen blühenden Garten verwandeln, den Atlantischen Ozean untertunneln können, hätte aufkaufen und urbar machen können halb Patagonien, Chile und Brasilien, hätte jedem deutschen Jungen ein kleines Fürstentum sichern können. Alle diese Milliarden Goldes brachte man spielend zusammen, als es galt, die Jahrhunderte geweihten Münster der Gotik, die unwiederbringlichen Schlösser des Barock in Trümmer zu schießen; als man aber jüngst bemüht war, für Deutschland das verfallende Haus zu erretten, darin Goethe geboren ward und aufwuchs, da erbettelte man mit Mühe die wenigen hundert Mark vergeblich.

Sicher aber hat jener englische Staatsmann recht, welcher jüngst sprach das echt europäische Wort: Der Weltkrieg war ein Geschäft, das sich nicht bezahlt machte.

Für einige Kreise immerhin hat auch dieses Kulturgeschäft sich bezahlt gemacht. Zum Beispiel für jene amerikanische Aktiengesellschaft, die während des Krieges auf den Kerguelen eine Betriebsstelle errichtete zur Jagd auf See-Elefanten. Es wurden die letzten hunderttausend der armen Tiere erschlagen. Man gewann so viel Tran, daß man alle Märkte der Erde hätte versorgen können. Da kam zum Glück die große Hungersnot. Um ein möglichst gutes Geschäft zu machen, schüttete man kurz entschlossen neun Zehntel der Vorräte ins Meer. Den Rest brachte man auf den

Markt. Dank der Volksnot mit tausendzinslichem Nutzen. –

Überall speichert die Kultur weit mehr auf als der Mensch vertragen kann. Die Ernährungswissenschaft sagt, daß von den unausgenutzten Eiweißkörpern und Kohlenwasserstoffen, welche in einem einzigen Londoner oder Pariser Schlemmergasthof unnötig durch überernährte Leiber gejagt werden, Hunderte zu leben vermöchten, die vor den Fenstern der Verschwenderwirtschaft sterbend und verderbend im Froste stehn. Was ist der Panther gegen dieses Raubtier: „Geist"? –

Es geschah jüngst, daß die unfähigen Staatsleiter Deutschlands ein altes verschüttetes Kohlenbergwerk, wie man in der Geschäftssprache sagt, „sanieren" wollten. Darum boten sie es aus, und ein Großherr der Gewerbe fand sich bereit, es wieder in Betrieb zu setzen, machte aber die Bedingung, daß trotz der verfügten Kohlensperre die Hälfte der aus jenem Bergwerk gewinnbaren Kohle ihm zu freier Verfügung verbleiben dürfe. Man ging darauf ein. Und der hochfliegende Berechner fragte sich nun: Wie kann ich mit dem mir plötzlich verfügbar gewordenen Machtmittel jetzt am zweckmäßigsten wuchern?

Zunächst erwirbt er das schwer darniederliegende Holzfasergewerbe Westpreußens und beschließt, Papier zu machen. Die Wälder einer Landschaft werden abgeschlagen; Holzpapier hergestellt. Darauf kauft der Meisterrechner so viele Tageszeitungen, als er vermag. Und nun beginnt sein Geschäft.[1]

Die gesamten Papierhersteller sind abhängig von seiner Belieferung mit Kohle. Die Zeitungen wieder sind abhängig von der Belieferung mit Papier. Aber die Zeitungen gehören ihm. Das Papier gehört ihm. Die Kohle auch. Wollen andere Zeitungen als die seinen weiter erscheinen, so müssen sie dazu von ihm das Papier erwerben; natürlich zu Riesenpreisen. Wenn also irgendein Gegner auf Druckpapier ihn bekämpft, so verdient er daran; denn grade die Mitbewerber schaffen ihm den Reichtum; je mehr es werden, um so besser. Indessen erfrieren deutsche Mütter, deutsche Kinder. Die Kohle mangelt im Vaterland. Die Forste Westpreußens sind auf Menschenalter geschädigt. Der Wald ward Zeitungsgebälge. Aber wer die Zeitungen besitzt, der besitzt die öffentliche Meinung.

Welch ein „Geschäft" ist dies? Ist in dem sogenannten freien Volksstaate Deutschland solches Gründer- und Schiebertum geächtet mit der Schmach der Jahrhunderte? – Unsinn! Gefühlsduselei! Wer so rechnet, wird Berater deutscher Volkswirtschaft. Und mit Recht. Von dieser Art sind alle: Europas und Amerikas „große Männer". Männer, die „in das Leben hineinpassen". Die auf dem gesunden Boden der gesunden Wirklichkeit stehn. Praktische Männer. Realpolitiker. In ihren Mußestunden fühlen sie kosmisch. Und empfehlen Franz von Assisi. [...]

Wie immer auch die Ideale des christlichen Kulturkreises lauten, – Vergottung, Emporgottung des Menschengeschlechts, Vergeistigung der Erde, Vermenschlichung der Natur, Erlösung des Elements, vollendete Logik, vollendete Ethik, – ihr Erfolg war stets: Verfestigung des Elementarischflutenden zu starrer Bewußtseinswirklichkeit in Raum und Zeit, das heißt: zu einer menschlichen Wert-, Zweck- und Willenswelt ... Dafür sind Ehrfürchte und Urschauer geopfert, bacchische Räusche, Überschwänge der Vorwelt. Die langsam erkaltende und vergeistigte Erde gehört den nüchtern rechnenden Handels- und Säbelimperien. Jenen Raubstaatereien, welche Einfalt und Landschaft, Einsamkeit und Schlaf mählich zerstören zugunsten „menschlichen Fortschritts".

Die Geschichte der Siedelungen Europas, der britischen in Hinterindien, auf Ceylon, Singapore, in Kanada und Hongkong, auf Gibraltar, Malta, Zypern und in Ägypten; der lateinischen, spanischen und französischen in Mexiko, Cayenne, Peru, Bolivia, Algier; der deutschen auf Samoa und in Südwest-Afrika; was ist sie? Eine Kette rücksichtsloser Vergewaltigungen und Erpressungen unter dem Deckmantel: Kultur. Die Geschichte der christlichen Bekehrung, trotz all ihrer Glaubenshelden und Martermänner, was ist sie anders als eine lange Kette von selbstgerechter Dummheit und Dünkelmut?!...

Überall erscheint dieser demutdünkelhafte, liebesäuselnde christliche kaukasische Mensch, dieser Nomade in der Wüste der Mechanik, als der Erde selbstgerechtester Verwissenschaftler und Verwillenschaftler. Als der machtwillige Übermächtiger und Vergewaltiger alles schutzlos stillen Lebens. – Mittels Schießpulver und Buchdruck, der satanischen Erfindungen des deutschen Geistes, zerstampft er den Schlaf der Erde, schlägt nieder die Eichen Virginias und die Tannen Norwegens und macht daraus bedrucktes Papier. Von Indien bis nach Korea und Japan macht er Menschen von der Schönheit stummer Blumen gleich uns zu Rechnern und Schwätzern. Auf Upolus, wo schuldlose Naturkinder, welche wir vergiften mit Branntwein und Lustseuche, Geldmarkt und Machtgierde, wo schuldlose Naturkinder uns Deutsche nennen: „Papalagi, Zerbrecher des Paradieses", bis hin zu den fernen Handelsplätzen am Amazonenstrom, wo die letzten Indianer und Neger nicht anders gehalten werden als die Lama und Kamelherden des Plantagenkönigs, überall ist die Erde überspannt von dem riesigen Gewebe rechnender Zweck- und Gewinnlust. Vom Nutzen abgenutzt. So handfertig als kopffertig. So ausdeutbar als ausbeutbar. Verwortet und verwertet. [...]

In diesem Augenblick, am 18. März 1921, ist die geschichtliche Lage in Deutschland noch genau die gleiche wie am 4. August 1914. Damals stand zur Wahl: Krieg oder Weltrevolution? Alle versagten. Frauen, Friedensfreunde, Sozialisten, Christen. Dennoch kam der Umsturz. Nur um 4 Jahre 3 Monate zu spät! Und genau die gleiche Lage wird immer dasein. Immer wird es heißen: Krieg oder Weltrevolution?

Zunächst aber findet dann die Geschichte den Ausweg, den sie immer noch einschlug. Er heißt: Sklaverei. Denn der Mensch ist der Erde tragfähigstes Lasttier und duldet, so lange er eben kann.

Endlich aber tagt jedermann die Stunde, wo er durchschaut, daß weder mit Vernunft und Ethik noch mit Arbeit und Gütererzeugung die dem Volke zertretene Seele zu erneuern ist, daß weder Kriege etwas ändern noch Revolutionen, weder Christentum noch Freigeisterei, weder Vaterland noch Internationale. Denn das Geschick der Erde hängt einzig am Lebensgefühl der gewandelten Herzen.

Und wenn alle Hoch- und Anbilder der Wirtschaft, Glück und Wohlstand für alle verwirklicht sind (wir wünschen es! wir wollen es!!), gar nichts wäre verändert, wenn nicht diesem mustergültigen Wirtschaftskörper eingeblasen würde: eine neue Seele. Wenn er nicht Ausdruck und Leib wäre allliebender Seele, entwachsen der Zweckheit; um ihrer selbst willen lebendig. [...]

WARNUNGEN

Die deutsche Studentenschaft um 1925 (1925)

I.

Ein neues Weltbewußtsein hatte Weltkrieg und Revolution in die Jugend Europas gepflanzt. Blindlings war sie hineingetaumelt in das ungeheure Morden der Völker. Die begabtesten Hoffnungsvollsten, die Blüte jeder Nation, wurde zum Opfer. Diejenigen aber, die aus dem Massenirrsinn wieder herauskamen, kamen als Gewandelte heraus. Es gab wohl nur ganz wenige, die im Herbst 1918 aus dem Kriege in der selben Stimmung heimkehrten, mit der sie, im August 1914 fröhlich hinausgezogen waren. Viele Ideale waren zertrümmert, viele Illusionen begraben.

Nur die Vereinzelten, (immerdar zum Lose der Kassandra bestimmt), die von jeher als Weltbürger empfanden und für das ganze Menschengeschlecht sich verantwortlich wußten, brauchten nicht „umzulernen". Sonst aber lernte alles um. Und zu keiner Zeit („quod nemo in sese vellet descendere") boten sich der Welt so viele Weltverbesserer, Lebensreformer, Menschheitsapostel dar. Und jeder fand seine Gemeinde. So entstand in Deutschland ein Chaos verzweifelter, unklarer, desorientierter Menschen. Gemeinschaftsbildung mannigfacher Art, Urchristentum, Siedlungswesen, Naturapostel, radikale Kulturfeindschaft und Europaangst ergriffen die Jugend, und dicht daneben Amerikanismus, Machtideologik, Taylor-Ideale[1] und die Ideen unerhört fortschreitender Technik. Jeder Mystizismus des Herzens und jeder Radikalismus der Vernunft. Nirgendwo blühten Ruhe und Sicherheit. Man wunderte sich über nichts mehr. Nicht darüber, daß ein Hohenzollernprinz auf dem First seines Schlosses die rote Fahne der Spartakisten hißte[2], nicht darüber, daß verdiente Militärs in hohem Range sich öffentlich zum Pazifismus bekannten, daß Aristokraten ihrer alten Überlieferung entsagten und sich als Edelkommunisten oder Anarchisten entpuppten, und daß von der anderen Seite her ungefestigte und wenig durchgebildete Proletarierschichten, alle Sitze des Ranges und der Macht besetzend, ins Bürgerliche umschlugen und insgeheim von den alten Machthabern umgarnt wurden. Es war das Chaos! Und nur ein Genius, zugleich instinktgebunden und vollkommen frei, hätte dieses ins Chaos geratene Deutschland neugestalten können. Eine solche Persönlichkeit aber fehlte. Und wäre sie aus den Tiefen der Volkheit aufgetaucht (vielleicht barg das Proletariat solche Möglichkeiten), man hätte sie schnell um die Ecke gebracht. Denn ihr hätte ja die Autorität der Geburt, des Amtes und des Erfolges gefehlt, (das was Napoleon „prestige“ nannte: die phantasiegeborene Persönlichkeitslegende). Statt eines solchen Genius boten sich der Nation eine Fülle advokatorischer und aktivistischer Intelligenzen. Zunächst aus der uralten Völkerreserve des Judentums. Denn hier war der alte Chiliastenwahn und die Ideologie des übervölkischen Vernunfts- und Geisterreichs nie erloschen. Die radikaleren (Liebknecht, Luxemburg, Eisner, Landauer, Leviné) waren zum Scheitern vorbestimmt; nicht darum, weil die Volkheit den aus dem Judentum kommenden Führer nicht tragen kann (in Frankreich Gambetta, in Italien d'Annunzio, in England Baconsfield zeigten das Gegenteil), sondern einzig darum, weil dieser Radikalismus zu abstrakt kam und nicht praktisch, man möchte fast sagen nicht gemein genug dachte: der einzige, der die nötige praktische Klugheit hatte, Rathenau wurde vorzeitig beseitigt. – Und seitdem begann der Rückschlag. Der russische Bolschewismus (für Deutschland in der Tat die beständige Lockung) gab den Vorwand zur Reaktion. Und diese (die Wahl des zweiten Reichspräsidenten war das Symbol) ist seither: Siegerin!...

II.

So also wäre die Signatur der Zeit. Wie spiegelte sie sich in der deutschen akademischen Jugend? Die letzten zehn Jahre brachten auch ihr zweifellos Chaos; aber dieser Wirrwarr der Lehren und Meinungen verbarg doch fruchtbare Keime. Die durch Weltkrieg und Revolution erzogene deutsche Jugend hatte Zweifeln und Zweifelsfragen kennen gelernt, sie war „problematisch“, aber eben darum minder selbstgerecht und minder seelenroh geworden; sie stand dem Nachdenken offen; es zeigt sich daran, daß philosophische Bücher und

Lehrmeister heftiger begehrt und umstritten wurden als je zuvor und daß man gerne nachgrübeln und das Erlebte philosophisch bewältigen wollte. Andererseits aber war diese nachdenklich und skeptisch gewordene Jugend nicht mehr ganz gesund; viele waren verwundet, verkrüppelt, hatten in den Kriegsjahren einen seelischen Bruch erlitten. Sie zogen sich gerne vom Markte der Öffentlichkeit zurück. Alle Politik geriet in Mißwohlwollen. Am Leben der Öffentlichkeit teilzunehmen, galt als belastend. Einsamkeitsideale, Entpolitisierungsideale, Hesychistenideale[3] lebten in allen Guten und Besten. Was war die Folge? Daß das ganze öffentliche Leben den Schreiern und Toren anheim fiel, daß die Dummheit terrorisieren konnte wie nie zuvor. Denn kein Wissender rührte die Hand dagegen. Im ruhesuchenden Pessimismus hieß es: Die Welt ist eben des Teufels: bauen wir still unseren Kohl. Und so konnte die jüngste Generation, die Krieg und Revolution noch nicht am eigenen Leib erlebt hatte, unerfahren und unwissend, wieder zum Opfer werden genau derselben Illusionen und Fetische, welche die bisherige Menschengeschichte gestaltet haben; ein hoffnungsloser Ozean von Blut, Schweiß, Galle und Tränen. Nie ist eine studierende Generation geistloser und seelenloser gewesen. Während die proletarische Jugend überall zugelernt hat, neue Ideen aufnimmt, in Volkshochschulen, Siedlungsgemeinschaften, Wanderbünden, mächtig bewegt von reformatorischen Gedanken, die Bausteine schafft für ein neues Europa, ist die dem absterbenden Bürgertum entblühte akademische Jugend im Grunde inhaltlos und eigentlich nur von einer einzigen kameradschaftlichen Idee zusammengehalten, von der Idee der Nation und des Vaterlandes, welche etwas vollkommen anderes und weit abstrakteres ist als die selbstverständliche Tatsache der Heimat, Heimatsliebe und heimatlichen Bodenständigkeit. Es ist durchaus anzuerkennen, daß Kulörstudententum und Verbindungswesen sich zu seinem Vorteil gewandelt hat. Die Tyrannei des Komments und, was am wichtigsten ist, die Tyrannei des Alkohols wurde gebrochen. Sklaven aber sind unsere Studenten nach wie vor, denn sie, welche das Wort frei und Freiheit ständig im Munde führen, sind nicht (was jeder freie Mensch sein sollte) die Diener ihrer eigensten Vernunft und Erkenntnis, eines aus Gedankenkämpfen in eigener Seele neugeborenen Ideals;

sondern sie sind nichts als macht- und geltungswillige Bannerträger der alten Tradition, von welcher sie glaubten und hofften, daß sie ihnen gute Stellungen, Futterplätze, entscheidenden Rang und Führermacht unter den Völkern verschaffen werde. Gerade sie aber, die sich völkisch nennen und als Vertreter der Volksgemeinschaft aufspielen, haben für das Volk kein Gefühl und von Volksseele keine Ahnung. Sie sind Machtwillige; das ist ihr Wesentliches. Und ohne daß sie es ahnen, ist ihre kurzatmige und kurzlebige „Weltanschauung" nur der Index jeweiliger Machtbeziehungen. Gegenwärtig verfügt die Notwendigkeit einen Zusammenschluß des gesamten Deutschtums: Österreichs mit dem deutschen Reiche wie mit Gebietsteilen der Schweiz, die vom Italienertum übermächtigt werden. Diese Gemeinschaft und Brüderschaft auf Tod und Leben ist unerläßlich. Ohne sie würde unsere Sprache und Geistespflege und mithin unsere Seele verloren gehen. Der Nationalismus mißbraucht diese Seelenlage zu einem volkbetrügendem, zuguterletzt wieder imperialistischem, politischem Staatsziel: Wiedererrichtung eines von Militär- und Beamtenklüngeln geleiteten Obrigkeitsstaates, gefürchtet von allen fremden Nationen und die Keimzelle einer neuen Eroberungs-, Unterjochungs- und Kriegsgeschichte. Dieses angeblich vaterländische und heroische Ideal wird von der jüngsten akademischen Jugend fraglos angenommen. Keine Vernunft der Welt könnte dagegen etwas einwenden. Sie argumentiert mit Hand und Fuß; nur nicht mit dem Gehirn; sie argumentiert zur Not mit Prügel und Beleidigung. Diese nationalistische Woge ist jetzt obenauf. Und wenn sie der proletarischen Jugend obsiegt (woran ich nicht zweifle), dann wird die junge deutsche Republik dem Tode ausgeliefert sein. Man darf sich nicht darüber täuschen, daß die Herrschaft der Republik in der akademischen Jugend nur widerwillig getragen wird. Die patriotische Begeisterung, die nach der Wahl Hindenburgs losbrach, war im Kern eine Rache gegen Ebert. Die Reaktion witterte Morgenluft.

III.

Ich selber bin eines der ersten Opfer dieser Reaktion geworden. Ein paar Aufsätze über die Persönlichkeit Hindenburgs, vollkommen unpolitische, durchaus anständige und ehrfürchtige Aufsätze – (in Frankreich würde ein Schriftsteller, der selbst über seinen Gott in anderer Tonart schriebe, sofort in den Verdacht des Byzantinismus geraten und öffentlich getadelt werden), veranlaßten die deutsche akademische Jugend zu einem Ketzergericht über mich, zu einer Hetze, die an dummer Anmaßlichkeit, Unsachlichkeit und Ahnungslosigkeit wohl nicht ihresgleichen hat. – Rudolf Hans Bartsch machte mich aufmerksam auf einen Präzedenzfall aus der österreichischen Hochschulgeschichte: das Vorgehen der Kulörstudentenschaft (der „farbigen Tätowierten“) gegen Grillparzer, durch den sich die national entflammten Jünglinge in ihren „heiligsten Idealen“ beleidigt fühlten und den sie nun – (dumme Jungen, deren nicht Einer späterhin irgendwelche erhebliche Werte für Österreich geschaffen hat: den größten und adeligsten Dicher des Vaterlandes!) – vor die Aula, das will sagen vor ihr Dumme-Jungen-Gericht zitierten und den sie, da er „sich nicht stellte“ und ihren Richterspruch „nicht anerkannte“, so an Leib und Leben bedrohten und „sekkierten“[4], daß er schließlich sich aus Wien flüchten mußte – ein Schandblatt und zugleich ein Possenstück aus der deutschen Universitätsgeschichte... Ich wäre in meinem Falle recht froh, wenn etwa der „Hochschulring Deutscher Art“, der mein Werk zwar nicht kennt, aber mißbilligt, mich, wie die Wiener Studenten einst Grillparzern, zu einer Diskussion über streitige Ideen aufgefordert hätte: das wären Waffen, die ich führen kann; wie aber soll einer, der die Damaszenerklinge des Geistes führt, sich gegen Mistgabelstiche der Gemeinheit schützen: gegen Niedergeschrienwerden, Bedroht – Beleidigt – Desavouiert – werden? Gegen das „Steinigt Ihn“-Gebrüll von Jünglingen, die sich nicht als Einzelne verantwortlich wissen, sondern sich immer, im Plural majestatis redend, als Vertreter einer Gruppe oder gar eines unpersönlichen Ideals aufspielen, beispielsweise wenn sie persönlich Gemeinheiten und Selbstgerechtigkeiten ausüben, das „im Namen der vaterlichen Ehre“, ja womöglich im Namen alles Wahren, Guten und Schönen begehen. –

Ich möchte hier nicht den gräßlichen „Fall Lessing“ noch einmal aufrollen. Zur Zeit, wo dieser Aufsatz im Druck erscheint, werden vermutlich die Artikel über Hindenburg, die den Sturm in der akademischen Welt erregten, als Broschüre erschienen sein; im Verlage von Hapke und Schmidt, Berlin, Charlottenstraße: mit Vorwort von Maximilian Harden; im übrigen ohne jede Erläuterung oder Hinzufügung meinerseits; einfach sachlich aufbewahrt für eine bessere Menschheit, die aus ruhiger Distanz den ganzen Unfug überschauen und richtig beurteilen wird. – Ich kann also hier den ganzen akademischen Fall, die unerhört anmaßlichen und lächerlichen Beschlüsse, Versammlungen und Schwatzereien der deutschen Studentenschaft auf sich beruhen lassen und mich darauf beschränken, etwas Allgemeingültiges, Prinzipielles zu sagen, getreu der Mahnung Goethes:

„Warum willst du dich von uns allen
Und unserer Meinung entfernen?
Ich schreibe nicht Euch zu gefallen
Ihr sollt was lernen.“

IV.

Ein blutjunger Mensch, hochgestimmt und reingeblieben, wie wohl nur ganz wenige junge Menschen unseres Zeitalters, vollkommen erfüllt von Vaterlandsidee und Heimatliebe, hat sein fanatisch überstrudelndes, brutal unreifes Erstlingswerk mit einer auch von dem gegenwärtigen „Nationalismus“ wohl kaum überbotenen Liebeserklärungen an Deutschland eröffnet:

„Mein Deutschland, ob ich dich liebe?
Die Worte sagen es nicht.
Ersieh es an meinem Liede,
Am glühenden Zorngedicht.
Ersieh es an meinen Witzen,
Wahrhaftig, die Witze sind gut.
Du lachst und kannst es nicht ahnen,
Ich schrieb sie mit Lebensblut.

Du bist mir Vater und Mutter,
In dir nur wurzelt mein Sein,
„Wer's mir nicht so ernst, hochheilig,
Es könnte so schmerzlich nicht sein.
Denn meines Liedes Seele
Und meines Geistes Schaft
Beflügelt ein großer Glaube,
Der Glaube an deine Kraft.
Bluternst ist in meinem Herzen
Die Flamme der Muse entbrannt:
Mein Deutschland, heiliges Deutschland,
Ich liebe Dich, Vaterland.
Poeten und Philologen,
Sozialisten und Klerisei,
Wir werden den ganzen Schwindel
Schon überwinden, wir zwei."

Wenn ein solches Bekenntnis, von einem kaum Zwanzigjährigen, naiv treuherzig einem Erstlingswerk als Vorrede beigegeben, ein Menschenalter später umgeschlagen ist in äußerste Skepsis gegenüber allen pathetischen Ausdrücken nationaler Selbstgerechtigkeit und Machtwilligkeit, welche Enttäuschungen und mithin welche Erkenntnisse müssen diesen Weg durch dreißig Jahre gekennzeichnet haben? Jedenfalls sollte man diesen Erkenntnissen nachspüren und sollte nicht leichtfertig – anmaßlich auf Gesinnungslumperei zurückführen, was Ergebnis und Ausdruck eines ganzen Lebens ist. Welcher wohl von der mich schmähenden bürgerlichen Jugend von heute – (denn ich selber bin einst jener fanatische Patriot gewesen) – hätte den gleichen Ernst und Verantwortungswillen für seinen Jugendenthusiasmus einzusetzen? Grillparzer hat jenen jungen Laffen, die ihr Femgericht über ihn hielten und den Boden, auf dem Ziele und Gedanken angepflanzt werden und hochwachsen, bereits selbst für das Ziel halten und mit Gedanken verwechseln, den folgenden ingrimmig nachdenklichen Vers entgegengeschleudert:

„Ja, ein Paladium bleibt Euch unverloren,
Es heißt: die Nationalität.
Das heißt, daß Ihr auch irgendwo geboren,
Was freilich sich von selbst versteht."

Kehren wir doch einmal den Spieß um! Diese heute die deutsche Hochschule beherrschende Jugend begeht die schlimmste aller Sünden: Verrat am Vaterland; genau in demselben Sinne wie jene Studentenschaft, die Grillparzers Leben und Schaffen störte, dadurch das Vaterland verleugnet und geschädigt hat. Was denn macht den Deutschen unter allen Völkern unbeliebt; mit Recht unbeliebt? Einzig dieser Art Selbstgerechtigkeit, die feindlich jedem Gedanken, der nicht das eigene Vorurteil bestätigt und fremd jedem Lebensausdruck, der nicht der eigenen Seelenart entgegenklingt, überall das Unverstandene schulmeistert und sich selber zur Norm für das Leben und Treiben anderer setzt. Diese Geisteshaltung aber ist vor allem unjugendlich. Jugendlich, meine werten Burschen, seid Ihr nur, insofern als Ihr lärmt, Radau macht, unreif seid und Eure Albernheiten ungemein wichtig nehmt und sie für neu und wesentlich haltet; Eure Gedanken aber sind unbewegt und unbeweglich, alt und überaltert; die Phrase der Lehrbücher, veraltete Philosophie und Wissenschaft spukt und geistert in Euch fort und macht Euch, die Ihr jung zu sein wähnt, zu den eigentlichen Feinden aller Völkerjugend und Volksverjüngung. Diese bakelschwingende schulmeisterliche Sprache der lauten Überheblichkeit ohne Innerlichkeit und Tiefe ist die Sprache Untergangsreifer, ja Untergegangener; das ist wahrlich nicht jene schöne Wirrnis und Chaotik, die der reif Gewordene und Weise wohl dem Jugendblut und Übermut zugutehalten darf.

Man meint, daß ich übertreibe? Ich will aus zahlreichen Dokumenten der Blindheit und Gewöhnlichkeit, die ich anführen könnte, zum Schluß dieses Aufsatzes eine mir zugegangene Resolution der Leipziger Studentenschaft hierhersetzen; gegenüber vielen ähnlichen Beschlüssen und Urteilssprüchen, mit denen ich durch lange Wochen bombardiert wurde, zeichnet sie sich aus durch ein gewisses Maßhalten im Schmähen und Verschmähen; ich setze das Dokument zum Schlusse hierher; ohne weitere Erläuterung:

Leipzig, den 8. Juli 1925

An den Privatdozenten Lessing, Hannover
Herr Lessing! Sie haben als Dozent einer deutschen Hochschule in einer ausländischen Zeitung, vielleicht weil Sie den

Mut nicht fanden, es in einer deutschen Zeitung zu tun, gegen den höchsten Beamten des Deutschen Reiches in abfälliger Weise Ihrer äußerst unmaßgeblichen Meinung Ausdruck verliehen. Dabei bewegen Sie sich in Redewendungen, die in akademischen Kreisen, zu denen offiziell vorläufig ja auch Sie gerechnet werden, keineswegs üblich sind. Es bleibt natürlich jedem Menschen unbenommen, seine Ansicht in der seinem Geschmack und Bildungsgrad entsprechenden Weise zu äußern. Aber wir Studenten verlangen von unseren Hochschullehren doch, daß sie wenigstens ein Mindestmaß von nationalem, gesellschaftlichem und überhaupt menschlichem Takt zeigen und auch in Meinungsverschiedenheiten eine ruhige Sachlichkeit und gewisse Würde bewahren, so daß wir zu ihnen mit Hochachtung und mit Verehrung aufblicken können. Sie, Herr Lessing, haben dafür gesorgt, daß die deutsche Hochschuldozentenschaft in der Öffentlichkeit erheblich in ihrem Ansehen geschädigt ist. Jeder andere Mensch, der über jenes Mindestmaß von Feingefühl verfügt, würde, nachdem er sich auf diese Weise unmöglich gemacht hat, sich von selbst aus dem öffentlichen Leben zurückziehen. Auch von Ihnen, Herr Lessing, erwarten wir dies baldigst, da Ihnen der stürmische Protest von Kollegen und insbesondere von Studenten klar gezeigt hat, wie man in Ihrer bisherigen Umgebung über Sie denkt. Sollten Sie dagegen das dazu notwendige Maß von Anstandsgefühl, um dies zu empfinden, nicht haben, so erwarten wir trotz gegenteiliger Erfahrungen bestimmt, daß man behördlicherseits doch noch die Maßnahmen ergreifen wird, um Sie aus einem Wirkungskreis, dessen Sie sich unwürdig erwiesen haben, zu entfernen.

Uns weiter mit Ihrer Persönlichkeit und Ihrer Handlungsweise auch im Haarmann-Prozeß zu beschäftigen, halten wir für vollkommen überflüssig. Ihr Auftreten richtet sich selbst und wird durch keinerlei Gewaltmaßregeln gerechtfertigt.

Großdeutsche völkische Finkenschaft an den Leipziger Hochschulen.

I.A.; der Führer Klevemann, stud. agr.

Ein Justizmord ist begangen
Schlußwort über Haarmann und Grans (1926)

Ein dunkler Punkt

Am 30. Juni 1924 erlangte man von dem Massenmörder Haarmann das erste dämmernde Geständnis. Die Polizei hatte bis dahin nichts herausgebracht. Erst die privaten Nachforschungen von Angehörigen und Eltern, die bis dahin mit ihren Anliegen derb zurückgewiesen waren, hatten endlich die Gewißheit gebracht, daß nur der Polizeiagent Haarmann der die Stadt beunruhigende Werwolf sein konnte. Im Gange vor dem Zimmer, in welchem Haarmann von den Beamten vernommen wurde, befanden sich die Eltern, wenn ich nicht irre, von drei ermordeten Knaben; dazu einige andere Personen. Aus dem Zimmer heraus drang Weinen und Geschrei. Die draußen Stehenden riefen erregt: „Bringt ihn heraus; wir wollen ihn lynchen." Die Tür war verschlossen. Die der Tür Zunächststehenden blickten durchs Schlüsselloch. Drei (wahrscheinlich sogar fünf) Personen können übereinstimmend bezeugen: „Wir sahen den Haarmann mit herabgelassener Hose. Er schrie, und wir waren überzeugt, daß er geschlagen werde." Bei seiner Abführung in die Zelle sahen zwei Personen, daß er ein blutgetränktes Tuch in der Hand hielt. In der Beichte nun, welche Haarmann hinterließ, sagt er aus, daß seine Belastungen gegen Grans nur erfolgt wären, weil er vor den Mißhandlungen auf der Polizei habe Ruhe haben wollen. Das hannoversche Gericht war somit gezwungen, den Beweis zuzulassen, daß Haarmann in der Tat mißhandelt wurde. Fünf Beamte schwuren, daß nie dergleichen geschehen sei. Die Wahrnehmungen der Eltern vor dem Schlüsselloch wurden für Halluzination oder Sexualphantasie erklärt. Dennoch sagten drei Elternpaare (die doch wahrlich allen Grund haben, dem Haarmann jede Prügel zu gönnen) zugunsten der Haarmannschen Beichte aus. Nebenher will ich bemerken, daß im Dezember 1924, als das Gericht meine ihm unangenehme Berichterstattung zu unterdrücken versuchte, mir aus dem Polizeipräsidium Hannover die Nachricht zugetragen wurde, an Haarmann sei eine Hodenquetschung vorgenommen worden, um ihn zum Geständnis zu bringen. Ich legte darauf keinerlei Wert, obwohl die Quelle glaubwürdig schien, und ich nehme auch jetzt an, daß sämtliche Zeugen über stattgefundene Mißhandlungen sich geirrt haben. Aber ich bringe öffentlich meine Beschämung zum Ausdruck darüber, daß ein deutsches Gericht die Feststellung der Wahrheit zu erschweren versucht hat. Die Mutter eines der Ermordeten wurde vom Vorsitzenden angeschrien: „Es ist gut, daß der Haarmann so behandelt wurde; sonst mordete er heute noch." Als die vom Staatsanwalt als minderwertige Zeugin charakterisierte Frau entgegnet: „Der Staatsanwalt hat Angst", da wird Ordnungsstrafe beantragt. Eine andere junge Frau, die, zum erstenmal in einen Gerichtssaal tretend, mühsam die Worte herauswürgend, ihrer Scham die Aussage abringt über das, was sie gesehen hat, wird angeschrien: „Wenn Sie weiter nichts zu bezeugen haben, so hätten Sie zu Hause bleiben können. Sie haben nichts als 'ne offene Hose gesehen: das ist doch keine Mißhandlung..." Ein alterfahrener Kriminalbeamter, welcher unter Eid ausgesagt hatte, niemals den Haarmann mißhandelt zu haben, rühmt sich vor Eltern eines Ermordeten: „Dem Haarmann hab ich mit dem Gummischlauch ordentlich einen Denkzettel gegeben." Die Eltern sind anständig genug, nun im Grans-Prozeß für die Richtigkeit der Haarmannschen Angabe einzutreten. Der Beamte verwikkelt sich in Widersprüche und gibt schließlich zu, den Haarmann wirklich geschlagen zu haben und ihn auch verhört zu haben, während der Gummischlauch auf dem Tische lag; die Existenz eines solchen Schlauches war bisher von allen Beamten abgestritten worden. Es liegt mir fern, unseren schlecht entlohnten, mit Recht verbitterten Subalternbeamten einen Vorwurf zu machen. Rügen aber muß ich eine Heimatbehörde, die nicht alles tut, um unrechtmäßige Zustände zu klären. In Hannover wurde verschleiert.

Die Sachverständigen

Zwei Sachverständige fungierten im Prozeß gegen den Grans: der Göttinger Professor Schultze und der hannoversche Polizeiarzt Schackwitz. Sie hatten zu entscheiden über Glaubwürdigkeit der Beichten und Aussagen des Haarmann. Zunächst gab Geheimrat Schultze sein Gutachten. Für Natur und Grenze dieser Art Gerichtsgutachten möge folgendes erwähnt sein. Der Geheimrat sagt: „Die Verteidigung legte mir die Frage vor, ob nicht Homosexuelle besonders zu Lügenhaftigkeit neigen. Ich bin daher gestern noch einmal von Hannover nach Göttingen gefahren, um in der Fachliteratur nachzuschlagen." Wie Kraut und Rüben laufen diesem Sachverständigen alle die Begriffe durcheinander, deren Klärung das elementarste Geschäft der Psychologie ist. Glaubwürdigkeit verwechselt er mit Ehrlichkeit, Ehrlichkeit mit Wahrhaftigkeit, Wahrhaftigkeit mit Wahrheit, Wahrheit mit der Wirklichkeit der Bewußtseinsinhalte, Tatsachenwirklichkeit mit Urteilsevidenz, Urteilsbündigkeit mit Aufrichtigkeit und Aufrichtigkeit mit Offenheit. Alle Prüfungen, die er an Haarmann vornahm, beziehen sich auf Intellektuelles (Urteil, Gedächtnis usw.), aber das ganze Affektleben, in dessen Dienst doch sämtliche intellektuellen Funktionen stehen, blieb ganz beiseite. Schließlich wunderte sich der Gelehrte, daß das Gehirn Haarmanns auch nicht das kleinste pathologische Merkmal aufwies, er sollte sich lieber über eine Psychologie wundern, welche wähnt, Seelisches durch Gehirnuntersuchung feststellen zu können. Gehirn hat mit „Bewußtseinstatsachen" zu tun. Mit Seele aber so wenig wie mit Menschenkunde –: das „Nachschlagen in der Fachliteratur"...

Alex Schackwitz, der zweite Sachverständige, hatte von Juni 1924 bis 15. April 1925, dem Tage der Hinrichtung, den Haarmann vollständig in seinen Händen. Nach Bekundung des Dr. Schackwitz war Haarmann vergleichbar mit einem dressierbaren Tier, welches man mit jeder Schmerzandrohung leicht einschüchtert und durch Kaffee, Käse oder Zigarren sofort versöhnt. Pflege und Behandlung des Haarmann lag vor allem im Bereich dreier Angehörigen der Kriminalbehörde: Dr. Schackwitz, Kommissar Reetz, Assistent Reich; diese bezeugen ihre intime Verbindung mit dem Haarmann bis zum Moment des Todes. Dr. Schackwitz, der Begutachter im Haarmann-Prozeß, ist derselbe, der nach Haarmanns ersten Morden das eingelieferte Fleisch, von dem heute der Verdacht besteht, daß es Menschenfleisch war, ohne jede mikroskopische Untersuchung auf das bloße Sehen hin, für Schweinefleisch erklärt hat. Unmittelbar vor der Abführung zum Richtblock schrieb Haarmann einen Brief an Dr. Schackwitz. Die letzten Worte dieses Briefes (die letzten Haarmanns überhaupt) lauten so: „Wollen Sie glauben, das ist eine Lehre für ihn (für Hans Grans). Er ist ein Lump. Aber bestrafen können Sie ihn nicht. Ich schütze ihn nicht. Er hat keine Ahnung gehabt..." Ich behauptete und behaupte weiter, daß, wenn das hannoversche Gericht und die hannoversche Polizei den schönen Stolz und Mut gehabt hätte, sich selber als befangen abzulehnen, der ganze Haarmannprozeß ein anderes Gesicht bekommen, der Prozeß gegen Grans aber unmöglich gewesen wäre.

Das Plädoyer

Die Oase in der Wüste des Grans-Prozesses war die Schlußrede des Verteidigers Dr. Teich; die Rede eines Menschen: nichts von Schärfe, nichts von Übertreibung, maßvoll, vorsichtig, die Rede eines Mannes, dessen Sympathien nach rechts hin auf Obrigkeitsstaat und Gesetzesstrenge gerichtet sind, der aber, gerecht und vielerfahren, von allen böswilligen Vorannahmen und subjektiven Gefühlen sich frei macht und lediglich fragt: „Was ist Wahrheit?" Indessen, wäre Jesus selber im Gerichtssaal erschienen und hätte sich schützend vor den jungen Menschen, dem nichts, aber auch wirklich gar nichts nachgewiesen werden konnte, hingestellt, gegen die böse Atmosphäre von Haß und Ressentiments und Gerechtigkeitsgehässigkeit hätte kein Gott mehr schützen können. Ich las einmal bei Oscar Wilde den Satz: „Der Kronanwalt flehte die Geschworenen an, sie möchten den Angeklagten köpfen." Man hatte die beiden alten Anklagen auf Anstiftung zum Morde und auf Mitwisserschaft fallen lassen und dafür eine Klage auf Beihilfe in den Fällen Hanappel und Wittig (nach § 149 StGB) konstruiert. Das Schlußwort des Grans lautete so: „Ich fordere von einem objektiv urteilenden Gerichtshof meine Freisprechung und die Wiederherstellung meiner Ehre." Damit verlor er bei der gegen ihn herrschenden, völlig unpsychologischen Einstellung den letzten Rest Sympathie. Das Urteil lautete: 12 Jahre Zuchthaus. Auf 20 Jahre Aberkennung der Ehrenrechte. Die zweijährige Untersuchungshaft wird nicht angerechnet.

Psychologie im Gerichtssaal

Ein Justizmord ist begangen! Ich schreibe das nicht leichtfertig. Ich behaupte es aus kalter ruhiger Überlegung: auf Grund der Kenntnis aller Personen und Umstände und nachdem ich über ein Jahr alle Seiten des Kriminalfalles nach allen Seiten hin erwogen und behutsam durchdacht habe. Ich behaupte nicht, daß Grans unschuldig ist. Ich halte ihn für einen Zutreiber Haarmanns und für einen schlimmen Parasiten und Ausbeuter. Aber ich behaupte aufs bestimmteste, daß weder Anstiftung noch auch Beihilfe zum Morde vorliegen kann. Aber man möge absehen von dieser persönlichen Überzeugung; zweifellos ist: daß das „Indizienurteil" die Quelle aller Justizmorde ist, von denen der Hannoveraner Jhering sagt: „Der Justizmord ist die wahre Todsünde des Rechts."

„Psychologie gehört nicht in den Gerichtssaal." Ich habe dies Wort des Vorsitzenden Bökelmann nie recht geglaubt. Erst der Grans-Prozeß bewies mir, daß es völlig ernst gemeint war. Psychologische Schnitzer, die jeder, der über Menschliches nachdenkt, sofort merken mußte, wurden anstandslos hingenommen. Ein ohnehin verdächtiger Zeuge sagt aus, er habe vor drei Jahren, als überhaupt noch nichts von den Morden bekannt war, in einem überfüllten Wartesaal gesehen, wie Haarmann und Grans durch Nicken mit dem Kopf einander Zeichen gaben. Derselbe Zeuge sagt, er habe den ermordeten Hanappel an einer bestimmten Stelle des Wartesaals auf einer Truhe sitzen sehen, neben ihm habe eine Wasserwaage gestanden; als sich klar ergibt, daß der Zeuge das kleine Merkmal „Wasserwaage" nur aus den Zeitungen haben kann, weil in Wahrheit die Waage in der Truhe lag und nicht daneben stand, ändert der Zeuge die Aussage dahin: „Neben ihm befand sich etwas, was ähnlich aussah wie eine Wasserwaage." (Keiner merkt und rügt das.) Eine gegen Grans zweifellos gehässige Zeugin sagt aus: Er hat mir mal gesagt: „Den Haarmann trek ich blot ute."[1] Nun wird aber festgestellt, daß Grans gar nicht Platt versteht, so fragt denn der Vorsitzende die Zeugin: „Sagte er das auf Platt oder Hochdeutsch?" worauf diese, die den neuen Umstand kennt, erwiderte: „Er sagte es auf Hochdeutsch." Der Staatsanwalt leistet sich folgenden Satz: „Grans muß gewußt haben, daß Hanappel getötet werden sollte, denn als er die hinterbliebenen Sachen des Toten sah, wurde er nicht stutzig." Eine endlose Erörterung knüpft sich an die Frage: Warum hat Haarmann den Grans denn gerade in den zwei Fällen des Mordes belastet, wo wirklich eine Beihilfe nachweisbar ist? Für jeden schlichten Verstand versteht sich von selbst, daß Haarmann den Grans gerade nur dort belastet hat, wo ein Belasten überhaupt möglich war. In jedem anderen Fall wäre die Belastung eben zusammengebrochen, wie hundert andere Belastungen des Haarmann zusammengebrochen sind. Haarmann hat z.B. einen der angesehensten Großindustriellen Hannovers[2], der für Kultur und Bildung der Stadt unendlich viel tat, beschuldigt, mehr als 40 Knabenmorde begangen zu haben; er hat diesen Mann, wie andere, zum Schaden der Stadt Hannover fortgeekelt und dabei doch lediglich sich über die Behörden lustig gemacht. Haarmann hat Wittkowski, Friedrich und Grans auch in anderen Fällen des Mordes bezichtigt, und die Unmöglichkeit der Bezichtigung konnte glatt bewiesen werden. Der Fall Grans ist schwer zu durchdringen, weil Grans zu denen gehört, die ich „atonale Naturen" nennen möchte: ursprünglich ganz unbedacht-ahnungslose Naturen, die in großer Gefahr völlig vereisen und reaktionsunfähig werden. In dem ganzen Grans-Prozeß sah man an dem Angeklagten nicht eine einzige affektive und gemüthafte Regung. Für den Charakterologen war unbedingt gewiß, daß auch nicht ein Schimmer von Schuldbewußtsein in Grans lebendig ist, er müßte denn ein schier übermenschlicher Schauspieler sein. Aber das Gericht nahm das als „Verstocktheit des raffinierten Verbrechers". Die Sache ist aber die: „Grans ist in der Tat innerhalb einer bestimmten Sphäre Unrecht zugefügt worden; nämlich hinsichtlich seiner Mitwisserschaft an den Morden; alles Mögliche hat Grans pecciert: Kuppelei, Zutreiberei, das abscheulichste Ausbeuten armer Jungen; nur gerade das, was man ihm schuld gibt: „Mitwissen an den Morden", hat er nicht pecciert[3]; das Gefühl aber, hier verunrechtet zu werden, läßt ihn völlig blind sein gegen diejenige Schuld, die er wirklich hat und nun fühlt er sich, ohne dabei zu schauspielern, als der „schwer Verunrechtete", der für seine „Ehre" kämpft. Ist es psychologisch denn überhaupt möglich, daß ein wirklicher Verbrecher von guter Intelligenz die Kleider und Sachen, von denen er weiß, daß sie aus Morden herrühren, aufbewahrt und offenkundig am Leibe trägt, auch dann, als die Morde ruchbar geworden sind; er hätte es ganz leicht gehabt, alle Spuren seiner Beteiligung zu vernichten und zu verwischen. Eine Zeugin sagt aus: „Grans sagte zu mir, den Haarmann habe ich in Händen, wenn er etwas will, so zeige ich ihn an." Und weswegen will er anzeigen? „Haarmann hat die Gasanstalt betrogen durch Entnahme von Gas." Droht so ein Mensch, der von mir Morde weiß? Ich vermöchte viele Dutzende solcher Indizien anzuführen. Was steht auf der Gegenseite? Nichts als die erste Aussage des Haarmann, der das Gericht mehr geglaubt hat als allen späteren Widerrufen im Angesichts des Schafotts. Aber auch dies ist Psychologie: Das Schwurgericht Hannover (dies hat es jetzt zugeben müssen) hat in erster Instanz, indem es den Grans zum Tode verurteilte, glatt Justizmord begangen. Das Urteil wurde umgestoßen, als die Beichte des Haarmann an die Öffentlichkeit gelangte und als ich, so weit das irgend in meinen Kräften stand, das öffentliche Gewissen wachgerufen hatte. Dasselbe Gericht hat nun auf 12 Jahre Zuchthaus erkannt. Jedes andere Gericht hätte zur Freisprechung kommen müssen. Ich behaupte nicht, daß der Grans schuldlos sei; ich habe ihn in meinem Buche: „Haarmann. Die Geschichte eines Werwolfs", als Lebenswucherer und Intelligenzschmarotzer aufs strengste gegeißelt. Aber ich behaupte: An den Morden kann er gar nicht anders beteiligt sein, als auch die Frau Engel, Linderer, Wegehenkel und viele kleine Kriminalbeamte Dunkles und Ungesetzliches bei Haarmann ahnten, ohne je klar zu wissen, daß es sich um Morde handelte.

Schlußwort

Daß ich den Kampf gegen ein Fehlurteil in meiner Heimat Hannover gerade im „Prager Tagblatt" geführt habe, möge mir doch das nicht als eine Ephialtes-Tat[4] gegen Heimat und Vaterstadt verdacht werden. Ich hätte genau dasselbe in jeder andern deutschen Zeitung geschrieben, wenn mir irgendwo eine solche zur Verfügung stünde... Niemanden wünsche ich zu verletzen.

Die Gültigkeit und das Ethos deutscher Rechtspflege kümmert mich. Nicht die Personen, die in zwanzig, dreißig Jahren ja doch wieder andere sind. Zum Schluß möchte ich zurückkommen auf die Berichte im „Prager Tagblatt". Das hannoversche Schwurgericht hat am 15. Dezember 1924 auf Grund des § 176 des Gerichtsverfassungsgesetzes mit Beziehung auf die Berichte im „Prager Tagblatt“ mir den Zutritt zu den Prozeßverhandlungen gesperrt. Es geschah das in der Weise, daß aus einem Berichte zwei Sätze aus dem Zusammenhang herausgerissen und als unwahr unterstellt wurden. Ich habe dadurch, gegen die Sachlichkeit des Gerichtes mißtrauisch geworden, mich von da ab weiter in die Materie des Prozesses versenkt und habe, was ich mit bestem Gewissen vertreten zu können glaube, zusammengefaßt in dem Buch: „Haarmann, Geschichte eines Werwolfs“, Berlin 1925. Sollten nun in dem Buch oder in den Berichten im „Prager Tagblatt“ Irrtümer unterlaufen sein, so bitte ich gemäß dem Pressegesetze sie berichtigen zu dürfen. Sollte Beleidigendes gegen Gericht oder Polizei in meinen Darlegungen gefunden werden, so bitte ich, mich wegen Beleidigung oder Verleumdung zu verklagen, vielleicht ist das der Weg, um die Wahrheit festzustellen, die wir ja alle wollen. Das Gericht hat beide legalen Wege nicht betreten. Es hat vorgezogen, mir den Zutritt nach Möglichkeit zu erschweren und darüber hinaus eine Denunziation beim Kultusministerium zu betreiben, die mir als akademischem Lehrer ein Disziplinarverfahren und im Verein mit politischem Unverständnis und Mißverständnis eine durch Jahr und Tag andauernde öffentliche Hetze brachte. Nun aber stellte sich am Schluß des Haarmann-Grans-Prozesses folgendes heraus: An einer Stelle seines Plädoyers machte der Verteidiger des Grans auch eine Angabe aus meinem Buch. Der Vorsitzende in beiden Prozessen, Landgerichtsdirektor Bökelmann, unterbricht ihn: „Ich muß Sie bitten, Herr Rechtsanwalt, hier kein Buch anzuführen, daß wir nicht kennen.“ Der Verteidiger benennt mich als Zeugen dafür, daß ich ein Buch geschrieben habe, in welchem das Verfahren gegen den Grans als ein Rechtsirrtum charakterisiert wird. Oberstaatsanwalt und Staatsanwaltschaftsrat stellen fest, daß auch sie von dem Buch keine Notiz genommen hätten. Ein Saaldiener besitzt das Buch und bringt es dem Staatsanwalt. Der nimmt es, betrachtet den Einband und legt es zurück. Bei der Urteilsbegründung äußert sodann der Vorsitzende: „Der Gerichtshof weist es zurück, Notiz zu nehmen von einem Buch, das ein hiesiger Mediziner zu der Sache Haarmann-Grans geschrieben haben soll. Ebenso weisen wir zurück, uns von Zeitungsaufsätzen beeinflussen zu lassen. Wir Berufsrichter wissen aus uns selbst, was wir zu tun haben. Wir brauchen keine fremde Belehrung. (Wörtlich stenographiert.) Also ... auf Grund zweier aus einem Zeitungsaufsatz herausgerissener Sätze Denunziation beim Ministerium und Hetze durch Jahr und Tag. Aber: „Wir kennen die Sache gar nicht, wir mißbilligen sie nur." Bei dieser Gottähnlichkeit wird mir bange. Nicht für mich! Aber bange für den Tag, wo diese Herrlichkeit der drei juristischen Koryphäen unserer guten Stadt Hannover, der Herren Bökelmann, Wilde und Wagenschieffer, ganz zweifellos zusammenbrechen wird.

An den Reichspräsidenten! (1925)

In alten Zeiten, wo noch nicht das Schicksal der Millionen Namenlosen, wo noch die Zufallsmacht der Geburtsbevorrechteten den Stoff hergab zu jenem Gewebe von Illusionen, welches wir Menschen die Weltgeschichte nennen, in jenen überalteten Zeiten, kannte man ein wunderliches Verbrechen, um dessentwillen Tausende von Wahrheitssuchern verblutet sind: „crimen laesae majestatis", das Vergehn der Majestätsbeleidigung.

Mochten die Herrscher über unser Heimatland in ihrer Menschlichkeit wie immer beschaffen sein – (Gewaltmenschen oder Trottel, Schauspieler oder Gecken, Alltagsmenschen oder Ingenien), – selbst die Seelenkunde hatte zu verstummen vor der Gewalt des historischen Mythos. Kein „Erkenne dich selbst" rührte an die Unfehlbarkeit des Gottesgnadentumes. Und die Sklavengesinnung der Massen, welche das Knie beugt vor bunten Standarten, rostigen Szeptern, vergoldeten Kronen, nie aber versucht, hinabzudringen in die eingeborene Göttlichkeit der eigensten Seele, – diese seelenflüchtige „Idolatrie"[1] verbot den freien Geistern alle Kritik an der Übereinkunftslegende: Geschichte. Man brandmarkte den, der die jeweils herrschende Gruppe bekrittelte, als Verräter an Geltung und Stoßkraft der Nation.

Die Geschichte der modernen Demokratien (der nationalen wie der international-sozialen) ist die Geschichte eines illusionzerstörenden Kampfes mit der Historizität, eines Krieges gegen den geschichtebauenden „Traditionalismus“.

Gelegentlich jener alten Majestätsbeleidigungsprozesse gab es aber immerhin eine Zuflucht: der Verfolgte konnte sich an den Herrscher selber wenden. Aufgeweckt zum Bewußtsein seiner menschlichen Grenze war selbst der Papst minder päpstlich als manche Heißsporne der Kirche. Und Könige von Geblüt dachten so königlich wie Friedrich der Große, welcher, als einst ein einsamer Freigeist beschuldigt wurde: Gott, den König und den Bürgermeister gelästert zu haben, den folgenden ironischen Bescheid erteilte: „Daß er Gott gelästert hat, das muß Gott allein mit ihm ausmachen; wir sind dafür nicht zuständig. Daß er den König gelästert hat, das verzeiht ihm der König, denn der fühlt sich nicht beleidigt. Daß er aber den Herrn Bürgermeister gelästert hat, dafür muß er gestraft werden.“

Ich stecke, Exzellenz, in der unbequemen Haut jenes einsamen Freigeists. Ich habe zwar nicht Gott gelästert, auch nicht einen König und auch nicht den Herrn Bürgermeister von Hannover. Aber ich habe in den Tagen vor der Reichspräsidentenwahl, (wo doch jeder gute Deutsche auswerten soll, was für unser Land nützlich, was schädlich sei), ich habe am 25. April 1925 einen Aufsatz veröffentlicht über Hindenburg. Ich habe ihn geschrieben an eine gut deutsche Zeitung, in das „Prager Tagblatt“, einfach darum, weil ich seit Jahren und fast allwöchentlich in dieser Zeitung meine Ideen zu Leben und Zeitgeschichte niederlege. Ich habe nicht anonym geschrieben und nicht unangreifbar wie mancher Berufsschriftsteller, sondern wie ich es immer halte, unter Einsetzung der Person. Hätte ich freilich ahnen können, daß jener Aufsatz ganze Heuschrecken und Moskitoschwärme hervorlocken würde, dann hätte ich ihn unveröffentlicht gelassen, denn ich habe eine andere Lebensaufgabe als die – Fliegenwedel zu sein. Kein Hahn hätte nach meinen Worten gekräht (wie nach all den hundert Aufsätzen, die ich geschrieben habe), wenn nicht eine übelwillige Lokalzeitung jenen

Aufsatz mißbraucht hätte. Gelegentlich der Feier der Stadt Hannover zu Ehren des nun gewählten, nach Berlin fortziehenden Reichspräsidenten druckte eine hannoversche Zeitung meinen Aufsatz nach, entstellt bis zur Unkenntlichkeit und versehn mit aufwiegelnden Glossen. So entstand eine lokale Hetze. Studenten der Technischen Hochschule in Hannover (an welcher ich seit zwanzig Jahren als Privatdozent für Philosophie wirke), aufgepeitscht teils durch die Hetzworte jenes Provinzblattes, teils auch durch ein paar unwohlwollende Professoren, brave ahnungslose gutgläubige Jungens befanden: „Hindenburg, der Ehrendoktor unsrer Hochschule, muß gerächt werden", und bereiteten nach dem Fackelzuge zu Ehren Eurer Exzellenz mir eine nächtliche Katzenmusik. Ich war zu jener Zeit nicht in der Stadt. So wurden nur die Anwohner beunruhigt. Aber bei so harmlosem Studentenunfug ließ man's leider nicht bewenden. Eine Versammlung der Akademiker forderte vom Minister für Kunst, Wissenschaft und Volksbildung, man müsse mir die Eignung zum Lehramt absprechen und für ganz Deutschland die venia legendi entziehen. Rektor und Senat der Hochschule (ich will nicht untersuchen aus welchen Beweggründen) unterstützten diesen Antrag auf Remotion[2] und belegten eigenmächtig ohne Rechtsgrund meine Vorlesungen mit der Suspension[3]. Die Regierung (zu meinem Glücke durch einen Oberpräsidenten vertreten, welcher keinerlei Furcht hegte vor dem Dünkel „akademischen Standesbewußtseins"), die Regierung war doch machtlos gegenüber dem Selbstverwaltungsrecht der deutschen Hochschulen, deren Vetternwirtschaft und Klüngelwesen seit Schopenhauers, Dührings und Nietzsches Tagen in ganz Europa und Amerika berüchtigt ist. Das Ministerium zeigte keine feste Hand. Und so schwoll der kleinen Hochschule von Hannover ihr Hahnenkämmchen. Und sie begann zu krähen: „Wenn das preußische Ministerium und die Regierung den Dozenten Lessing schützt, so bringen wir alleine ihn zur Strecke!" Ja, freilich! Durch tausend kleine Schikanen. Oder zur Not durch – Boykott! Zu diesem Zwecke sammelten die akademischen Bürger Gelder und gründeten sozusagen einen Lessing-Fortekel-Fond ... Es gibt nun aber leider in unserem Deutschland keine Mäzene und keine Behörde, die sich um das Los ihrer schöpferischen Geister kümmern.

Sämtliche Dichter und Denker können getrost auswandern oder Selbstmord begehn, unser „Ministerium für Kunst, Wissenschaft und Volksbildung" würde davon nichts merken. Ich wüßte in diesem Ministerium nur wenige Persönlichkeiten, denen ich zutrauen könnte (obwohl doch dieses Ministerium mich diszipliniert), daß sie „Geschichte als Sinngebung", „Wertaxiomatik", „Untergang der Erde am Geist" auch nur zu lesen vermöchten. Ich besitze Leser unter den besten Köpfen Europas. In der Wilhelmstraße bin ich unbekannt.

So entwickelte sich denn der folgende Zustand. Eine deutsche Dutzendhochschule für Maschinenbau übernimmt es, mein geistiges Dasein nach zwanzig unbesoldeten Dienstjahren zu zerstören. Warum? Ich bin Philosoph und habe über Geschichte grübelnd schon mit dem Titel eines meiner Bücher: „Geschichte als Sinngebung des Sinnlosen" klar ausgedrückt, daß ich alle Geschichte für Erdichtung halte und an wertfreie Wirklichkeitserkenntnis nicht glaube. So habe ich Ihr Wesensbild, Exzellenz, gezeichnet wie ein realistischer Portraitist das Menschenantlitz zeichnet, das er liebt. Mit Verehrung, ja mit Ehrfurcht vor dem Menschen. Aber ohne Rücksicht auf das Götterbild, zu welchem der Machtwille Gedankenloser den ehrlichen und schlichten Mann mißbraucht hat. Unser größter Denker nennt die Stunde, wo wir, frei von all den Fratzen des Ruhms, allein vor uns selber stehn, unsre stillste Stunde. Und ich glaube, daß die unantastbare Redlichkeit Eurer Exzellenz, wenn sie in dieser stillsten Stunde in den Spiegel jenes Aufsatzes schaut, das Bild, das er zeigt, nicht als unähnlich, und ganz gewiß nicht als feindlich empfinden wird. Aber ich kann mich irren. Auch dann verbürgt die Republik mir das Recht der freien Meinungsäußerung. Ich halte das, was ich schrieb, für wahr. Andre Leute sagen, daß es unrichtig sei. Das ist das gute Recht der anderen Leute. Ich halte meinen Aufsatz für gut gestaltet. Andre Leute beurteilen, er sei ein abscheuliches Machwerk. Auch das ist das gute Recht der anderen Leute. Ich halte den Ausdruck meiner Überzeugung für nützlich im Dienst des Vaterlandes. Andre Leute glauben, daß er für unser Vaterland schädlich ist. Nun gut! Die Leute haben das Recht, so zu glauben. Ich kann darüber nicht diskutieren. Es würde doch kein Ergebnis herauskommen, als das wir schon wissen: Unsere Naturen sind verschieden, und wir müssen einander ertragen, auch dort, wo wir einander nicht billigen. Ich will also jede Überzeugung ehren; aber ich erwarte, daß man auch die meine ungeschoren läßt. Nun aber wollen jene andern Leute um ihrer Wahrheit willen die meinige ächten, ja massakrieren. Das ist Unrecht. Gegen dieses Unrecht baue ich auf die Hilfe Eurer Exzellenz.

Die Geschichte der Könige und siegreichen Generale ist nur die Kulisse für das Schicksal des Volks. Die wahre Geschichte Deutschlands ist das Los seiner Bekenner und Offenbarer, Denker und Dichter. Diese Geschichte ist in einem ganz anderem Sinne ewig als die Schlacht bei Tannenberg[4] oder der Friede von Versailles[5]. Man sagt mir freilich: „Der Präsident des deutschen Reiches ist nicht mehr der dir bekannte empirische Mensch. Er wurde uns zum Symbol eines besseren Deutschland." Ich glaube es! Aber auch ich darf behaupten, daß nicht mein kleines dunkles Stück Menschenschicksal hier in Frage steht, sondern auch etwas Symbolisches: das Los der aufrechten aufrichtigen Wahrheit im Deutschland der Gegenwart. Wenn man in Deutschland nicht mehr Wahrheit suchen darf oder wenn man in Deutschland nicht mehr die Wahrheit vertragen kann, dann ist Deutschland eben dahin. Und Fichte und Kant würden sagen: „Dann soll Deutschland dahin sein." Man sagt nun freilich: „So denkt kein Patriot." – Ich möchte mit Hölderlins Worten zurückstöhnen: „Habt Ihr an mir einen Patrioten erzogen?" „Du bist destruktiv", bekam ich immer zu hören. Aber ich beklage es sehr, daß so oft ich die Wahrheit oder die Gerechtigkeit suchte, ich mich in Deutschland in Opposition befand. Wenn aus dem deutschen Menschen die Stimme der Vernunft spricht, so ruft seine halbe Umwelt: „Du sprichst die Sprache des feindlichen Auslands."

Exzellenz, ich spüre keine Sendung zum politischen Märtyrer. Längst habe ich aus der Geschichte gelernt, daß die Menschen für alle Märtyrer große Sympathien hegen, ohne daß sie das je verhindert hat, Märtyrer zu opfern, und wenn es not tut, unter allgemeinem Beileid ans Kreuz zu schlagen, indes doch die Welt genug hartgesottene Sünder kennt, die von der allgemeinen Mißachtung ganz komfortabel leben. Das Studium der Geschichte lehrte mich immer nur eines. Nichts wird geschichtwirklich anerkannt als: die Macht. Und darum (man möge hinter dem Stolze der Sprache nicht die Demut des Menschen verkennen) halt ich es mit der Wahrheit, deren Macht längeren Atem hat, als alle Geschichte der Schlachten und Staatsverträge. Das nationale Interesse ist zuweilen der Boden, ist aber niemals die Norm geistigen Schaffens. Wenn das, was man mir antut, deutsch ist, und wenn diese Schmach geübt wird im Namen der Deutschheit, dann wird schließlich jeder anständige Mann (auch innerhalb Deutschlands) seine Ehre darin sehn, nicht Deutscher zu heißen. Die Normen des Rechtes kann man nicht aufbauen auf dem Flugsand der Geschichte. Wer sich auf Geschichte verläßt, ist immer der Besiegte. Bei Herodot steht eine hübsche Anekdote von dem lydischen Feldherrn Paphon, der nach einem verlorenen Kriege sich zum Trost hundert Papageien züchtete, die immerfort das eine Credo riefen: „Paphon ist ein Gott". Euer Exzellenz halten sich zu diesem Zwecke hundert deutsche Professoren zu Verfügung. Vielleicht (denn der Mythos wandelt sich mit dem Erfolge), vielleicht werden diese in zehn, in fünfzig Jahren das Credo, das sie heute lernten, wieder verlernt haben und werden dann mein sachliches Wesensbild zu maßvoll finden. So geschah es schon an Kaiser Wilhelm II. Die Geschichte hätte ihn im Fall eines siegreichen Weltkrieges neben Karl den Großen und Friedrich von Staufen gesetzt. Da er in Macht saß, haben nur wenige ihm mit klarer Wahrheit gedient. Aber treulos und herzensniedrig mochten Tausende ihn begeifern in dem Augenblick, wo mit seiner Herrlichkeit die ihrige dahinfiel. Sprechen Sie, Exzellenz, zu der Hochschule, deren Ehrendoktor Sie sind, die folgenden Doktorworte: „Ihr seid hundsmiserable Deutsche. Deutsche Art ist es nicht, um der freien Meinung willen einander zu verfolgen. Duldung des Menschen für den Menschen ist ein so hohes Gut, daß, wenn wir Deutsche es verlernen, das gesamte Ausland für uns nichts fühlen wird als Mißachtung. Ihr ehrt nicht, ihr schädigt unser Land." Solche Doktorworte hat Friedrich der Große, auch eine Gestalt der deutschen Legende, gesprochen, als die Professorenschaft der Universität Marburg den Philosophen Christian Wolff „fortekeln" wollte...

Ich weiß nicht, Exzellenz, ob dieser Brief um Gerechtigkeit je vor Ihre Augen, je vor Ihr Bewußtsein gelangt. Er wird wohl – wie alles Gedruckte – schnell spurlos versinken. Wir

Menschen beten alle nur so ins Blaue hinein. Aber für die wenigen, die mich kennen, lesen und verstehn, möchte ich zum Schluß doch auch ein Letztes andeuten, das große Rätsel, um das wir Philosophen seit je uns bemühen.

Ich weiß es genau: die Geschichte ist eine Legende, ein Mythos, eine Lüge. Aber ich glaube zu wissen, daß diese Lüge zu den Notwendigkeiten des Lebens gehört. Ich glaube zu wissen, daß ein Volk das Wunsch- und Wesensbild, das es von sich selber dichtet und dichten muß, sich nimmer betasten und befingern, zerlegen und aufklären lassen kann, ohne sich selber preiszugeben. Ich aber habe an den Schlaf der Welt gerührt. So unsinnig, gemein und niederträchtig das Handeln des Pöbels gegen mich ist und so wenig irgend ein Minister das Recht hat, über mich das Urteil zu sprechen, das ich selber spreche, in einem tieferen Sinne dürfte vielleicht selbst in meinem Untergang ein Schicksalssinn liegen. Und ich würde gern untergehn, wenn das für das Volk, das ich liebe, notwendig wäre. Ich glaube, daß der Genius der Rasse und Landschaft nicht nach Werten und nicht nach Logik und Ethik wählte. Wo ein Mann zum Wunschbild seines Volkes emporwächst wie durch einen Akt der Gnadenwahl, da sind – (so glaube ich) Gewalten der Sympathie lebendig, dank deren jene rein ideale Macht, die wir Nation und Geschichte der Nation nennen, instinktiv den empirischen Menschen ergreift und hochträgt, der ihrem eigensten Wesenskerne am verwandtesten und getreuesten ist. Man braucht Deutschlands Nibelungenlied nicht zu kennen, wenn man Blut von seinem Blute ist. Auch ich beuge wie die drei Weisen aus dem Morgenlande alle meine Weisheit vor dem törichten Kindchen und sogar vor dem Eselchen. Wir historischen Menschen leben nur von Gnaden aller Illusion. Aber dort, wo wir nicht mehr Geschichte sind, nicht mehr Volk, nicht mehr Zeit, da erwacht in uns die große Zweifelsfrage des Judas: Bist du der Erwählte? Es ist nicht dankbar, Exzellenz, es ist nicht leicht, vom Schicksal zum Zweiflertum dieses Judas bestimmt zu sein. Er geht immer zugrunde und wandert durch die Jahrtausende als das Schreckbild der Kinder. Aber Deutschlands versonnenster und tiefster Dichter hat von ihm erspürt: „Der war von allen Jüngern der gläubigste. War der einzig Fromme.“ Nun, ich stelle hier die Zweifelsfrage der Prüfung und gab ihr nicht die Form der demütigen

Bitte. Es handelt sich ja um die Wahrung eines guten Rechts im deutschen Volksstaat. Um das Recht der anständigen ehrenhaften Männlichkeit.

Hindenburg (1925)

Wenn man in das gute väterliche Antlitz des alten Hindenburg blickt, so fällt zunächst auf: die fast furchtbare Schwere dieses Antlitzes. Henrik Ibsen gebraucht von solchen Menschen, die nicht loskommen können von der Begrenzung ihres Selbst, die Formel: „Sie sind eingespunden im Fasse des Ich". Solch ein Eingespundener, die schwere Masse der Erde, der gewiß nichts ferner liegt als alles leichte Spielen und Tänzertum, solch ein Ernster und Gediegener ist der alte Hindenburg. Ich kenne dies Antlitz und kenne sein Leben seit früher Jugend. Ich habe es oft mit Lächeln, oft mit Ehrfurcht, immer mit Rührung betrachtet. Bismarck hat von sich selber das schöne Wort gebraucht: „Ich bin mit vollem Bewußtsein auf einer gewissen Stufe der Entwicklung stehen geblieben". Das hatte Hindenburg nicht nötig. Die Natur hat ihn so einfach, so gradlinig und selbstverständlich gewollt, daß es überhaupt nichts zu entwickeln gab; nur die unbedenkliche Entfaltung eingeborener Vorurteile. Deutscher, Preuße, Christ, Monarchist, Soldat, Kamerad, zugehörig nach Lebensschnitt und Gesichtskreis der sauberen und gehaltenen Menschenschicht, die im „Kleinen Gotha"[1] und in der „Rangliste" ihre Normen hat, das war alles so zweifelsohne und selbstverständlich, daß Menschen, die anders fühlen, eben anmuten wie ein Chinese oder wie ein Anbeter des Buddha. Das mag es geben; aber: „es gehört doch nicht mit dazu". Und wenn er „Wir" sagt und „Wir Deutsche", dann setzt er treu und warmherzig gesinnt voraus: im normalen Falle müßten alle richtiggehenden Menschen eben auch so sein wie die im Gotha und die in der Rangliste. – Wenn man gewöhnt ist, die ungeheuere Allseitigkeit und irre Buntheit des Lebens mit der Kraft wissenden Geistes zu bewältigen, dann blickt man mit der Rührung und dem Lächeln, mit dem man auf die Blume und den Vogel blickt, auch auf eine Mannesgestalt, die mit der ganzen Schönheit der Unwissenden durch Meere von Blut, durch Ströme von Galle, über Berge von Hindernissen kinderleicht hinwegschreitet von ungeheueren Verantwortungen bedrückt, und doch im Kerne unverantwortlich, weil sie nicht einmal imstande, das Recht der anderen Seite und die Doppelnatur alles Lebendigen auch nur zu sehen. Welcher Mensch eignete sich besser zum Fetisch, zur Statue, zum Symbol? Als Hannover noch Königreich war und der König immer in England weilte, da hat man statt seiner in der Hofburg den leeren Thronstuhl aufgestellt, und mehrere Menschenalter lang hat der welfische Adel an jedem Sonntag vor dem leeren Thronstuhl seine Reverenz und sein Defilé gemacht. Und man hatte damals nicht einmal eine symbolische Puppe...

Obwohl ich die Gestalt des Helden, der mehr Menschen um der „Ideale“ willen in den Tod schicken konnte als Alexander, Cäsar und Attila, obwohl ich das gute, schwere, demütig treue Antlitz, dank vielerlei zufälliger Verknüpfung aus naher Nähe seit früher Jugend kenne, so habe ich doch die volle Einfalt und Heiligkeit dieser geschichtlichen Person erst später begreifen gelernt. Es war an einem Jahrestage der Schlacht von Tannenberg. Ich war aushilfsweise an einem Gymnasium der Stadt als Lehrer tätig, und die Schulen sollten, „Deutschland über alles!“ singend, an Hindenburgs von der Stadt geschenktem Hause vorüberziehen. Die vielen Hunderte von hellbegeisterten Kindern gingen unter Führung der Lehrer froh jubelnd an dem alten Mann vorüber; der stand schwer und ernst auf der Vortreppe seines Hauses; wir hatten das Glück, gerade unmittelbar vor ihm zu stehen, als er die Hand hob und seine herzenswarme Ansprache an die Jugend begann. Ich möchte diesen Augenblick wohl noch einmal erleben; diese Mischung der Gefühle, Komik und Ergriffenheit, vollkommene Vereinsamung und Einssein mit allen Kindern; herzliches Lachen des Übermutes und geheiligte Demut; vor allem aber mein Erstaunen, denn diesen Grad von Kindlichkeit hatte ich doch nicht für möglich gehalten. Hindenburg (wir standen Auge in Auge) sagte voller tiefsten Ernstes: „Deutschland liegt tief danieder. Die herrlichen Zeiten des Kaisers und seiner Helden sind dahin. Aber die Kinder, die hier 'Deutschland über alles' singen, diese Kinder werden das alte Reich erneuern. Sie werden das Furchtbare, die Revolution, überwinden. Sie werden wiederkommen sehen die herrliche Zeit der großen siegreichen Kriege. Und Sie, meine Herren Lehrer, Sie haben die schöne Aufgabe, in diesem Sinne die Jugend zu erziehen." (Die Bengels stupften mich und feixten.) „Und Ihr, meine lieben Primaner, werdet siegreich, wie die Väter waren, in Paris einziehen. Ich werde es nicht mehr erleben. Ich werde dann bei Gott sein. Aber vom Himmel werde ich auf Euch niederblicken und werde mich an Euren Taten freuen und Euch segnen."

Dies alles in tiefstem, heiligstem Ernste! Man fühlte: dieser alte Mann glaubt Wort für Wort alles, was er da sagt: da ist kein unlauterer Klang. Das glaubt er allen Ernstes: nach dem Tode kommt er zu Gott; sitzt auf einer Wolke; betrachtet sich von bevorzugtem Sitze aus Deutschland und segnet meine siegreichen Jungen. Der keckste von ihnen zeichnete nach diesem „Historischen Erlebnis" ein Bild: Hindenburg als Engel auf der Wolke schwebend und unsere Prima segnend. Es wäre leicht gewesen, solchen Spott zu stärken; aber (und dies ist merkwürdig) es war keiner unter uns, der ihn nicht beleidigt verwarf. Wir fühlten, es ist nicht ritterlich, es ist gemein, dort mit Waffen des Geistes zu kämpfen, wo überhaupt gar keine Macht und Möglichkeit gegeben ist, mit ähnlichen Waffen zu erwidern. Aber selbst im altpreußischen Adel und in jenem Junkertum, dessen geistige Ansprüche vollauf gedeckt sind durch „wochentags die Kreuzzeitung[2] und sonntags eine gute Predigt bei Herrn Pastor", selbst in jenem ganz von Traditionen und Außenschliff lebenden Beamtenklüngel, der aus den feudalen Korps der Universitäten oder aus den für standesgemäß geltenden bevorzugten Regimentern seinen geistigen Nachwuchs bezieht, dürfte die gleiche Geistesferne und Geistesfremde doch wohl nicht häufig sein. Als Hindenburg als Kommandeur in Oldenburg stand, hielt der Freund meiner Jugend, Wilhelm Jordan, einer der besten und größten Männer Deutschlands, dort in der „Literarischen Gesellschaft" eine Rhapsodie aus den Nibelungen. Hindenburg wurde gebeten, diesen Abend zu „protegieren". Er antwortete mit einem Brief, in welchem es heißt: er habe als Militär leider nicht Zeit gefunden, sich mit Literatur zu beschäftigen, und könne daher die Nützlichkeit und den Wert des Abends nicht beurteilen. Es gehört doch immerhin ein gut Stück Barbarei dazu, um als Deutscher die Bedeutung des Nibelungenliedes nicht zu kennen; aber es bezeugt eine seltene Klarheit und Ehrlichkeit, daß ein braver Soldat das eingesteht. Aber wenn man die Anzahl der Bücher, die er in seinem Leben gelesen hat, gewiß zählen kann, er hat eine Beziehung zu den bildenden Künsten, die merkwürdig ist, er sammelt Madonnenbilder; es kommt nicht etwa darauf an, von wem sie sind, es kommt nicht darauf an, woher sie sind. Er sammelt sie, wie andere Briefmarken sammeln, und keineswegs etwa aus religiösem Triebe: ein Zimmer seiner Villa ist dazu bestimmt, nur Madonnenbilder aufzunehmen.

Diese Erscheinung bietet dem Menschenbetrachter alle die Freude, die das eng in seiner Grenze beschlossene und seine Grenze naiv bejahende, unbekümmert sich selbst erfüllende Leben gibt. Klare, wahre, redliche und verläßliche Natur, ohne Problematik und Falschheit. So zeigt sich auch dieser Mann im Spiegel seiner Lebenserinnerungen. Aber man soll sich dennoch sehr hüten zu urteilen: das ist ein ganzer und voller Mensch. Ich will nicht sprechen von der Unmenschlichkeit und dem warmherzigen Egoistentum dieser naiven Selbstgerechtigkeit. Von dem Augenblick, wo dieser unpolitischste aller Menschen zu einer politischen Rolle mißbraucht wird, wird ein anderes entscheidend: Dieser Mann ist durch und durch Mann des Dienstes. Hier sind noch nicht einmal die Ansätze zu einer selbst entscheidenden und grübelnden und wägenden Persönlichkeit. Hier wird immer die Instruktion, die Überlieferung, der Consensus, das „Man muß doch", „Man darf doch nicht" das allein Wesentliche sein. Ein guter „treuer Bernhardiner" ist der „getreue Ekkart", der „brave Hort und Schirm" doch nur gerade so lange, als ein kluger Mensch da ist, der ihn in seine Dienste spannt und apportieren lehrt; in Freiheit würde aus ihm ein führungsloser Wolf. Eine Natur wie Hindenburg wird bis zum Tode fragen: Wo kann ich dienen? Es ist gewiß ergreifend und rührend, daß während des Weltkrieges eine der übelsten und bösesten Naturen der Weltgeschichte[3] gerade diese einfältigste und treugläubigste seinem Ehrgeiz und seinem Machtwillen dienstbar machte, gedeckt von der Flagge der nationalen Ideale. Aber da zeigt sich auch die Gefahr! Nach Plato sollen die Philosophen Führer der Völker sein. Ein Philosoph würde mit Hindenburg nun eben nicht den Thronstuhl besteigen. Nur ein repräsentatives Symbol, ein Fragezeichen, ein Zero. Man kann sagen: „Besser ein Zero als ein Nero". Leider zeigt die Geschichte, daß hinter einem Zero immer ein künftiger Nero verborgen steht.

Die deutsche Universität (1933)

Im Jahre 1925 forderte ein Fähnlein Studenten meine Entfernung vom Lehramt.[1] Gelegentlich der Wahl Generalfeldmarschalls v. Hindenburg zum Reichspräsidenten hatte ich geschrieben: „Dieser Mann ist ein Zero, aber dahinter steht der Nero." Die braven Jungen fanden, daß das nicht deutsch, nicht vaterländisch, daß ich „Jude und Marxist" sei. Ihr Revolutiönchen war zunächst nur komisch. Denn es stellte sich heraus, daß die polternden Jünglinge weder je Vorlesungen bei mir gehört noch auch je eine Schrift von mir gelesen hatten, ja, daß sie meine Person mit einer andern verwechselten. Dennoch wurde der kleine Hochschulkrawall zum politischen Ereignis, denn er war der Ausgangsherd für eine Reihe ähnlicher akademischer Krisen; sie gipfelten in der Vertreibung sämtlicher deutscher Gelehrten, welche jüdischen Ursprungs oder sozialistischer Gesinnung oder gar beider Verbrechen verdächtig waren, – eine sinnlose Barbarei von sinnloser Willkür, die man mit der Formel „Nationale Revolution" oder „Völkische Gleichschaltung" vergeblich rechtfertigt.

Wie konnte es geschehen?

Es wäre in meinem Falle wie in allen ihm folgenden noch eine leichte Mühe gewesen, die blindwütigen jungen Leute, die nicht beurteilen und verantworten konnten, was sie taten, zu beruhigen oder zur Ordnung zu zwingen, wenn Regierung, Ministerium und Universität einheitliche Haltung, ja wenn sie überhaupt nur hätten Haltung zeigen können. Aber unter allen Bitternissen von seiten des Vaterlands – das am Ende eines nicht unwürdigen Lebens Amt, Eigentum, Recht, Heimat genommen und eben nur das nackte Leben mir gelassen hat – war wohl am bittersten die Gewißheit, daß hinter allen Gewaltakten keinerlei Gesinnung, keinerlei Grundsätzliches und nicht einmal Böswilligkeit zu suchen sei, sondern einzig die Politik und der Machtkampf geltungswilliger Parteigruppen, denen jedes Mittel recht ist, wenn es nur ihnen die Macht sichert, und zwischen deren verantwortungslosen politischen Mechanismen das lebendige Einzelleben zermalmt wird. In meinem Falle wollte ein wohlwollender sozialdemokratischer Ministerpräsident[2] gern beschützen, wozu ein wohlwollender demokratischer Minister[3] aber nicht die Kompetenz einräumen wollte, indes eine gegen beide Instanzen – die demokratische wie die sozialdemokratische – aufsässige Professorenschaft die Gelegenheit zu benutzen suchte, um sich sowohl von der Regierung wie vom Ministerium unabhängig zu zeigen. Und so blieb ich ungeschützt, und just die Allertörichtesten – ein paar grüne Jungen, rücksichtslos gradlinig, weil sie nichts wollten und konnten als Hurra rufen – wurden die Herren der Lage.

Man darf indes nicht glauben, daß hinter den Wandlungen der deutschen Hochschule nur der Sturm nationaler Hochgefühle wehte und nichts wirkte als jenes Gefühl der Gemeinschaft, auf welche vieldeutige Begriffe wie Blutreinheit und Volkheit hinzielen. Nein! Hinter allen Taten des National-Egoismus brannte weiter der alte Klassenkampf. Die bürgerliche und kleinbürgerliche Welt, durch den Verlust des Weltkrieges am tiefsten getroffen und sogar des Trosts ihrer Titel und Orden (der ältesten Ersatzmittel für mangelhafte Gehälter) beraubt, hielt sich schadlos durch einen schier unüberbietbaren Eigendünkel. Der junge Gymnasiast, der angehende Student, der die alte Herrlichkeit des Imperiums nur aus seinem Schullesebuch kannte, ergriff die Ideale seines Großvaters, weil es nicht die seines Vaters waren. Er wußte zwar nichts von „Bolschewismus“, aber schlug ihn tot. Er befand schlapp und feige die Republik, die Demokratie samt Sozialdemokratie (womit die wirkliche Schwäche beider nicht beschönigt werden soll). Er ergriff das Wort Jude als brauchbar zur Bezeichnung alles ihm Ekligen und das Wort Deutsch als besten Namen für das schlechthin Herrlichste, was es auf Erden gibt: das eigne blühwillige Herz. Und so glaubte unsre Nachkriegsjugend das Vaterland zu retten und die Nation wieder begründen zu müssen, indes sie nur die alten Interessen einer verkalkten Klasse verteidigte. Denn das Proletariat war nur theoretisch auf Gymnasien und Universitäten vertreten und an ihrem Betriebe interessiert, und die kleinen Trüpplein republikanischer oder kommunistischer Studenten waren für Rektor und Senat nur eine Last; jene freilich mehr als diese, die man allenfalls milde belächeln konnte als „jugendliche Utopisten".

Der künftige Geschichtsschreiber, der das Aufblühen der „Nationalen Revolution" zu schildern unternimmt, wird feststellen müssen, daß jede beliebige Gruppe von Nutznießern und Strebern gesetzt hat auf das Pferd „National-Sozialismus" (ein Name wie „Hölzernes Eisen" oder „Romantische Mathematik"). Jede Gruppe versteckte sich hinter diese wildschöne Volkskulisse, bis zuletzt das brutale Nichts[4] aus ihr hervortrat, alle Parteien lachend nach Hause schickte und erklärte: „Ab Sonntag seid ihr gleichgeschaltet. Wer für mich ist, ist deutsch. Wer gegen mich ist, ist undeutsch. Ab Sonntag beginnt die neue Epoche der Nationalgeschichte."

Blicken wir ins Antlitz der verjüngten Alma Mater! Ihr Wesen läßt sich nur noch in Verneinungen kennzeichnen. Sie ist stolz, daß sie nicht marxistisch denkt. Sie ist stolz, daß sie nicht mechanistisch denkt. Sie ist stolz, daß sie nicht materialistisch denkt. Sie ist stolz, daß kein jüdisches Blut in ihr fließt. Sie ist stolz, daß sie nicht pazifistisch, nicht kosmopolitisch, nicht international, daß sie überhaupt nicht denkt. Sie ist wie Peer Gynt: „Selbsteigenes Ich-Ich". Deutsch. Sonst nichts. Und wenn Quadratschädel und Specknacken noch nicht zum Schönheitsidol des Menschengeschlechts geworden sind, so sind sie doch „eigengewachsen", und selbst die Null muß durchgehn, wenn sie nur eine deutsche Null ist.

Es steht schlimm um den Glauben, zu dessen Beweis die Gläubigen möglichst laut und öffentlich die Brust schlagen;

schlimm um die Scholle, deren Güte und Kraft sich nicht an ihren Gewächsen und Früchten erweist, sondern an den Plakatierungen, Manifesten und Ruhmreden durch den Rundfunk. Jeder fürchtet, daß er die „Zeichen der Zeit“ verschläft und daß der Nachbar ihm vorwerfen könne, er sei noch immer nicht national genug. Jeder Gesinnungstüchtige überklettert jeden anderen und fragt nicht mehr: „Ist das würdig?“ sondern: „Ist es auch genügend deutsch?“ Und doch hat just die Reihe der deutschen Denker von Kant bis Schopenhauer gezeigt, daß nichts darauf ankommt, daß das Volk erhalten bleibt, alles aber darauf, daß es als wert der Erhaltung sich beweise.

Wie zur Zeit des Turnvaters Jahn durch Radmantel und Schlapphut, zur Zeit der Burschenschaften durch Bierzipfel und Pfeifenquast, in viktorianischer, wilhelminischer Zeit durch deutsche Tätowierung im Antlitz, so kennzeichnet sich heute der deutsche Musensohn durch Braunhemd und Hakenkreuz als die bevorzugte Blüte des Weltgeistes, und der dümmste Junge, wenn er in Uniform steckt und in Masse auftritt, entwickelt ein Hochgefühl der Selbstschätzung, darum Genien und Priester der Menschheit ihn beneiden dürfen.

Es ist noch nicht an der Zeit, die Wesensbilder jener Männer aufzuzeigen, die das Deutschland von heute zu Führern erkor und als Herzöge verehrt. Wenn meine Geschichtstheorie recht hat mit dem Erweise, daß alle Geschichte Dichtung und Mythos sei und ein nachträgliches Sinngeben sinnloser Wechselfälle, so dürfte die deutsche Gegenwart den ganzen Scharfsinn ihrer Logik nötig haben und die ganze Enge ihres Herzens, um so viel Unheiliges heilig zu lügen, in so viel Verschlagenheit und Tücke die altverbriefte deutsche Treue aufzuzeigen, so viel Gemeinheit rechtlich zu sanktionieren und die Angst vor dem kritischen Geist noch als eine Tat des Geistes erscheinen zu lassen.

Die deutschen Professoren sind tüchtig. Es wird ihnen gelingen. Sie werden an den deutschen Universitäten den ältesten Bestand an Metaphysik, Romantik und Volksmystik aufbieten, werden wunderbar orakeln von Blut und Urnatur, von kosmisch und Mythos, Leben und Erlebnis, Landschaft und Scholle, werden (da ja die Kraft des Glaubens sich an der Absurdität des Geglaubten beweist) hinter allen banalen Taten der Ungeistigkeit und Roheit die Offenbarungen der

Volksseele entdecken, welche auferstanden ist wider den alten Verderber und Urfeind: den, ach, so abstrakten, bildlosen, schollenlosen, herzlosen undeutschen Geist des Einmaleins. Denn wer sich der Norm des in Jahrtausenden errungenen geistigen Oberbaus, wer sich dem Sinn der Menschheit nicht mehr beugen will, der hat sogar das Recht zu behaupten, daß zwei mal zwei gleich fünf sei, da die bisherige Algebra semitischen Ursprungs wäre und den erdwüchsigen Eigentümlichkeiten der erwachten Volksnatur nicht mehr entspräche.

Die deutsche Hochschule ist verengt bis zur Selbstvergottung des nationalen Termitenhügels, verengt zur „Autarkie", das heißt Selbstgenüge; und so darf sie nicht mehr gemessen werden an Hand der Normen der internationalen Logik, die sie verachtet. Die Deutschen wollen blühn und genommen sein, wie man Wild und Waldtier hinnimmt, und nun gilt es nicht zu fragen: „Was leisten die Deutschen für die Menschheit und Menschlichkeit?" sondern: „Was ist die deutsche Bildung in sich selbst und für sich selbst?" Soll aber nicht Macht, Gewalt und zufälliger Erfolg im „Kampf ums Dasein" zum Oberwert aller Werte werden (eine politische Philosophie, dank deren ja auch die Wanzen höchste Blüte der Schöpfung sein würden, wofern es ihnen gelänge, die Erde siegreich mit ihresgleichen zu übersäen), nun, dann kann und darf man nur nach Schönheit und Selbstvollendung des Typus fragen.

Und so schaue man sie an! Diese Professoren, diese Studenten sind die Musterbilder und Meisterbilder, in denen sich ein Volk vollendet, eine Geschichte erfüllt.

Wir waren niemals versucht, Gipfel und Gut deutscher Seele zu sehn in den klassischen Werken der germanischen Selbstvergottung, etwa in den schlackenreichen und zweifelhaften Werken Houston Chamberlains und Paul de Lagardes (die ja übrigens auch dem Blute nach keine Deutschen waren). Aber angesichts der deutschtümelnden Führer des Heute sind diese Chamberlain und Lagarde wirklich und echt gewesen. Nie ist das Deutschtum so unecht und unwirklich gewesen wie heute, wo der gräßliche Dampf und Schwulst hitlerischer Reden Ausdruck der deutschen Seele, wo all der Haß und all die Galle der Rosenberg oder Goebbels Offenbarung deutscher Natur sein soll, wo sogar die älteste Patriotenjambik des Halbjuden Ernst v. Wildenbruch, wo vollends die lebendigen dithyrambischen Bardite Rudolf Borchardts (des deutschesten unter den Deutschtönern und typischsten Vertreters der wirklichen Gebrechen jüdischer Geistigkeit), ja, sogar die ehrliche Sprachreinigung durch den Juden Engel immerhin noch wirkliches Deutsch und würdiges Deutsch ist im Vergleich zum Deutschtum jener, die ihre Zwiebelschalen ohne Kern in die Winde streun und nichts lieben und nichts ehren und nichts vorleben als den Mann ohne Selbst, den seine Gesinnung im Munde führenden und ewig leerlaufenden Gegenpol des Ahasver: den äußerst arischen, äußerst substanzlosen Peer Gynt.

Über einen Ausspruch von Doktor Goebbels (1930)

Ein Naturforscher aus der Goethezeit, Karl Gustav Carus, gibt in seinen Denkwürdigkeiten das folgende Beispiel für die Unentwirrbarkeit der menschlichen Erinnerung. Der Bildhauer Friedrich Tieck sollte in Dresden eine Auszeichnung empfangen und wurde zur königlichen Hoftafel eingeladen. Bei der Tafel wurde er dem Hofmarschall gegenübergesetzt, dem der König den Auftrag erteilt hatte, etwas den Künstler Ehrendes bei Tische vorzubringen. Dessen eingedenk, erhebt sich die alte Exzellenz während des Tafelns und trinkt seinem Gegenüber zu, mit den Worten „Prost Oranien!" Dieser versteht nicht den Sinn des Trinkspruchs, sondern merkt nur, daß es eine Ehrung sein soll. Er beschließt, den Zusammenhang herauszubringen, und es stellt sich folgendes heraus.

Der Hofmarschall hatte den Bildhauer Friedrich Tieck verwechselt mit seinem Vater, dem Bildhauer Friedrich Christian Tieck, weil dieser ebenfalls in Dresden wohnte. Diesen aber hatte er verwechselt mit seinem berühmteren Bruder, dem Dichter Ludwig Tieck, weil auch dieser einst seinen Wohnsitz in Dresden hatte. Diesen Ludwig Tieck aber verwechselte er mit einem noch älteren Dichter, welcher ebenfalls in Dresden gewohnt hatte, dem Dichter Ludwig Tiedge. Dieser Ludwig Tiedge aber hatte seinerzeit ein berühmtes Epos geschrieben, das in den Literaturgeschichten erwähnt wird. Dieses Epos hatte den Titel „Urania". Diesen Titel hatte die alte Exzellenz nicht genau behalten, sondern verwechselte ihn mit dem Haus Oranien, welches Goethe im Egmont besungen hat. Aus dem Wunsche, etwas Bedeutungsreiches und zur Sache Gehöriges als Kunstmäzen von sich zu geben, formte sich ihm dann der Trinkspruch: „Prost Oranien!"...

Ein Gegenstück, wenn auch weniger freundlich, bildet der folgende Passus aus einer Rede, die der Führer der Nationalsozialisten, Herr Dr. Goebbels, in Leipzig hielt, als er sich wegen Beleidigung des Reichspräsidenten zu verteidigen hatte: „Der jüdische Geschichtsprofessor Lessing hat den Herrn Reichspräsidenten in ausländischen Blättern mit dem Massenmörder Haarmann verglichen, wofür ihn die nationale Studentenschaft züchtigte, aber das marxistische Ministerium mit einem Forschungsauftrag belohnte." Gesetzt, ich wollte diesen Rattenkönig entwirren, wie könnte ich das? Erstens, ich bin nicht Geschichtsprofessor, (er verwechselt mich entweder mit dem Kunsthistoriker Julius Lessing oder denkt wie der Bauer, bei dem ich diesen Sommer wohnte: als er hörte, ich sei „Schriftsteller", sagte er mir; er habe mich schon in der Schule gehabt). Zweitens habe ich nie in ausländischen Blättern etwas geschrieben, sondern bin seit langen Jahren Mitarbeiter des Prager Tagblatt, einer deutschen Zeitung. Drittens habe ich nie den Herrn Reichspräsidenten beleidigt, sondern habe zur Zeit vor der Wahl des Reichspräsidenten vor der Kandidatur Hindenburgs gewarnt. Viertens habe ich niemals Hindenburg mit dem Massenmörder Haarmann verglichen, sondern erregte Ärgernis erstens durch jenen Warnaufsatz und zweitens durch Aufsätze gelegentlich des Haarmannprozesses, der mehr als ein Jahr zuvor stattfand. Fünftens bin ich nicht von der nationalen Studentenschaft gezüchtigt, sondern ein Häuflein grüner Jungen an einer Technischen Hochschule entfesselte einen großen politischen Lärm gelegentlich jenes Aufsatzes, woraufhin das Kultusministerium ein Verfahren gegen mich einleitete, welches sechstens damit endete, daß ein mir zustehender Lehrauftrag umgewandelt wurde in einen Forschungsauftrag, und siebentes war das Ministerium nicht „marxistisch" sondern lau demokratisch und schuf mir viel Bitteres...

Nun denke man folgendes: In der Kulturgeschichte, Religionsgeschichte, Doxographie beruhen zahlreiche Geschichtsbilder, etwa zum Beispiel das Bild des Sokrates, einzig auf ein paar Sätzen, die von Zeitgenossen überliefert sind. Wer gibt Gewähr dafür, daß da nicht „Assoziationsknäuel" überliefert werden gleich den obigen? Wenn nun alles, was von mir übrigbleibt, der Satz aus der Rede des Doktor Goebbels wäre, so wie vom Catilina nichts übrigblieb als die Rede des Cicero? Schrecklich! Und da bekämpft man noch die Skepsis meiner „Geschichte als Sinngebung des Sinnlosen"?

Vaterland
(1931)

In einem schönen Lande geboren, dessen Täler ich erwanderte, dessen Blumen ich pflegte, dessen Tiere ich beschützte; in einem Lande, dessen Kinder ich gelehrt habe, dessen Kranke ich geheilt habe, dessen Armen nach Kräften ich geholfen habe; in einem schönen Lande geboren, dessen Geistesgut ich zu vermehren bemüht war, dessen Musik ich zu erbluten strebte, dessen Sprache rein zu erhalten ich trachtete; in einem schönen Lande geboren, bekam ich von früher Jugend bis heute, wo ich ein alter Mann bin, bei allem, was Widriges, was Böswilliges mir begegnete, immer ein und dasselbe Wort zugeschleudert, zur Begründung jeglichen Übels, das bluttriefende Wort: Vaterland.

Rechthaber traten immer in meinen Weg und schlugen auf meinen Kopf mit diesem einen Wort. Im Namen des Vaterlandes forderten sie Gehorsam. Im Namen des Vaterlandes verhängten sie Pflichten. Im Namen des Vaterlandes kreisten Sammelteller, Armenbüchsen, Steuerschrauben, Geschäftsprospekte, Verfügungen, Verordnungen und Parteikassen. Wurde ich von ahnungslosen Jungen mißrechtet, sie mißhandelten mich fürs Vaterland. Mußte ich das Kind hergeben, es geschah fürs Vaterland. Verlor ich den Freund, das Vaterland wollte es so. Wenn ich unklares Denken ehren mußte, wenn ich Geschwätz, Aberglauben, Machtwille, Selbstgerechtigkeit und Phrase hinnehmen und hören mußte, als seien das die heiligsten Güter und tiefsten Einsichten; ja, wenn ich alles Gemeine hochhalten und vor jedem Götzen schweigen mußte, immer geschah es für das Vaterland.

Das fing an auf der Schulbank. Man lehrte mich lügen fürs Vaterland. Schlechte Verse mußte ich lernen und liebte so tief die schönen. Wortgeklingel mußte ich lernen, das war Liebe zum Vaterland. Langweilige Familienlegenden der jeweilig herrschenden Machthaber, Schlachtennamen und immer wieder Schlächtereien mußte ich mir einprägen. Das war die Geschichte des Vaterlandes. An jedem Morgen, an jedem Mittage, an jedem Abend standen, saßen, predigten da gewichtige Männer, hämmerten mir ein: „Du hast das große Glück, ein Vaterland zu besitzen." „Süß ist's zu sterben fürs Vaterland", „Nichtswürdig ist die Nation, die nicht ihr Alles gibt für ihre Ehre." „Ans Vaterland, ans teure schließ' Dich an." Und da ich ein gutgläubiger und braver Junge war, so fühlte ich mich in Ehrfurcht bereit, zu sterben für das, was sie Vaterland nannten. Aber was denn war es? Ich dachte nach. Ich dachte an die Gräber meiner Vorfahren, die seit vielen hundert Jahren mit der Erde Niedersachsens verbunden sind. Ich dachte an die Denker und Dichter, die mich schufen. Als ich aber älter wurde, da merkte ich, daß nichts von all dem, was ich als Heimat in mir trug, das gemeinte „Vaterland" sei. Bis heute frage ich vergeblich. Was meinen sie denn eigentlich, wenn sie behaupten, ich sei vaterlandslos, sie aber hätten, nein, sie wären: das Vaterland.

Ist es das Blut? Ist es die Rasse? Ich will einmal annehmen, sie seien blutrein und ich sei unreinen Blutes. Aber wie sehn sie aus! Wie benehmen sie sich! Unschön, unsauber. Gar nicht lauter und klar. Wenn ihr Blut edel ist, an ihrem Leben merke ich es nicht. Sind es die Gärten, die Wälder? Sie verwüsten Erde und Wald. Die Flüsse? Sie verschmutzen Deutschlands Flüsse. Sie knallen nieder Deutschlands Tiere. Sie vertreiben die Singvögel. Sie lieben das Land nicht. Sie vernutzen das Land! Oder aber: die Sprache? Sprechen sie deutsches Wort behutsamer als ich, besser, tiefer, keuscher? Ich kann ja ihre Rede nicht aushalten. Es ekelt mich vor ihren Büchern. Vor diesen unerbluteten brüllenden schuldigen Büchern. Sie sprechen alle dasselbe Deutsch. Rechthaberdeutsch, Literaturdeutsch, Rohlinge ohne Musik, ohne Seele. Wenn dies alles Deutsch ist, dann ist Deutschsein etwas Abscheuliches. Sind sie bessere Menschen? Sittlicher, männlicher, heroischer? Würdigere Erben der deutschen Genien? In wem denn von ihnen leben sie weiter: Gotthold Ephraim, Schiller, Goethe? Wo lebt Schopenhauer, wo Nietzsche? Ich habe ein Leben lang nach diesen Männern Ausschau gehalten. Wer hilft mir? Aber vielleicht verstehen sie unter „Vaterland" nichts anderes als das neue Geschlecht, unsere Kinder? Aber schrecklich! Ich sehe dieses junge Geschlecht verkümmert, verdummt, verbildet. Wer hilft mir? Ich weiß es nicht, verstehe es nicht, was alle diese Eigentlich-, diese Wirklich-Deutschen „Vaterland" nennen.

Was sie meinen, wenn sie mir zurufen: „Du gehörst nicht zum Vaterland. Wir aber sind das Vaterland."

Ich trat ein für die deutschen Menschen im Elsaß, in Böhmen, in Südtirol, in Oberschlesien. Ich bekam die folgende Verwarnung. „Die Industrie in den nicht zum Deutschen Reiche gehörenden Gebieten ist als Konkurrent der deutschen Wirtschaft aufzufassen. Die deutsche Arbeit schützen, heißt die Produkte der ausländischen Industrien meiden." Ach so! Der Mann sagt „Vaterland" und meint sein Geschäft und seinen Profit. Ich fand es abscheulich, daß in Deutschlands Notzeit die Besitzenden Geld und Besitz in anderen Ländern haben. Aber da bekam ich die folgende Auskunft: „Daß unsere Wirtschaftsführer während des Weltkrieges ihre Vermögen in ausländischen Werten angelegt haben, hat einen großen Teil unseres Nationalvermögens gerettet." Ach so! Daß mit dem Gelde unserer Könige Granaten gedreht wurden, mit denen „das Ausland" uns und unsere Kinder töten konnte, rettete den Wohlstand des Vaterlandes. Nein! Zu kompliziert für mich! Ich werde nie begreifen, was Vaterland ist. –

Aber in den stillsten, den einsamsten Stunden ahne ich etwas. Ich ahne, daß die großen Worte, welche die Menschen gerne im Munde führen – Worte wie Gott, Menschheit, Staat und Vaterland – allesamt nichts anderes sind als Umschreibungen für eine einzige Tatsache, für ein einziges anderes Wort. Für das Wort und die Tatsache: Ich! Ich, Ich, Ich! Das meinen, das allein kennen sie alle. Vaterland ist Wille zur Macht. Vaterland ist Wille zum Versklaven immer der Andern. Vaterland ist Ich. Gut denn! Aber ich frage, welche Inhalte hat dieses Ich? Da zählen sie mir alle das auf, was sie zerstören und verkümmern an mir, an sich selbst, an aller Welt! Das Herz, die Seele, die Musik, den Wald, die Schönheit, die Träume. Sie sagen „Liebe zu Deutschland", das sei Vaterland. Und wenn sie von Liebe sprechen, so bekommen sie böse Augen. Ach, ich fürchte, wenn ich tot und ein Paragraph in den deutschen Lehrbüchern bin, dann gehöre ich endlich auch mit zum Inventar „Deutsche Kultur", dann bin auch ich endlich „Vaterland", um dessentwillen bei Lebzeiten die Leute mich und sich sinnlos gequält haben.

Deutschland
(1933)

Deutschland, dafür wir ein hartes Leben treu gearbeitet haben, dessen Sprache und Seele unablässig wir in uns rein erhielten, dessen Lied und Gedanke unser Lebenselement war, dessen Würde unserer Lebensspanne ganzer Sinn, die deutsche Heimat stößt uns aus: „Geh! Du gehörst nicht mehr hieher. Pestbeule du und Eiterherd. Du glaubst an Wahrheit, die überstaatlich über Zeit und Geschichte thront. An eine Gerechtigkeit, die das Haus baut nicht für ein Volk, unser Volk, nicht für ein Ziel, unser Ziel, nicht für einen Glauben, deutschen Glauben. Nein! Für mancherlei und alle Völker. Hinweg mit dir. Volksverräter." – So lautet der Bannfluch. Mögen deutsche Meister antworten.

Fichte: „Es kommt für uns Deutsche nicht darauf an, daß wir da sind und am Leben bleiben. Es kommt darauf an, daß wir wert sind, am Leben zu bleiben. Und wert des Lebens sind wir grade so weit, als wir Deutsche die Träger und Hüter werden der ewigen übernationalen Gültigkeit."

Kant: „Das Ziel der Geschichte ist die Verwirklichung des idealen Staates. Dieser ist keineswegs das durch Sprache, Volkssitte und Überlieferung gekennzeichnete Konkretum. Es ist das Bereich der nicht mehr geschichtlichen und empirischen reinen Vernunft. Das will sagen: Die Ermöglichung des Neben-Einander auch ganz verschiedener Völker, Sprachen und Sitten; die unumgängliche Norm des Systems idealer Zwecke."

Warum nun, warum habt ihr uns Kinder erzogen im Geiste der Denker! Im Geiste Fichtes und Kants, Goethes und Herders? Wenn doch alles, was sie in uns säten – Humanität, Weltbürgertum, Toleranz, Universalismus, Pazifismus – nun von gestern auf heute bloßes Schulgeschwätz sein soll; „Weltgeschichte" aber gar nichts anderes als „der Kampf der Völker ums Dasein", ein Bullen-Ideal, wo Macht auch schon Recht, Stärke die alleinzige Tugend, Kraft der Sinn unseres Lebens und Erfolg das Kriterium der Werte ist?! Wo immer nur recht behält, wer die stärkste Faust hat oder die lauteste

Lunge oder das begehrteste Geld oder die tödlichste Kanone!? –

Im neuen Rußland, von allen beargwöhnt, von keinem geliebt, versucht dies Weltalter zum ersten Male seit Menschengedenken das Ideal der Gleichheit zu verwirklichen, davor man wenigstens Achtung bewahren sollte. Und da hausen nun 38 bodenständige Nationen beieinander, und für diese Buntheit ist das graue Wort: „Marxismus“ und „Internationale“ ein so heiliges Wort, daß ich Lebensgefahr laufe, wenn ich bekenne (was übrigens auch Karl Marx bekannte): „Ich bin kein Marxist“. – Dagegen: im einnationalen, einigen Deutschland, wo nicht einmal der Bayer sich als Bayer, nicht der Hannoveraner sich als Hannoveraner selbst das Schicksal bestimmen darf, vielmehr jeder ruft: „Sei national oder ich schlage dir auf den Schädel“, in Deutschland laufe ich Lebensgefahr, wenn ich mich „Marxist“ nenne. Auch der Ungedanklichste sollte spüren, daß hier vielleicht lauter gefühlt, aber unklar, unsauber gedacht wird.

Als August 1914 Europas Menschen am großen Flammenrausch des Vaterlandes sich entzündeten zu den höchsten Heldentaten und tiefsten Leiden, da gab es eine kleine Schar ganz Einsamer, allen Verhaßter – Ghandi und Romain Rolland, Rilke und Karl Spitteler, Galsworthy und Minski, Bertrand Russell und Albert Einstein. Sie wußten: die Liebe ist siegreicher als der Haß. Der hat keine Liebe, der, wenn er von „Brüderlichkeit“ und „Kameradschaft“ redet, böse Augen bekommt. Der liebt niemanden, der nur seinesgleichen liebt. Und der schändet sein Vaterland, dem beim Worte Vaterland der Schaum vom Munde tropft. Denn was ist deutsch?

Schuberts Lied ist deutsch und Goethes schöne Menschlichkeit. Eichendorffs Waldeinsamkeit und Stifters klare Stille. Und Schopenhauer ist deutsch, obwohl ihm sogar die deutschen Freiheitskriege nur Hohn entlockten. Jordans körnig gequaderte Sprache, Scherrs gigantischer Geschichtsekel ist deutsch. Deutsch ist das innige Wort. Das keusche. Folgendes schrieb einer der redlichen Eiferer für deutsche Sprache: „Wollt ihr wissen, was in Deutschland krank und undeutsch ist, so achtet einmal auf den Gebrauch des unbestimmten Fürworts in öffentlichen Reden. Sie sagen nicht: ‘Mein Erfolg ist groß’, sondern ‘Mein Erfolg ist ein großer’.

Nicht: ‘Ich glaube.’ Sondern: ‘Mein Glaube ist voll und ganz ein unerschütterlicher.’ Brülldeutsch mag das sein. Deutsch ist es nicht.“ –

Indes: Vielleicht irre ich. Und wie gern will ich umlernen. Aber können Stinkbomben und Gummiknüppel mich überzeugen? Sie können nur verbittern. Gemeinschaft gibt es nur unter freien Seelen. Der Gummiknüppel, der Büttel, der Alkohol, die Streberei schafft nur Kameraderien. Soll der Irrende das Vaterland lieben, so muß man ihm ein Vaterland lassen. Das Land, darin auch der Ärmste oder Verirrteste sich wohl fühlen und menschenwürdig seiner froh werden darf.

Man kann mit Brot und Fechterspielen, mit Uniformen, Paraden, Kanonen und großen Worten wohl die Ordnung toter Zeiten unterhalten. Saubere Trottoire und pünktliche Fahrpläne. Aber nicht Volksseele. Nicht Freude. Nicht Schönheit, Anmut und Geist. Welcher Dichter, welcher Denker ist die Blüte des neuen Italien, des neuen Deutschland?

ENTTÄUSCHUNGEN

Antwort auf eine Umfrage der „Linkskurve"
(1930)

Die Fragen

1. Auf welchem Wege wird die Krise nach Ihrer Ansicht beseitigt werden, die das Wirtschaftsleben fast aller Länder, insbesondere aber das deutsche Wirtschaftsleben, erschüttern?
2. Halten Sie Severings Republikschutzgesetz, Brauns Beamtenukas, die Novelle vom Vereinsgesetz, die jede öffentliche Versammlung unter die Zensur eines beliebigen Polizeibeamten stellt, die verschärfte Filmzensur, den Zuchthausparagraphen 218 und anderes mehr für kulturpolitische Maßnahmen, die geeignet sind, die Entfaltung der kulturellen Kräfte in Deutschland zu fördern? Wie denken Sie über die Festhaltung von 50 kommunistischen Redakteuren in Gefängnissen und Festungen der deutschen Republik, und wie stellen Sie sich zu der Ermordung von 35 Arbeitern durch die Polizei des Sozialdemokraten Zörgiebel am 1. Mai 1929?
3. Welche Stellung werden Sie einnehmen, wenn die Arbeiter Deutschlands im Falle eines faschistischen Putsches zur Gegenwehr greifen?
4. Wie beurteilen Sie die Aussichten der Verwirklichung des Fünfjahrplanes in der Sowjetunion? Ist Ihnen bekannt, daß die Arbeitslosigkeit dort nahezu liquidiert ist? Wie beurteilen Sie die kulturellen Aufstiegsmöglichkeiten in der Sowjetunion?
5. Welche Stellung werden Sie im kommenden Kriege der kapitalistischen Mächte gegen die Sowjetunion einnehmen?
6. Halten Sie die deutsche Sozialdemokratie noch für eine sozialistische Partei?

1. Um darauf zu antworten, müßte ich ein dickes Buch schreiben. Es handelt sich ja gar nicht einzig und allein um die Neuordnung der Wirtschaft. Bevölkerungspolitik und auch Kulturpolitik können von solcher Frage nicht abgetrennt werden. Ich bin auch nicht des Glaubens, daß die Tat-

bestände, die man zusammenfassen kann unter die Schlagworte „Das Nationale“ und „Das Religiöse“, jemals einfach zu übergehen sind zugunsten der wirtschaftlichen Beglückungsideologie.

2. Nein. Die Entrüstung, die hinter der Frage steht, teile ich.

3. Ich werde immer zu den Verunrechteten stehen.

4. Ich würde über Fragen und Möglichkeiten der Sowjetunion nie urteilen ohne Sachkenntnis und genaue Erfahrung. Die habe ich nicht.

5. Ich würde dasselbe tun, was ich 1914 tat: gegen den Krieg wirken.

6. Unter dem Begriff „Sozialdemokratie“ faßt man viel Heterogenes zusammen. Die zur Regierungspartei gewordene Sozialdemokratie ist zu einem großen Teil eine demokratische Lohn- und Interessenpartei und als solche selbstverständlich bürgerlich geworden. Es ist aber immer festzustellen, daß die Sozialdemokratie von heute der Kommunismus von gestern ist. Bei veränderter Konstellation, zum Beispiel bei einem Siege des Faschismus, wird sich das Wesen der Parteien abermals sehr verändern. Ich glaube (so utopisch das gerade im Augenblick anmuten mag) an eine kommende große Vereinheitlichung der Linksgruppen.

Konservative Tendenzen in der Sozialdemokratie? (1930)

Ihrer Rundfrage über die „Konservativen Tendenzen in der Sozialdemokratie" scheint mir eine Unklarheit in der Begriffsbestimmung zugrunde zu liegen, nämlich: eine Verwechslung des Sozialismus mit der politischen Haltung der sozialdemokratischen Partei- und Wählergruppe innerhalb der gegenwärtigen deutschen Republik.

Es ist ein altes Geschichtsgesetz und ganz unumgänglich, daß jede zur Herrschaft gelangende Partei auch eine in gewissem Sinne konservative Partei wird. Und dieses Gesetz würde sich bewähren auch am Bolschewismus oder am Kommunismus, am Anarchosozialismus, ja sogar an der Anarchie im selben Augenblicke, wo die geistigen Führer dieser Weltanschauungen zu praktischen Staatsmännern würden und damit auch zu Fortführern und Reformern einer schon vorgegebenen geschichtlichen Überlieferung. Sie würden eben damit ihrer eigensten Überlieferung untreu werden. Wir kennen ja doch alle die alte Erfahrung, daß man die Führer der Opposition dadurch unwirksam macht, daß man sie in Administratoren und Minister auf dem Boden der nun einmal gegebenen Tatsachen wandelt.

Es ist nun überhaupt die Frage, ob eine Mehrheit jemals revolutionär, ja ob die Majorität auch nur fortschrittlich bleiben kann. Man mag da an ein Gleichnis aus der Biologie denken. Der Instinkt eines Lebewesens kann nie Veränderungen schaffen. Er gewährleistet lediglich die Fortdauer der gegebenen Art. Sollen neue Arten und Spielarten entstehen, so muß zunächst eine Hemmung und Nötigung vorliegen. Unruhe stiftend und die Entwicklung forttreibend, ist auch im Sozialen immer nur die leidende Minderheit. Eine herrschende Partei ist zwangsmäßig nur Bewahrerin der gegebenen Güter und somit ein Bollwerk wider den Umsturz.

Ich kann hier nicht ausführen, was aus diesem Gesetz der leidenden Minderheit mir zu folgen scheint. Ich erinnere hier nur an den berühmten Satz: „Jede Macht ist böse." Das mag tragisch sein, aber es ist nun einmal so: In- und außerhalb der Menschenwelt gibt es Fortentwicklung nur „a loco minoris resistentiae". Fortschritt ist die Funktion der gefährdeten Minderheit. Das ist das Gesetz der Notwendigkeit, die im wörtlichen Sinne immer Wende einer Not ist. Fruchtbar wird immer nur die Not. Darum sagt Marx gelegentlich mit Spott auf die eigene Partei: „Wenn der Arbeiter auch nur ein Sparkassenbuch besitzt, dann ist er für die Revolution unbrauchbar."

Wir dürfen also durchaus nicht die gegenwärtige sozialdemokratische Partei mit Sozialismus gleichsetzen. Ja, wir dürfen nicht einmal voraussetzen, daß Sozialdemokratie identisch sei mit Proletariat. Die Sozialdemokratie vertritt lediglich die organisierte Arbeiterschaft, die in Gewerkschaften vereinigt ist. Dadurch aber, daß unsere Parteiführer zum größeren Teile Gewerkschaftsführer sind oder waren, ist der Konservatismus, ja ich sage ruhig, ist eine Untreue gegen das revolutionäre Ziel schon unvermeidlich. Es ist durchaus berechtigt und läßt sich wohl verstehen, daß kein Gewerkschaftsführer die Verantwortung tragen will, mehrere tausend Menschen brotlos und arbeitslos zu machen. Er hat die Pflicht, das Lohninteresse über das politische Ziel zu stellen.

So wäre denn also die „positive Mitarbeit an dem staatlichen Wiederaufbau" (jene Arbeit, die so oft beschönigt wird mit den bekannten Phrasen vom „negativistischen Charakter der sozialistischen Theorie", von den destruktiven, subversiven, staatsverräterischen, volksverräterischen Tendenzen), auch immer eine wirkliche Gefahr für den Sozialismus. Das haben die großen Begründer der sozialistischen Lehren ganz genau gewußt.

Der Einblick in diese Gefahren begründete die tiefe Abneigung, welche der unentwegt radikal denkende Marx gegen die ehrgeizige, eitle und schon darum praktischere und politischere Natur Lassalles und gegen dessen staatsmännische Pläne hegte. Lassalle würde recht wohl mit der deutschen Sozialdemokratie von heute sich abfinden können. Marx aber nimmermehr. Er müßte sie für eitel Verräterei halten.

In diesem Zusammenhange möchte ich erinnern an die sehr bemerkenswerte Lehre Bakunins, daß der Aufstieg proletarischer Existenzen in die Rechte und Lebensformen des Bürgertums, ja daß überhaupt die wirtschaftliche Verbesserung des Proletariats und mithin alle Sozialreform ein wahres Unglück sei, eine Lüge und ein Verrat an der revolutionären Überzeugung. Es sei niemals für den Sozialismus von Wert, daß Männer aus dem Proletariat aufsteigen zu führenden Beamten und Ministern des Klassenstaates, sondern umgekehrt: der ganze Wert von Revolutionen und Staatsumwälzungen bestehe darin, daß aus den bisher herrschenden Klassen viele Personen ins Proletariat herabgerissen und zu wirtschaftlich Bedrängten würden. Denn gerade von solchen Persönlichkeiten, die an höhere Bedürfnisse gewöhnt seien und ohne gewisse Verfeinerungen nicht recht lebensfähig seien, würde der Umsturz ausgehen. Es sei notwendig, daß das ganze Proletariat durchsetzt und durchsäuert würde mit notleidenden Intellektuellen, verarmten Adeligen, hoffnungslos gewordenen Sprößlingen der bürgerlichen Gesellschaft. Diesen Schichten müsse die Not so auf die Nägel brennen, daß es für sie hieße: „Umändern oder untergehen." Diese Art Verelendung der Besitzenden oder Privilegierten sei notwendig für den Übergang des Klassenstaates in den kommunistischen Staat. Dagegen sei der Aufstieg der Begabten und die Umwandlung der Opposition in eine Beamtenhierarchie das schlimmste aller Übel. –

Aus diesen durchaus klar und wahr gedachten Erkenntnissen kann und soll nun natürlich nicht gefolgert werden, daß wir etwa an der allgemeinen Verelendung zwecks „Akkumulation der Macht" und schließliche „Expropriation der Expropriateure" zu arbeiten hätten. Es ist hier durchaus nicht die Rede von der Verelendungstheorie Proudhons oder anderer. Diese Lehren sind ja in der Tat längst widerlegt! Sondern: Hier ist die Rede nur von der ganz einfachen, ganz sichereren Tatsache, daß jeder praktische Politiker auf dem Boden gegebener Umstände von Fall zu Fall immer neu zu entscheiden hat. Eben darum ist in der Politik der Gesinnungsmann selten; eben darum ist Politik seit je der Tummelplatz aller Lumperei und Schurkerei gewesen. Ja, es ist schon viel erreicht, wenn der Politiker über den Erfolgsschacher nicht zum billigen Verächter jeglicher Theorie wird, das banale Teufelssprüchlein vom „goldenen Baum des Lebens" und der „Grauheit aller Theorie" mitplappert und somit das letzte Ziel überhaupt aus den Augen verliert. Ob nun übrigens das Deutschland von heute wirklich ein demokratisch-republikanisches Deutschland und ob die Sozialdemokratie seine Kerntruppe ist, das erscheint mir denn doch keineswegs so sicher, wie es zum Beispiel in der Rede des Genossen Stampfer an die jungen Akademiker vorausgesetzt wird. Darüber ließe sich wohl mancherlei sagen! Zunächst: Sozialismus ist ja doch nicht an das demokratische Prinzip gebunden. Es ließe sich sogar denken, daß eine im Kerne völlig reaktionäre, daß eine monarchische, oligarchische Partei das gesamte Programm der Sozialdemokratie übernimmt. Der Nationalsozialismus, hinter dem der ganze alte Konservatismus sich verbirgt, steht in der Fronde wider Kapitalismus und Bereicherungssucht der Sozialdemokratie nicht im mindesten nach, ja ist oft weit folgerichtiger. Es gab und gibt genug überzeugte und tief einsichtige Sozialisten, welche heftige Gegner sind der Demokratie, des Prinzips der Mehrheit, des allgemeinen gleichen Wahlrechts, des Parlamentarismus usw. So war ein durchaus politischer Denker wie Leonard Nelson durchaus ein Vernunftsabsolutist, Lehrer eines neuen Führerideals, aber leidenschaftlicher Gegner der Demokratie und darum dennoch durchaus strenger Sozialist[1]. Man darf solche petitio prinzipii auch dem Genossen Stampfer nicht durchgehen lassen.

Sodann aber: die Herrlichkeit der Sozialdemokratie in der deutschen Republik ist doch noch recht fadenscheinig. Haben wir denn wirklich die Macht? Die Welt sähe dann anders aus! Die Besetzung gewisser Ämter mit den Führern und Vertretern der alten Umsturzpartei kommt tatsächlich hinaus auf die Lähmung und Knebelung des revolutionären Einschlags. Einige Beispiele dürften genügen.

Seit je bestand eine merkwürdige Übereinstimmung zwischen Kapital und Polizei. Der Eigentumsstaat, der den Diebstahl eines Geldscheins schwerer bestraft als den Diebstahl von Ehre, Namen und Ruf, hat von jeher die Polizegewalt als die Schutzgarde der Bürgerlichkeit betrachtet. Wenn dem Bürger Unrecht geschieht, so greift er nicht zur Waffe, sondern ruft nach der Polizei. Daher liegt es denn tief im Interesse des Kapitalismus, daß die Polizeiämter wenn möglich gerade durch solche verwaltet werden, von denen im Notfalle eine Gefahr für den Besitz oder eine bedrohliche

Veränderung der Eigentums- und Geldwirtschaft ausgehen könnte. Nirgendwo fühlt das Kapital sich sicherer als in den Armen derer, die bedrohlich wären, wenn ihnen nicht die Schutzaufgabe und die Wächterrolle zugefallen wäre. Nicht das fromme Schaf ist der beste Wächter des Hauses, sondern der wilde Wolf, den man zum Wachhund gezähmt hat. Es ist also durchaus kein Zufall, daß im gegenwärtigen Deutschland fast alle höheren Polizeiämter mit Sozialdemokraten besetzt sind. Die Polizei (den Vergleich möge niemand übelnehmen) arbeitet am vorteilhaftesten mit energischen Persönlichkeiten der Verbrecherwelt; so arbeitet die Bürgerwelt mit der Polizei. Das liberale Bürgertum würde wahrscheinlich der Besetzung aller bedrohlichen Posten mit Sozialdemokraten, wie man so schön sagt, „durchaus sympathisch gegenüberstehen". Man würde sogar die Waffenmacht sehr gern in die Hände der Sozialdemokratie legen, wenn nicht die Gefahr bestünde, daß diese im Besitze der einzig entscheidenden Machtfaktoren plötzlich zu einer Revolution überginge. Es gibt ferner genug Ämter, auf welche z.B. die bürgerlichen Juristen recht gerne verzichten. Man findet bei den Landesarbeitsämtern auffallend viele Sozialdemokraten, denen eine Verantwortung zugeschoben ist, von welcher der Bürgeraspirant sich vorteilhaft drückt. Kurz: Das Überwiegen der Sozialdemokratie in der deutschen Verwaltung läßt weder schon einen Schluß zu auf den Sieg der Demokratie noch vollends auf den Sieg des Sozialismus.

Wenn ich nun aber recht sehe, so erwächst just aus allen diesen Gefahren der Verwässerung und Verbürgerlichung, der Sattheit und des Stillstands die Aufgabe und das Recht des sozialdemokratischen Intellektuellenbundes. Just jene sozialistischen Akademiker, die in einer Partei, welche nur Interessenpartei und nur Lohndemokratie wäre, kaum je Verwendung und Recht fänden, ja eigentlich ein Hindernis für die Gewerkschafts- und Lohnpolitik waren und nur als „bürgerliche Mitläufer" geduldet wurden (denn weder unsere noch sonst eine politische Partei kann als praktische Zweckpartei „Intellektuelle" vertragen), gerade diese geschmähten Nichtpraktiker werden in naher Zukunft eine viel größere Bedeutung gewinnen als jeder praktische Staatsmann, denn sie sind das Gewissen des Sozialismus. Ohne dieses Gewissen würde der Sozialismus zugrunde gehen im selben Maße, als er siegreich wird. Das klingt paradox. Und ist doch eine Wahrheit, die den Nagel auf den Kopf trifft. Wer hält die geistige Überlieferung denn aufrecht? Wer kann und darf auch im geschichtlich gewordenen Staate radikal sein? Nur der Geist, nur der Gedanke. Das freilich fordert Strenge, Reinheit, Verzicht. Man muß unter Umständen auf Amt und Vorteil verzichten können, wenn das höhere Amt und der Seele wahrer Vorteil in Frage steht. Wer dem Zuge die Glocken läuten soll, der darf nicht in der Prozession mitgehen. Wären wir heute nicht das Gewissen des Sozialismus, dauerte nicht das außerpolitische Recht und der ganze Sinn des Sozialismus in den Köpfen leuchtender Geister, dann wäre der vielumjubelte Sieg der Sozialdemokratischen Partei nur ein Unglück. Es ist uns überliefert, daß die Sieger bei den olympischen Spielen der Griechen auf eine merkwürdige Art gefeiert wurden. Sie hatten nach dem Siege die Aufgabe, ihre Eltern, ihre Väter auf ihren Schultern in die Arena zu tragen, wo die Erzeuger der Sieger vom Volke gegrüßt wurden. Für die Sieger selber aber wurde ein Dichter bestellt, welcher die Aufgabe hatte, auf die nun zur Unsterblichkeit Neugeborenen – Spottlieder zu singen, damit nicht etwa Hoffart und Eitelkeit in ihren Seelen Platz griffen.

Wir sozialistischen Akademiker übernehmen die Aufgabe, die Väter in die Arena zu tragen und haben nichts dagegen, daß die satt und mächtig gewordenen der politischen Partei für uns keine Verwendung haben, sondern allenfalls nur Spott und Hohn.

Was hat die Sozialdemokratie der Jugend zu bieten? (1930)

Es ist ein Fundamentalsatz der sozialistischen Theorie, bei Marx und auch bei Lenin, daß die revolutionären Veränderungen von der arbeitenden Klasse, d.h. vom handarbeitenden Teil der Bevölkerung, insbesondere vom Industrie- und Landwirtschaftsproletariat ausgehen müssen. Wir „Intellektuellen" gelten für diese Theorie eo ipso als bürgerliche Menschen, und das „Denken" scheint ein bürgerlicher Beruf zu sein. Der „bürgerliche Mensch" aber (ein solcher ist ja auch Marx gewesen, und Engels, Lassalle, Lenin, Trotzki, kurz, alle großen Führer kamen aus dem vielgescholtenen – Bürgertum), der bürgerliche Mensch, so glaubt man, könne wohl, wenn er seine Klasse verloren hat, zum „Mitläufer" des Umsturzes werden, ja, er könne vielleicht auch der intellektuelle Organisator der Revolution sein, aber die eigentliche Explosionsmasse, der Sturmherd der Welt, das sei das organisierte Proletariat. Dieser Satz wurde so wenig bezweifelt, daß z.B. Friedrich Albert Lange die soziale Frage schlankweg nennt: „die Arbeiterfrage", gerade als ob nur der Kampf, den die Arbeiterschaft führt, der wahre Klassenkampf sei und das letzte Problem der Gesellschaft. Ist das noch richtig? Stimmt es (was Marx behauptet), daß Intransigenz, Radikalismus einzig beim „vierten Stande" (den es übrigens längst nicht mehr gibt) gefunden werden können?

Es erscheint vielleicht paradox, wenn ich behaupte, daß die Sozialdemokratie und die von ihr erfaßte Arbeiterschaft recht wohl einmal die eigentliche konservative Partei, ja zum Herde alles Rückschritts werden könnte.

Es ist oft gezeigt worden, daß der Mensch konservativ ist und daß die Macht und die Regierung immer nur einen Feind hat: die Volksverzweiflung. Revolutionär sind nur diejenigen, die nichts zu verlieren haben. Die Sozialdemokratie im heutigen Deutschland kann nur derjenige revolutionär nennen, der Evolution und Revolution, Theorie und Tat nicht unterscheidet und an Ideologien und Programme glaubt, statt auf Lebenshaltung und Bewährung zu blicken. Denn alle Theorie ist Konstruktion. Entscheidend ist einzig, was wirklich geschieht. Es ist nun nicht im mindesten zu bezweifeln, daß jeder Sozialist, der an einer nichtsozialistischen Regierung teilnimmt (vielleicht sogar schon jeder, der mit einer nichtsozialistischen Regierung verhandelt), eben damit aufhört, ein Element der Revolution zu sein. Der gegenwärtige Kampf der sogenannt bürgerlichen Parteien wider die Sozialdemokratie ist schon lange nicht mehr ein Kampf wider den Umsturz. Es ist ein Konkurrenzkrieg, ein Wettlauf der Machthaber.

Es ist an der deutschen Universität von heute leichter, als Kommunist oder Anarchist unbehelligt zu bleiben, denn als Republikaner, Demokrat oder Sozialdemokrat. Die Professoren sehen im Kommunismus eine jugendliche Utopie. Die verzeihen sie gnädig. Denn sie nehmen diese Ideale nicht ganz ernst. Aber den Republikaner wie den Sozialdemokraten hassen sie. Offen oder insgeheim. Sie hassen mit dem Ressentiment einer Kaste, die krampfhaft an ihrer alten bürgerlichen Geltung festhält und doch schon spürt, daß sie ins Proletariat herabgleitet, daß ein tüchtiger Maschinenschlosser bessere Lebensaussichten hat und besser lebt als ein mit dem Titel Professor trostreich abgefundener lebenslänglicher Privatdozent der Philosophie und daß viele Familien der Industriearbeiterschaft sich verbürgerlichen, indes ein großer Teil der Intellektuellen sich proletarisiert.

Bei der alten Aufteilung der Klassen wurde die Intelligenz und mithin die Universität oft als konservativ, immer als bürgerlich bewertet. Wer sich heute auf die alte Klassenschichtung verließe, der müßte irren. Die akademische Jugend ist weder bürgerlich noch reaktionär noch konservativ. Sie denkt in der Mehrzahl rechtsradikal und denkt radikaler, als den zu saturierten Beamten und Funktionären des Staates gewordenen Gewerkschaftsführern zu denken je möglich wäre. Die Intellektuellen sind heute die notleidendste und innerlich renitenteste Klasse, leider aber auch (das liegt wohl am Wesen der Wissenschaft) die verdummteste und konfuseste. Diese intellektuelle Schicht ist desorientiert wie nie zuvor. Die primitiveren Schichten schlafen gut auf ihren Schlagworten und Parteiprogrammen. Diese bedauernswerten „Gebildeten“ dienen als Salpeterplantage für zehntausend unvereinbare Ideen. Sie glauben an einen nationalen Sozialismus, religiösen Sozialismus, individuellen Sozialismus. Sie können gerade so gut an eine katholische Zoologie und an eine theosophische Steinkunde glauben. Sie sind unklar über das Verhältnis des Sozialismus zum Nationalen einerseits, zum Religiösen andererseits. Sie möchten alle diese Werte (mit bestem Recht) erretten. Aber sie häufen in ihrer Konfusion einen sozialen Zündstoff, der vielleicht viel eher Feuer fangen wird als die durch das nackte Brotinteresse und eine bald vielleicht auf vier bis fünf Millionen Arbeitslose gesteigerte Lebensnot völlig ausgefüllte Arbeiterschaft. Diese unglückliche deutsche Jugend ist doch geistig beunruhigt. Sie will Ziele. Die Arbeiterschaft scheint das revolutionäre Ziel zu vergessen. Das Kommunistische Manifest wird zur Phrase. Fragen wir uns ehrlich, was die Sozialdemokratie einer feurigen und kühnen Jugend zu bieten hat? Die Theoreme bekommt die akademische Jugend von Professoren der Nationalökonomie vorgetragen. Für Theoreme hat sich noch nie ein junger, gesunder Mensch begeistert. Sie wollen Vorbilder des heldenhaften Lebens. Sie wollen große Ausblicke und Einblicke. Wo sind die? In der Stubenluft der Universität wird aus der blutvollen Idee zähes Leder. Dazu die gräßlichste Zerklüftung: Sozialismus contra Kommunismus contra Syndikalismus contra Anarchismus. Menschewiken hassen Bolschewiken viel tiefer, als beide den „Bürger" hassen. Wahrscheinlich sind es die hochherzigsten, idealsten Jünglinge, die noch die Kraft haben, an die Extreme zu glauben. Aber was sollen die extremen Gruppen? Sie können nur jede positive Arbeit sabotieren. Sie müssen sich in unfruchtbaren Protesten und Zerstörerwünschen erschöpfen.

Um so notwendiger ist es, daß die heutige Sozialdemokratie die denkende Jugend erfaßt. Aber sie wird in der studierenden Jugend nur dann die Flamme der Revolution entfachen können, wenn sie mehr ist als eine Lohndemokratie, wenn sie wieder den Verzweifelnden das Banner der Gerechtigkeit voranträgt.

Und so kehre ich den Spieß um! Die Abkehr und der Verfall der bürgerlichen Jugend ist das Werk der Sozialdemokratie. An ihr rächt sich das Mißtrauen und die Mißachtung gegen alles Geistige. Es rächt sich unsere kurzsichtige Kleingeisterei, die Opposition gegen die Wahrheit der Idee und das alte bekannte Lied, daß die Praxis, der Erfolg und die aktuelle Arbeit allein entscheide, die Theorie aber ein Feld sei für Professoren. Die Sozialdemokratie hat es verstanden, die Geistigen fortzugraulen. Wir hätten der Jugend in allen Schulen und von allen Lehrstühlen freiere Begriffe, hohe Ziele, klare Werte geben können. Aber unsere Partei will keine Angel werfen über die Nöte des Tages hinüber. So geht die Jugend dahin, wo sie zwar konfuse und schwulstige, aber doch Ideale findet ... Aber besser als mit einer Klage und Anklage schließe ich mit dem Ausdruck der Hoffnung, daß von den wenigen Intellektuellen der Partei die Wiedergeburt der überparteilichen Idee ausgehen möge, denn sie war stets unsere Kraft. Kommen wir zur Jugend mit vollen Händen und vollen Herzen, so fällt sie uns zu, weil die akademische Jugend in Deutschland bald das eigentliche Proletariat sein wird.

AUSGRENZUNGEN

Jüdisches Schicksal
(1926)

In Hannover wurde ich geboren, nachdem Voreltemschaft von Vatersseite dort schon zweihundert Jahre gesessen hatte. Ich bin ein Leben lang an dieser Stelle der Erdrinde haftengeblieben. Ich weiß, daß es schönere Länder gibt und wohlwollendere Menschen. Aber dies war nun mal mein Land und mein Schicksal. Und so habe ich es geliebt. Und auch der Haß war Liebe.

Von früh an sah ich mich als Schnittpunkt mehrerer einander bestreitender Kreise. Meine Vorfahren waren verschieden dem Blute und der Rasse nach; waren verschieden den Berufen nach; und verschieden auch nach Religion und Weltanschauung. Ich konnte weder sagen, daß ich Jude noch daß ich Deutscher sei. Und wenn man mich heute stellen würde vor ein solches „Problem“, so empfinde ich Pein, wie die Kinder in Frankreich beim „jeu de bateau“. Dies ist ein Pfänderspiel: zwei geliebte Personen werden genannt; der Befragte hat sich vorzustellen, er befände sich auf einem untergehenden Schiffe und könne nur eine von beiden Personen retten. Er soll beichten, welche von den beiden er vorziehen würde. Ich komme mir vor wie jener Mann, der verzweifelt ruft: Alles redet von Heimatkunst und will wurzelständig sein; und ich bin ausgerechnet geboren im Orientexpreßzug.

Vom Judentum habe ich bis ins Mannesalter hinein wenig gewußt. Ich stand nie unter jüdischen Einflüssen und habe nie ein Wort Hebräisch gelernt. Meine frühe Jugend und meine frühen Bücher waren wurzelhaft deutsch, ohne daß mir das damals zum Bewußtsein kam. Ich hätte durchaus in eine Bahn kommen können, wie heute Rudolf Borchardt sie vorlebt: preußisch-soldatisch, unerbittlich-völkisch. Die ersten Freunde, die ich gewann, empfanden mich als deutschen Menschen. Und so habe ich mich selbst empfunden und bin zumal im Ausland immer so empfunden worden. Kaum jemals erfühlte man in mir einen Juden, und auch als ich unter Juden lebte, wurde ich nie recht als zugehörig betrachtet.

Dennoch verlief meine Entwicklung umgekehrt wie die von Jakob Wassermann berichtete. Es kam ein Zeitpunkt, wo ich vom Deutschtum fortwollte und nichts sein wollte als nur Jude. Ich kann hier nicht analysieren, welche Triebkräfte das fügten. Das Letztentscheidende dürfte sein: Es entsprach meiner Natur, mich zugehöriger dort zu fühlen, wo man mich nötiger hatte. Diese Entwicklung, vergleichbar einem alten Baum, der, auf dem Festungswall wachsend, in beiden Lagern Wurzeln schlägt. Belagerern und Belagerten zum Trotz, enthält keineswegs Bruch oder Widerspruch. Ich weiß, daß für meine Person die Frage gelöst ist. Ich weiß auch, daß ich ein klares Gepräge habe.

Unser Gerede von Volkstum ist kurzsichtig grob. Innerhalb jedes Gemeinschaftsgepräges gibt es viele Sonderarten. Typen von zartester Mischung. Inzucht ist dort Gebot, wo es gilt, primitive Gattungen stabil werden zu lassen. Auf späten Linien ist die Mischung geprägter Typen der einzige Weg, um neue Arten zu erzüchten. Bei mir selbst spielten niemals eine Rolle dergleichen rassenbiologische Erwägungen. Solange ich zurückdenken kann, war mir die Verbundenheit mit dem Außermenschlichen, mit Wolken, Himmel, Bäumen, Tieren, Wetter und Wind gewisser als die Zugehörigkeit zu dieser oder jener Menschengruppe. Meine Heimat konnte ich nie eng genug wählen. (Das nächste Nachbardorf war dem Kinde schon „feindliches Ausland".) Mein Vaterland nie weit genug. (Auch anderen Welten als der Erde fühlte sich der Jüngling verbunden.)

Deutschtum oder Judentum?...

Das wäre eine falsch gestellte Frage. Die Lösung sinnloser Fragen aber besteht darin, daß eines Tages nicht mehr so gefragt wird. Ja, daß man kaum noch begreifen kann, wie vor Zeiten einmal so gefragt werden konnte.

Aus vielen Gedanken greife ich drei heraus.

Erstens: Der Begriff des „Kollektivindividuums" wird von denen, die solche Alternative stellen, hingenommen, als verstände sich von selber der große Unsinn unserer Tage: der Wahn, daß Völker oder gar Staaten vergleichbar seien mit Organismen und daß generelle Typen so „gegeben" seien wie die Linde vor dem Fenster und die Drossel auf der Linde. Kollektives oder Generelles aber ist nie anders gegeben denn als Einzelindividuum und durch das Einzelindividuum hindurch. Ideen sind keine Gestalt. Und Gestalten sind keine Form. Die Unterscheidung der drei Bereiche: Gestalt (d.h. Erkennbares); Form (d.h. Bewußtseinswirkliches) und Idee (d.h. Vernunfterschautes) ... dies ist der rote Faden, der seit zwanzig Jahren durch alle meine Schriften läuft.

Zweitens: Bevor wir Worte in den Mund nehmen wie Jude, Germane, Arier, Semit usw. müssen wir klar sein über das Verhältnis des Sozio- und Biologischen auf der einen Seite und des Biotischen auf der andern Seite. Der Begriff Deutsch fällt bei vielen zusammen mit der Vorstellung: „Vorherrschaft der ritterlichen oder militärischen Klasse". Oder mit der Vorstellung: „Agrarische Lebensbedingung". Der Begriff Jude leitet sich bei vielen ab von der Vorstellung: „Vorherrschaft der priesterlichen oder rabbinischen Kaste". Oder von der Vorstellung: „Händlerische Kultur im Ghetto". Diese Soziologik hat nichts zu tun mit Völkerrasse.

Drittens: Die Worte: Deutscher, Jude usw. sind wertbelastet. Man kann sie so wenig unbefangen brauchen wie etwa die Worte: Bolschewik, Jakobiner, Pharisäer, Intellektueller. Immer klingt Gallefarbenes an. Es ist genauso wie im Streite der Klassen. Man kann in bestimmten Kreisen jede Theorie entfrommen, indem man ihr fleißig anhängt Adjektiva wie „kleinbürgerlich" und „kapitalistisch". In anderen Kreisen wieder kann man alles entwirken, was man als „proletarisch" und „spartakistisch" bezeichnet. Was gehn uns all diese Vorurteile an?

Wenn ich nunmehr absehe von diesen persönlichen Bekenntnissen und unpersönlich frage, wie für die vierzehn Millionen Menschen, die aus dem in alle Welt zerstreuten alten Judenvolk bis heute sich durch alle Nöte der Geschichte hindurch erhalten haben, die Zukunft zu gestalten sei, so scheinen mir nur zwei folgerichtige Zeitziele immer wiederzukehren. Entweder: Übernahme einer zwischenvölkischen allvermittelnden Sendung.

Oder: In einer Welt, wo jedes Volk und jede Gruppe beständig „Ich" sagt, ebenfalls in ruhigem Stolz „Ich" sagen lernen.

Die erstere Form der Lösung wird von den meisten bevorzugt. Auch von solchen, die das vor dem Massenvorurteil weichende Sichdemütigen, das nervöse Sichverstecken, das charakterlose Assimilieren und das bescheidene Sichselbstverleugnen hassen und verachten. Sie sagen (ein Typus dieser Art ist der Philosoph Constantin Brunner oder Joseph Popper-Lynkeus): Der Jude möge sich selbst wahren und bewahren, indem er über den Völkern und zwischen den Völkern sein Reich errichtet. Das Judentum muß aus einem Nationalmythos zur Weltethik werden. Es hat sich aus einem althebräischen Naturmythos gewandelt und emporgeläutert zu: normativer Geistesreligion. Diese Flucht in den Geist hinein ist jahrhundertelang der Notausgang der Juden gewesen. Es ist der Weg, auf dem heute die europäischen Rabbiner die heikle Aufgabe lösen, Judentum nur als eine Konfession unter anderen deutschen Konfessionen zu lehren. Es gibt nationale Seele. Aber es gibt nicht „nationale Geistigkeit". Geist kann nicht national sein. So wenig wie Wahrheit, Recht und Sittlichkeit. Denn gäbe es zwei verschiedene Wahrheiten, dann gäbe es überhaupt keine Wahrheit. Das Judentum erhält daher bei den europäischen Philosophen und Soziologen die Sendung, sich zum Träger zu machen solcher „Werte", welche unabhängig sind von Boden und Landschaft und welche den geistigen Adel der einen Vernunftmenschheit begründen. Diese Mittler- und Vermittlerrolle entdeckt jede Generation wieder neu. Millionenmal auf allen Gebieten ist verkündet worden, daß der Jude die weltgeschichtliche Mission habe, das zu bewahren, was „zwischen den Menschen" ist. Immer wieder ist das Schicksal jüdischer Menschen irgendeine Art Mittler-, Vermittler oder Agententum. Diese Mittlerrolle reicht von Weltreligion und internationalem Sozialismus und Kommunismus hinab bis zur Logik, Erkenntnislehre, Sprachforschung, bis zur Politik und Diplomatie, bis zu Theater und Zeitung, bis zu Verkehrstechnik und Pferdeliebhaberei, bis zu Schachspiel und Zwischenhandel. Immer wieder wird ergriffen, was gleichsam „über der Scholle schwebt". Der Jude wird Vertreter des geistigen Schicksals der „Menschheit schlechthin". Es wird eine Art Symbol ihres geistigen Schicksals.

Hier muß mit stärkster Betonung bemerkt werden, daß diese Art „Luftmenschentum", das wie auf Telegraphendrähten lebt, durchaus nicht das Wesen des ursprünglichen Judentums berührt, sondern lediglich spiegelt die historische Wirklichkeit zweier Jahrtausende. Es macht darin sich geltend eine Entwicklung, welche heute keineswegs nur den Juden angeht, sondern durchaus das Los alles Volkstums ist; zunächst in Europa; aber künftig für die ganze kultivierte Erde. Am Judentum hat sich nur früher vollzogen das Karma, das mit wachsender Internationalisierung und Industrialisierung über alle Menschen kommen wird. Wenn heute im öffentlichen Leben in Deutschland, Frankreich, Rußland der Jude als Schriftsteller oder als Gelehrter eine Führerrolle zu haben scheint, welche fast ausschließlich den progressistischen, wenn nicht gar den revolutionären und radikalen Bewegungen zugute kommt, so liegt es einfach daran, daß die Masse des Volks, auch des deutschen Volks, genau das gleiche Schicksal hat, welches die christlichen Jahrtausende zunächst nur den Juden bereiteten: Entfremdung von Natur und Landschaft. – Enteignung von der Scholle. – Verschleifung der Stammesunterschiede. – Zusammenpferchung in den Städten.

Die Industriearbeiterschaft aller Länder ist nichts anderes als eine einzige Judenheit. Ein einziges riesiges Ghetto! Daher ist es selbstverständlich, daß die schmerzlichen Erfahrungen der Juden zunächst zugutekommen dem Proletariat. Der deutsche Bauer hat ein Vorurteil gegen Juden, weil er ein Vorurteil hat gegen den Händler und gegen die Intellektuellen. Der Arbeiter aber fühlt instinktiv sich dem Juden verwandt. Wir können daher verstehen, daß jüdische Intelligenzen wie Karl Marx nur das normativ allgemeingültige Ziel anerkennen. Für diese internationalen Geister ist die Judenfrage keine Frage der Nation mehr. Es handelt sich um Klassenfragen der Arbeit und der Gesellschaft. Und diese Lösung wäre auch folgerichtig, wenn die Menschen eben wahrhaft „Menschen", d.h. geistige Wesen wären und nicht Bestien ... arme, futterneidische Bestien, die auf abstrakten Höhen sachlichen Geistes nie werden atmen können, die vielleicht auf Augenblicke sich zu erheben vermögen in den Äther des Ideals, dann aber sicher immer wieder herabfallen auf die schwere Erde, auf der sie einander bekämpfen, nicht anders wie Pflanzen, deren jede die ganze Erde überziehen möchte nur mit Kindern ihrer Art; nicht anders wie Tiere, deren jedes sehr schnell die übrige Welt verschlingen und die Erdoberfläche nur mit seinem Typus besiedeln würde, wenn nicht das Dasein auch der vielen anderen eben Grenzen setzte.

Es tritt somit neben die erste Lösung durch Flucht in den Geist und zu den Sternen die zweite: „Zurück zu den Müttern! In die Scholle.“ Dieser zweite Weg, der konservative, befriedet urtümlich natürliche Instinkte und führt zurück aus Europa und Amerika in das alte Heimatland Asien, dessen Wälder und Wüsten im jüdischen Blut aus Erberinnern lebendig sind. Für die jüdische Masse (und das sind immerhin Millionen) sehe ich immer nur die Wahl zwischen diesen beiden Möglichkeiten: Heimat nirgendwo als im geistigen Erkennen, im „Lernen“ oder aber: Auswandern aus allen Stätten, wo man nur „geduldet“ wird, nur als Gast betrachtet wird und in Kindern und Enkeln erwarten muß die schlimme Saat von Ghettogefühlen: Benachteiligungs- und Minderwertigkeitsideen.

Es mag schlimm sein, daß dem so ist. Es mag eine Schmach sein für Europas Humanität. Aber wir wollen die klare Wahrheit nicht verschleiern. Wir haben nichts zu suchen in einem Offizierskorps, in einem Professorenkollegium, in studentischen Korporationen, Beamtenschaften, Sportvereinen, die unsere Zugehörigkeit nicht als Ehre empfinden. Wir drängen uns nicht auf. Und wo wir nicht willkommen sind, da halten wir uns zurück. Die Geschichte Spaniens hat bewiesen, daß ein Land sich seiner edelsten Bürger und unentbehrlichen Geister berauben kann, wenn es sich seiner Juden entledigt. Die Geschichte der Juden Deutschlands seit der Emanzipation ist lediglich die Geschichte einer Vergeudung unerhörter Energien an fremde Zwecke und fremde Ziele. War all diese Liebesmüh umsonst, und bleibt der Mensch aus jüdischem Blut, mag er in Sein und Arbeit sich bewähren wie er will, in einen Bannkreis eingeschlossen, dann dürfte doch die einzig gesunde, natürliche Reaktion die sein, daß er sich abkehrt; ganz gleich, ob der praktische Zionismus historisch siegreich werden wird oder nur zur letzten tragischen Leistung einer zu tragischem Los vorbestimmten Volkheit. Der Erfolg macht keine Werte. Die politisch-praktischen Tatsachen entscheiden nicht über unsere Stufe in der Rangordnung der Geschöpfe.

Ich habe alles, was ich über Juden, Judenfrage und Zukunft der Juden zu sagen habe, so klar und einfach wie nur immer möglich, in meinem Hauptwerk niedergelegt, das den Titel führt: „Der Untergang der Erde am Geist“; das dritte

Buch der vierten Auflage von Seite 219-288 umfaßt alles, was über die jüdische Frage zu sagen wäre. Indem ich auf diese Seiten verweise, möchte ich hier nur noch einen einzigen grundsätzlichen Gesichtspunkt andeuten. Mein Buch bricht mit der geschichtlichen Überlieferung, nach welcher das Christentum eine Art Fortsetzung oder gar Erfindung des Judentums sein soll. Es ist also aufzufassen als das grade Gegenteil zu den Büchern Hans Blühers oder Constantin Brunners. Die Bemühungen: Christus als Nichtjuden, als „arischen Siegfried" zu schildern (wie Blüher) oder aber ihn durchaus für das Judentum in Anspruch zu nehmen (wie Constantin Brunner das tut in dem Werke „Unser Christus"), erscheinen mir beide gleich gezwungen, in Vorurteil befangen und – ein wenig lächerlich. Für mich ist das Alte Testament heidnischer Naturmythos. – Parsismus und Judentum sind die beiden einzigen kümmerlichen Reste von Heidentum und Naturwelt, die sich zum Glück der Erde durch zwei christlich-buddhistische Jahrtausende gerettet haben; neben dem Hinduismus die einzigen vom europäisch-amerikanischen Ethos freien Mythen. In genau demselben Sinne wie die Religion des Brahma am Buddha zugrunde ging, ging auch das Judentum am Christentum zugrunde. Das Auftreten beider, des Buddha und des Christus, bezeichnet die sieghafte Unterwerfung der Erde durch den Menschen: „Gott ward Mensch." Die gesamte moderne Kultur und Zivilisation ist durchaus Produkt des Christentums. Zwei christliche Jahrtausende haben das Judentum bis zur Unkenntlichkeit verzerrt und entstellt durch ungeheure Massen talmudischer und rabbinischer Literatur bis hin zu den modernen Werken unseres Martin Buber oder Achad Haams. Ich betone auch an dieser Stelle diesen Standpunkt so scharf, weil ich immer und immer wieder ihn mißverstanden und nur sehr langsam dämmern sehe, ein erstes Verständnis für die Wahrheit, daß die kapitalistische-technische Kultur, die man so gern dem Juden schuldgibt, gerade das Produkt der christlichen Soziologie ist, daran das alte Judentum nicht minder zerbrochen ist wie beispielsweise der Kult Wodans oder die Wald- und Feldkulte der Cherusker oder Sachsen. Es heißt das Lügengewebe „Weltgeschichte" bis zum Tollhaus ausbaun, wenn man die Wundmale, die Europa den Juden schlug, in Schandmale umdeutet; wenn das Christentum, welches sie vernichtet hat, nun als ihr Werk gilt und wenn die für ihren Mythos blindgewordene Volkheit nun gar ihren Ruhm darin suchen möchte, die „Menschheitsgeschichte“ der letzten zwei Jahrtausende, diese gräßliche Kette von menschlichen Räubereien und Erdauspressungen gemacht zu haben. Überlassen wir glücklicheren Völkern den Wahn, daß in ihnen und durch sie Gott das schrecklichste und leidvollste ward, was er überhaupt hat werden können: ein Mensch...

Gnade dem Maultier (1933)

„Die Kreuzung von Pferd und Esel, die man als Maultier (mulus) bezeichnet, stellt wohl die glücklichste Rassenmischung dar, die der bewußten Aufzucht gelungen ist, denn sie vereint alle Tugenden und Schönheiten der beiden Arten, ohne die oft beobachtete Nervosität und Krankhaftigkeit des Pferdes oder die beklagenswerte Stumpfheit des Esels erkennen zu lassen. Das Maultier ist treu, langmütig, geduldig und zäh wie nur irgendein Esel und zugleich beweglich, wachsam und klug wie das edle Pferd. Vollkommen abwegig aber wäre es, im Maultier nur das temporäre Produkt einer Kreuzung, also gleichsam nur einen Übergangszustand oder eine vergängliche Spielart zu sehen. Es ist vielmehr durchaus eine neue und man kann ruhig sagen 'höhere' Spezies, wie denn unsere Weiterzucht von Maultieren keineswegs schwankende Geschöpfe 'ausmendelte', die zurückmünden entweder in die Pferdegattung oder in die Eselgattung, vielmehr gelingt es, die neue Art zu stabilisieren und für immer gesündere und stärkere Exemplare abzugewinnen, die eben für die Menschenkultur wertvolle Gattung: 'Maultier'."

Ich angele mir diese Sätze hervor aus einem Lehrbuch der Tierzucht. Ich möchte mir mit ihnen etwas Duldung und Gnade sichern, in einem Zeitpunkt, wo man auch von mir, wie von jedem verlangt, daß er sich in zwei Hälften auseinander legen oder analysieren lasse und daß er endlich klar sich entscheiden müsse, was er und seine Nachfahren denn eigentlich seien, ob Roß oder Esel, ob Jude oder Deutscher. Worauf ja doch schließlich die ehrliche Natur immer nur neu erwidern kann: „Ich bin wie ich bin: ein Maultier!" –

Ich habe es erlebt, daß aus einem Vortrage, der das Verbrechen Deutschlands an den Juden geißelte, die „arischen" Zuhörer empört hinweggingen. Und habe erlebt, daß gelegentlich desselben Vortrags meine Betonung persönlicher Zugehörigkeit zu Deutschlands Seele die revisionistischen, jüdischen Hörer so empörte, daß sie mit Protest den Saal verließen. –

Ich würde diese Zeilen ungeschrieben lassen, würde mindestens im gegenwärtigen Zeitpunkt sie unterdrücken, wenn es sich nur um mich, als um einen Sonderfall, handeln würde; aber in ähnlicher Lage sind viele. Ich entstamme einer seit etwa hundert Jahren „christianisierten", stark „untermischten" Familie. Sie hat einer Reihe protestantischer Pfarrer, übrigens auch einem Bischof der englischen Hochkirche das Leben gegeben. Ich bin ohne jede Beziehung zum Judentum aufgewachsen, habe als Knabe weder je eine Synagoge besucht noch vom Hebräischen mehr erlernt als im Schulunterricht notdürftig das Alphabet. Aber ich bin, vierundzwanzig Jahre alt, ins Judentum freiwillig zurückgetreten, als ich den Zionismus[1] kennenlernte und begriffen hatte, daß durch ihn allein die Lösung der meines Erachtens unlöslichen Judenfrage zu ermöglichen sei. Ich war durch fast vierzig Jahre Zionist. Nicht nur einer, der auch mitläuft und seinen Schekel zahlt, sondern aus Herzensnot und Herzensbedürfnis. Ich bin im übrigen deutscher Denker gewesen. Ein guter Schriftsteller. Das heißt einer, dem alle Quellen deutscher Sprache sprudelten und der in sich fortbildete die gesamte Überlieferung vieler Jahrhunderte deutscher Bildungsgeschichte. So kann ich im Alter sagen, daß ich nichts auf der Welt zur Vollkommenheit gebracht, nichts wahrhaft gelernt habe als das: deutsch sprechen. Und nun kommen Männer, deren Zeitungsdeutsch und Versammlungsdeutsch überhaupt nichts weiß von der Seelengeschichte Deutschlands, und erklären, daß ich überhaupt nicht das Recht hätte, deutscher Denker zu werden, und daß ich verpflichtet sei, künftig Hebräisch zu schreiben!

Ich bin in meinem Lebenskreise der einzige bewußte Jude. Weder Kinder noch Schwiegersöhne noch Enkel noch Frau noch Schülerschaft sind Juden. Die Kinder stammen aus Hohenzollernblut; ihr Großvater, der preußische General von Barby, war, wie die Hofgeschichte weiß, ein Sohn Kaiser Wilhelms I., und die Enkel kommen von Vaterseite aus alten Geschlechtern griechischer Bauern. So ist es nun mal. Was soll mir also das Gerede von „Fremdgeistigkeit" und „reiner Rasse". Ich bin in der Lage des Kindes aus gemischter Ehe, das erklären soll, ob es auf die Gräber von Vatersseite oder von Muttersseite zu speien gedenke. Meiner geistigen Überzeugung nach bin ich Sozialist und ein Philosoph der logischen und mathematischen Richtung. Würde ich nun sagen (was ja der Wahrheit entspricht): ich bin ein Deutscher, bin ein Jude, bin Kommunist, bin national, heimatbedingt und blutbedingt als Mensch, aber unabhängig und international als denkender Geist, bin seit Jahrhunderten in der engsten Heimat verwurzelt, in Niedersachsen, und stehe dennoch als Denker jenseits von Rasse und Landschaft, so wird man das weder verstehen noch gelten lassen. Man wird für Verwaschenheit, für Gesinnungslosigkeit, für Verwirrung halten, was just Stärke ungebrochener Natur und klares Erkennen ist.

Ich halte es für recht und für stark, als Einzelner – und sei es gegen den Irrtum des ganzen Zeitalters – zu sagen: „Ihr seid Narren und macht Dummheiten!" Ich finde aber weder logische Richtigkeit noch Stärke in der Anschauung, die beispielsweise die „Jüdische Rundschau" vertritt: „Wir stehen auf dem harten Boden der Tatsachen. Wir anerkennen unser historisches Schicksal. Wir haben kein Recht, keinen Anlaß, uns in die deutsche Geschichte und Volkheit einzumischen."

Der bekannte „harte Boden der Wirklichkeit", auf welchem bekanntlich jede Zeitung und Zeitschrift steht, ist – der Boden menschlicher Dummheit. Die „Anerkennung der Weltgeschichte" – (die ja doch wohl von Menschen gemacht und gedacht wird) –, ist bei Ariern wie bei Semiten eine Schuld. Jene Verbundenheit der Generationsschicksale, die wir Nation nennen, hat gar nichts zu tun mit der Wichtignehmerei menschlicher Selbstgerechtigkeit. Was „Rasse" ist, weiß ich nicht. Auch nicht, was „arisch" ist. Wenn es aber das ist, was gegenwärtig in Deutschland Stil, Form und Gesetze macht, so ist es jedenfalls etwas Gräßliches, gegen das die Würde des Menschen sich schützen muß. Der ganze Stolz der Pferde besteht offenbar darin, daß sie keine Esel sind. Das ganze Hochgefühl der Esel läßt sich zusammenfassen in den Satz: „Gott sei Dank, kein Pferd!" Aber glaubt dem Maultier: es kommt nicht darauf an, daß Deutsche da sind. Es kommt nicht darauf an, daß Juden da sind. Es kommt überhaupt nicht an auf Erhaltung und Bewahrung von Volksexistenzen. Sondern: alles hängt an der Frage: Wann ist ein Volk wert der Dauer und Erhaltung? – Wert der Erhaltung und Dauer aber ist ein Volk nur dann und gerade so lange, als es sich zum Träger macht der weder völkischen noch historischen noch überhaupt zeitlichen Werte, dank deren es überhaupt erst das Nebeneinander und die Vielheit menschlicher Gruppen auf Erden gibt und ohne deren „zeitlose Gültigkeit“ Geschichte nichts wäre als der Wachstumsaustrag konkurrierender Wolfsrudel. -

Was also hätte im gegenwärtigen Zeitpunkt jüdischen und deutschen Volksschicksals eigentlich geschehen sollen? Folgendes:

Das gesamte deutsche Judentum hätte angesichts des Wahns eines jüdischen „Weltkapitalismus“ und „internationalen Weltmarxismus“ als geschlossene Gemeinschaft – sich entkapitalisieren müssen. „Wir deponieren alles in jüdischem Besitze befindliche Privateigentum. Wir verteilen es unter unsere hilflosen Glaubens- und Stammesgenossen. Ihr wollt uns nicht! Wir drängen uns nicht auf. Wir gehn! Aber wir fordern, daß auch uns, wie allem, was Menschenantlitz trägt, ein Platz an der Sonne gegönnt werde. Über eure Wünsche nach ‘Rassenreinheit’ läßt sich reden. Indiskutabel aber und schlechthin niederträchtig ist euer Wille: uns auszusaugen, wie die Raubspinne die Fliege aussaugt, und dann unseren Leichnam aus dem Netz zu werfen.“ –

Hier lag, hier liegt der entscheidende Punkt: Nicht Verzicht auf die Gemeinschaft des Bluts und des Schicksals. Wohl aber Verzicht auf die Unternehmerwillkür. Auf das Räubertum, das Parasitentum am Herzen der Mutter Erde! Ein ungeheures Schicksal verpflichtet auch zu ungemeiner Tat der Seele. Hätte der Jude jetzt nicht nur durchaus ein Jude, sondern eben als Jude, auch der vorbildlich lebende, der Sozialist und den Völkern sein wollen, er hätte im Nu die Sympathie aller Notleidenden und Bedrückten der Erde gehabt. Und das sind heute mehr als die Hälfte aller Erdbewohner. Aber was geschah und geschieht, es ist nichts als der alte Wucher und Schacher um die Existenz, die Stellung, die Erlaubnis, Geld zu verdienen, welchen „Lebenszweck“ der eine (wie sagt man doch?) „tarnt“ mit reinem Edelariertum, der andere mit selbstbewußtem Nationaljudentum.

Man mißverstehe mich nicht! Selbstverständlich ist es natürlich und gut und notwendig, daß wir Juden angesichts des Rassen- und National-Wahnsinns unbedingte Zionisten sind, aus jüdischem Stolz, mit jüdischer Würde. Aber ich sehe nicht ein: daß die neue Ghettoisierung not tut und der Widerruf zweier Jahrhunderte deutscher Entwicklung und Entwicklung zum Deutschtum. Man verrennt sich da in einen fanatischen Doktrinarismus: „Entweder – oder". Man fordert mit scheinbar richtiger Logik, daß der Mensch immer nur einer Nation zugehöre. Aber die Logik ist nicht das Leben! Für die Logik kann der Mensch nur entweder gut oder schlecht, stark oder schwach, im Recht oder im Unrecht sein. Vor dem Leben ist er sowohl das eine wie das andere, bald einmal das eine, bald einmal das andere, keines von beiden und beides zugleich. Es gilt vor dem Geiste, stündlich Partei zu ergreifen, daß das Leben ganz anders ist als unser Meinen und Denken. Vielleicht würde von allen den vielen „Richtungen" im Judentum die mir feindlichste, der Revisionismus, am tiefsten an mein Herz greifen, wenn seine „Argumente" nur Schreie wären in hebräischen Lauten, aus hebräischem Volkstum und aus hebräischer Glaubenskraft. Aber dieses gräßliche Versammlungs- und Zeitungsdeutsch, dies Judesein in deutschem Brüllstil, hat mir nicht beibringen können, daß der jüdische Nationalfanatismus schöner sei als der deutsche, vor dem ihr wieder mal kapituliert als vor wieder mal einer sogenannten „Tatsache" sogenannter „Weltgeschichte". –

Maultiergedanken? Synkretismus? Verwaschene Internationalität? – Durchdenkt doch die konkreten Lebensläufe! Ist Jesus Jude? Ja oder nein? Und Spinoza? Und Marx? War Gambetta Jude oder Franzose? David Manin Jude oder Venetianer? Beaconsfield Jude – oder Engländer? Ist Ernst v. Wildenbruch Jude oder Preuße? Waren Paul Heyse, Georg Ebers, Felix Dahn, alle drei Judenstämmlinge, Pferde oder Esel? Soll der Reiniger der deutschen Sprache, Eduard Engel, (wie einst David Sander und Lazarus Geiger), rein jüdischer Herkunft, jetzt im achtzigsten Jahre umlernen, hebräisch zu schreiben? Wie steht es um Stefan George, Halbjude, von Ludwig Klages als „Urbild des Semitismus" verachtet, wie der wieder die Klages und Schuler verachtend „Juden" nennt? Wie steht es mit Rudolf Borchardt, Verleiblichung aller nur denkbarer Fehler und Grenzen jüdischer Art und doch der am vollsten und reinsten tönende Mund germanischer Selbstvergottung? Kann man überhaupt dies „Pferd oder Esel", diese sinnlose Forderung „Entweder – oder" stellen angesichts der Werke von Jakob Wassermann,

Franz Werfel, Hugo von Hofmannsthal? Wähnen wir doch nicht: Das seien eben nur „Einzelfälle“, Spielarten, Halbheiten. Die Sache liegt anders. Und ihr macht sie euch zu leicht. Ihr arbeitet lustig an einem neuen Weltdoktrinarismus. „Entweder – oder“. Und was wird die Folge sein? Die Jugend wird zuguterletzt antworten mit einem Weder-Noch. Sie springt plötzlich über alle unsere Völker- und Rassenfragen lachend hinweg und mitten hinein in den allerrötesten, allergrauesten Bolschewismus und Kommunismus. Sie wird das Problem lösen, indem sie nicht mehr darüber nachdenkt. Sie wird es also nicht lösen! Und das ist eure, unsere Schuld. Die Jugend kann sich weder für Vater noch für Mutter entscheiden, sondern wird sich gegen beide entscheiden, wenn wirklich Vater und Mutter ihren Ehekonflikt nicht anders zu lösen vermögen als dadurch, daß sie dem Kinde die völlig unbillige Forderung stellen, es habe entweder Pferd oder Esel zu sein; aber beileibe kein Maultier.

Internationalismus und Nationalismus
Eine Kontroverse übernationales Judentum (1929)

Sie hatten aufgrund irgend einer flüchtigen Kunde meiner Schriften die Güte, mir Ihr Buch „Krisis und Entscheidung" zu senden. Sie haben richtig vermutet, daß die strenge Forderung des Entscheides auch mich packen werde und zu Ja und Nein zwingen müsse. Sie fühlten wohl, daß es nicht möglich ist, für das starksinnige Buch einfach zu danken, ohne dabei zu erklären: „Wir stimmen überein" oder „Wir sind Gegner", was, von Ihnen aus gesehen, gleichkommt dem Bekenntnis: „Ich bin Jude" oder „Ich bin kein Jude mehr".

In Ihrem Buch stehen einige Seiten, die mich bewegen! Das sind jene Seiten, auf denen ein großes Selbstgefühl in Stolz und mit heldischem Trotz gegen das ganze christliche Europa, den Spieß umkehrend, zum Ankläger wird und Rechenschaft und Sühne fordert für Unrecht. Ich halte für falsch und vor allem für schädlich, daß Sie das Judentum ausspielen gegen das Christentum, indem Sie dieses für „heidnisch" halten. Ich wünsche vielmehr, Sie erfühlten das Judentum als ein vom Ethos überwuchertes Heidentum und trotzten gegen die weltverpestende Christenheit. Aber wie dem auch sei, es sind mir nicht viele Juden begegnet, die durchaus nur hebräsiche Sprache, jüdischen Ritus, jüdische Überlieferung siegreich machen und Schranken errichten wollen gegen das Erlernen fremder Sprachen, gegen Abgabe unserer besten Männer an außerjüdische Kulturen, Juden, welche den „dauernden Kriegszustand" proklamieren, welche die Einwurzelung in Länder des Exils für eine Schmach halten und so stark sich nur als Juden fühlen, daß sie das Heldentum der Juden im Weltkriege als belastend empfinden und sich nicht rühmen, nein, sich schämen darüber, daß Juden in Italien Kriegsminister und Generäle, in England Kanzler und Vizekönig, in Deutschland Minister und Volksverführer geworden sind. Gerade die vielgerühmten „großen Männer" empfinden Ihre Strenge als Abtrünnige – „Kanajim“ ersehnen Sie: ein Geschlecht Unentwegter, eine „heroische Elite“, welche zu den „Wirtsvölkern“ spricht: „Wir sind schlechthin Wesensfremde und, wir müssen es immer wiederholen, ein Fremdelement in Eurer Mitte, und wir wollen es auch bleiben. Fremd ist uns Euer Geist, fremd sind uns Eure Überlieferungen, Sitten und Bräuche, Eure religiösen und nationalen Heiligtümer, Eure Sonn- und Feiertage, für uns schreckvolle Erinnerungen an die mit Vorliebe an diese Weihetagen von Euren Vätern an den unsern verübten Greuel. Fremd sind uns Eure nationalen Gedenktage, die Freuden und Schmerzen Eures Volkwerdens, die Geschichte Eurer Siege und Niederlagen, Eure Kriegshymnen und Schlachtlieder, Eure Machtheroen, Eure grausamen Heldentaten. Fremd sind uns Eure nationalen Gelüste und Eroberungen, Eure nationalen Strebungen, Sehnsüchte und Hoffnungen.“ Und so treten Sie denn vor die jüdische Jugend und fordern das Schwerste: Verzicht auf jede Stelle und Würde im fremden Staat, freiwilliges Tragen des Gelben Flecks, bewußten Boykott und Krieg gegen das Christentum und seine Kulturwelt, Verweigerung des Heeresdienstes und Lösung der Judenfrage, Wiederherstellung Palästinas als gutes Recht eines zu Unrecht entrechteten und getretenen Volkes. Alles Forderungen, so unerhört, als wollte man die Frauen auffordern, in einen allgemeinen Gebärstreik einzutreten. Ja, Sie gehen so weit, diejenige Erziehungsform, die im Osten als weltentfremdende Last empfunden wird, die Erziehung der Jugend in Jeschibot[1] und die Aufrichtung von Schranken gegen das Heimischwerden in fremder Sprache und Schrifttum für Westeuropa zu empfehlen. Zäune wollen Sie haben und Zäune vor Zäunen, um so zu retten den Volkskern rassestolzer „Elitemenschen des Geistes“, mögen die Lauen, die Halben, die Schwachgewordenen abbröckeln und aufgehen in fremden Volkstümern.

Dem Manne, der gleich mir sich in diesem Sinne nicht als Jude fühlt, nicht sich als Jude fühlen kann, ohne nicht nur die ganze äußere Lebensform, sondern sein ganzes Fühlen, Wollen und Denken umkrempeln, greift diese Unbedingtheit ans Herz wie eine Anklage auf schwere Schuld, von der vor mir selbst ich mich zu reinigen habe.

Lassen Sie uns annehmen, ich könnte die Unbedingtheit des Nationalsozialismus oder Chauvinismus mir zu eigen machen und wäre nun Jude und nichts als Jude; mein Verstand würde sich, wie der Gotthold Ephraim Lessings, gegen diese „erhabene Dummheit“ wenden und würde den Gegensatz, der uns trennt, etwa folgendermaßen formulieren: „Die Voraussetzung aller Ihrer Forderungen oder Vorschläge ist der Wert der Selbsterhaltung. Mir aber (ich drücke mich absichtlich paradox aus), mir ist es völlig gleichgültig, ob die Menschen, die in 3 000 Jahren die Erde bevölkern, noch Deutsche sind oder Juden oder Chinesen oder was sonst immer, denn ich empfinde die Selbsterhaltung der Völker wohl als einen Zwang im Kampf ums Dasein, nicht aber als einen Wert, und mithin auch nicht als das Ziel.“ Meine Frage (als Jude wie als Deutscher) ist gar nicht: Wie soll ich mich erhalten? Sondern: Wie soll ich wert werden, erhalten zu bleiben? Werte (das will ich sagen) müssen gleichgültige Werte sein, so wie Logik, Ethik, Mathematik gültig sind. Eben darum sind sie nicht „nationale Angelegenheiten“. Sie gehören nicht mir und nicht Dir. Und so beschäftigt mich auch das Judentum nur als Träger übervölkischer Werte, oder besser muß ich es so sagen: Ich fördere die internationalen Werte, weil ihr Sieg allein die Gewähr bietet, daß die Nationen in ihrer Besonderheit, darunter auch meine, die jüdische Nation, erhalten bleiben können, denn (dies ist der Kern meiner Überzeugung) keine einzige Frage der Menschen wird je auf dem Boden des Nationalismus zu lösen sein, am wenigsten die Fragen der Nationen und des Nationalismus selber.

Liegt nun in diesem Bekenntnis auch die Überzeugung, daß Klassenkampf ungleich wichtiger ist als aller Streit der Nationalitäten, so ändert das doch selbstverständlich nichts an der Naturtatsache, daß ich bin, was – ich bin und dies muß ich nun wohl, trotz Ihrer Abweisung: Jude nennen. Denn Staat ist nicht Volk, und ich sehe es durchaus nicht ein, warum nicht der moderne Staat sehr verschiedene Nationen und Landschaften vereinigen soll, darunter auch die jüdische. Der Nationalismus im heutigen und im sehr zeitbegrenzten Sinn war unseren Voreltern ganz fremd. Weder die alten Juden noch die alten Germanen waren Nationalisten. Der „Patriotismus“ zur Zeit der Freiheitskriege, zur Zeit Napoleons, dessen Riesenheere niemals Nationalheere waren, hatte nicht die mindeste Ähnlichkeit mit dem heute erwachten „Nationalismus". Der Staat im Sinne Kants oder Hegels war zweifellos kein nationaler Staat. Aber ich will keinerlei Wert legen auf diese Unterscheidung des Volkstums vom Staate, darum nicht, weil ich bestreite, daß es heute noch Volkstum in Ihrem Sinne gibt und geben kann, wenn es überhaupt (was sehr zweifelhaft ist) jemals ein solches Einheitsvolkstum gegeben hat...

Ich weiß nun wohl, daß eine sittliche Forderung nicht dadurch entkräftet werden kann, daß man nachweist, sie sei unerfüllbar. Ich kann eine Theorie, wenn sie wahr ist, nicht dadurch widerlegen, daß ich nachweise, daß sie nicht nützt.

Ich bin überzeugt, Sie haben die Wahrheit und das Recht auf Ihrer Seite. Nicht aber die Wirklichkeit des Lebens! So wie Sie es fordern, so sollte es sein. Sogar dann, wenn unser sittlicher Rigorismus uns als Juden vernichten würde, so wäre es tausendmal besser, groß zu scheitern, als so klein zu leben, wie wir leben und leben müssen...

Ich kenne jüdische Jünglinge, durchaus keine schlechten Juden, die, einer durch langer Inzucht bis zur Grenze der Karikatur überzüchteten Erbfolge entstammend, mir gestanden haben, daß sie nie ein jüdisches Mädchen heiraten möchten: Ich habe auch jüdische Mädchen gekannt, deren Sehnsucht den Mann artfremden Blutes sucht. Es wäre hoffnungslos, solche Sprache der Instinkte übermeistern zu wollen mit der Norm heroischer Lebensführung.

Die Tatsache, daß zumal in Westeuropa Tausende und Zehntausende kein Hebräisch mehr lesen und schreiben können und daß sie es auch gar nicht anders mehr lernen werden, als wie man allenfalls auch Griechisch oder Chinesisch lernen kann, dieser Tatbestand ist nun doch einmal Wirklichkeit...

Jedenfalls erscheint es mir natürlich, mit der Schwäche des Menschen zu rechnen, auch mit der eigenen Schwäche, und nicht zu groß sein zu wollen...

Wofern ich nach Blut, Erziehung, Überlieferung, Kenntnissen, Erinnerungen, Bindungen kein Vollblut in Ihrem Sinne bin, so wäre es krampfhafte Verengung, die Natur exerzieren zu wollen. Wir müssen (fortiter in re, suaviter in modo) Hunderttausende als Juden lieben und schätzen, sogar wenn sie nichts sind als Mitglieder des Centralverbands der Deutschen mosaischer Konfession.[2]

Lassen Sie mich zum Schluß den Unterschied zwischen uns folgendermaßen zusammenfassen. Für Sie ist Selbsterhaltung des jüdischen Volkes Lebensaufgabe und Ziel. Für mich (den Klassenkampf mehr bewegt als aller Streit der Rassen und Nationen) ist Lebensaufgabe und Ziel: die Erschaffung solcher Zustände auf Erden, daß jedes Volk in seiner Eigenart sich erhalten und seiner selber sich erfreuen kann; darunter auch das meine, das jüdische Volk. Sie sind stärker als ich, weil Sie besser dran sind. Sie fühlen bei jeder Gelegenheit sich als Jude. Ich fühle mich nicht als Jude, aber wenn man den Juden angreift, dann fühle ich mich als Jude. Ich fühle mich übrigens auch als Deutscher, wenn man die Deutschen angreift, und sollten einmal Juden und Deutsche herfallen über die Zulukaffern, dann werde ich den Wunsch haben, Zulukaffer zu werden. Ich könnte somit sagen, ich sei Weltbürger, aber hinter dem Grenzstein auf der Chaussee nach Lehrte hört mein Heimatgefühl auf und beginnt das feindliche Ausland. Alles in allem: Ich bewundere Ihr Wunschbild und liebe es, aber weiß mich durchaus unfähig zu dem geforderten Fanatismus, ohne entscheiden zu können, ob dieser Gesinnungsmangel aus dem Lebensgefühle kommt oder ob nicht tiefe Lebensnähe Charaktermangel ist. Verargen Sie nicht diese Ausführungen Ihrem Sie hochschätzenden Theodor Lessing.

Die Unlösbarkeit der Judenfrage (1932)

1. Die Widersprüche der Juden

Ganze Büchereien sind über die Frage der Juden geschrieben worden. Weitere Büchereien werden geschrieben werden. Die Wahrheit aber ist diese: die jüdische Frage ist unlösbar. Sobald man nämlich an sie herantritt mit Mitteln der Sprache und denkend, so stößt man auf unvermeidliche Widersprüche. Einige dieser Widersprüche seien vorweggenommen.

1. Der als Jude Geborene soll zwei Nationen zugleich zugehören. Er kann und darf nicht nur als Jude fühlen und handeln, sondern fühlt und handelt zugleich auch als Deutscher, Franzose, Russe usw. Kehrt sich aber die eine Nation wider die andere, so gerät der Jude vor ein Entweder-Oder.

2. Als Gast und Fremdling und bloß Geduldeter wird der Jude naturgemäß alles Menschenelend als sein eigenes Schicksal spüren und alle Menschenschuld als eigene Schuld empfinden. Er wird sich also hingezogen fühlen zum Übervölkischen und Zwischenmenschlichem. Er wird logisch und ethisch werden bis zur Elementlosigkeit. Zugleich aber soll er doch ein begrenztes Volkstum bewahren und trägt ein von anderen Völkern gesondertes Lebensgefühl.

3. Der Jude steht als Zwischenglied zwischen Ost und West. Er hört im Abendlande den Vorwurf, daß er ein Orientale (Semit) sei. Er wird aber schon in Vorderasien unter semitischen Kulturen als ein Franke empfunden. Er soll sich in Europa entorientalisieren. In Asien reorientalisieren.

4. Ein Volk, welches sich jahrhundertelang nur durch das Buch (Thora und Talmud) erhalten hat und seine Energien auf Ausbildung der Gehirne verwenden mußte, fordert heute starke Fäuste und predigt seinen Kindern: „Werdet Bauern und Handwerker."

Noch viele Widersprüche könnte ich aufweisen. Beispiele: Fortschritt wird aufgegriffen, aber an den Konservatismus gebunden. Das Leben wird auf Vernunft gestellt, aber die Vernunft soll dem Mythos dienen. Der Jude muß zugleich treu und frei sein. Er muß zugleich sein: still und bewegt, unmittelbar und mittelbar, Natur und Intellekt. Befragen wir nun die führenden Geister nach dem Schicksal der Juden, so können sie von allen diesen widerspruchsvollen Möglichkeiten immer nur eine aussondern und diese eine zur Grundlage eines Lösungsversuches machen. Betrachten wir die Lösungsversuche.

2. Die Versuche zur Lösung der Widersprüche

Die Versuche zur Lösung menschlicher Lebensbedrängnis folgen stets dem Gesetz der Kraftersparnis. Wir suchen immer den leichtesten Weg. Am leichtesten ist, daß man das Unbequeme verleumdet oder beseitigt. Am einfachsten also wäre es, die 12 oder 14 Millionen Juden totzuschlagen. Manche volkstümliche Staatsmänner lösen die Judenfrage durch den Vorschlag, einige Hunderttausende in die Wüste zu treiben oder verhungern zu lassen. Sie möchten die Juden ausrotten wie Schlangen oder Raubtiere, wozu sie aus ihnen natürlich Schlangen oder Raubtiere machen müssen.

Etwas minder volkstümlich sind die scheinbar so einfachen Vorschläge zur „Assimilation“. Sie gehen meist aus von rein geistigen, vorwiegend intellektuellen Persönlichkeiten, die (wie z.B. Popper-Lynkeus oder Constantin Brunner) keinerlei Sinn für das Besondere des Volkstums haben, den Juden eine „übervölkische Sendung“ zusprechend, und im übrigen fordern, sie sollten deutsch sein in Deutschland, englisch in England, türkisch in der Türkei und chinesisch in China, was im Kerne doch nur heißt, daß sie sich selber aufgeben und untertauchen sollen.

Um nichts geistreicher sind die Lösungsversuche der Zionisten, insofern diese die gleichen Methoden der Militarisierung und des Rassenhochmuts verwenden, welche die vom Menschen bewohnte Erde längst aufgeteilt haben in zahlreiche kriegbereite Termitenhügel, deren jeder sich für den Mittelpunkt der Welt und alle anderen für minderwertig oder für Feinde hält.

Das Gegenstück zur nationalistischen Lösung ist die bolschewistisch-kommunistische. Auch sie sieht ab vom konkret Lebendigen. Vom „Jetzt und Hier“. Vom „Einmal und nie wieder“. Sie gründet auf den Abstraktionen der Wirtschaftswissenschaft. Alle Völker werden abstrakt verpflichtet auf das freilich allgemein gültige und wahre Parteiprogramm.

Sämtlichen Nationen gewährleistet es die Erhaltung ihrer Feste, Sitten, Bräuche, Riten, Sprachen, Idiome, Dialekte. Nur grade den Juden nicht.

Vollends geraten wir in das Chaos, wenn wir die Lösungen der Religion und Metaphysik betrachten. Die jüdische Orthodoxie (Misrachismus, Chassidismus[1]) ist national und nicht-national in eines. Sie lebt national und will nicht Wort haben, was sie lebt. Die Rabbinen werden von den Gemeinden verpflichtet, „neutral" zu sein. Das heißt: Sie sollen kräftiglich beten für die Rückkehr ins gelobte Land und für das Erscheinen des Messias auf Erden. Aber sie müssen alles unterdrücken und verfluchen, was zur Verwirklichung ihrer Gebete beiträgt. Auch in Palästina selber kann das betende und das arbeitende Israel einander nicht verstehen. An der Klagemauer weinen und wimmern die Frommen um Auferstehung des Volks. Nebenan auf den Äckern arbeiten die Chaluzim[2] an dieser Auferstehung. Die einen verwerfen die andern. Die Geistlichen predigen hebräisch, pflanzen fort die nationale Überlieferung, fristen eine Religion, deren Feste und Riten durchaus auf Volksgeschichte ruhen, aber leugnen zugleich das Dasein eines besonderen Volkstums, verwerfen die Erneuerung des Volkes und bewähren sich als „bodenständige Patrioten" für jede andere Nation. Nur nicht für eine jüdische.

Ein Gegenstück zu diesen Halbheiten sind die Lösungsversuche durch Evangelisation, innere Mission und Massentaufen. Denker wie Hilaire Belloc oder Kosmas Lewin wünschen die Vereinheitlichung der Völker im Glauben. Für sie ist daher das Judentum weder ein politisches noch ein ethnologisches, sondern nur ein religiös-metaphysisches Phänomen. Und doch ist ein sehr großer Teil aller Juden weder mehr jüdisch-national noch im tieferen Sinne religiös.

So steht denn der Jude, man mag die Sache wenden wie man will, immer auf verlorenem Posten. Der eine sieht im Judentum eine Mission des übervölkischen sittlichen Geistes. Der zweite eine der Erhaltung würdige konkrete Volkheit oder Rasse. Der dritte fordert Untergang dieser Rasse. Die vierte wünscht ihre Assimilation an diese Kultur oder an jene Kultur. Der fünfte verwalzt alle Unterschiede im Idealstaate. Der sechste in der Idealkirche. Der siebente wünscht Kampf und Fanatismus des Blutes. Der achte stiftet einen neuen

Bund, der das Wort „Menschheit“ fleißig verwendet oder bezieht seine Erhebungen und Kräfte aus der Gemeinschaft irgend eines schon bestehenden Verbandes... Doch wozu die Beispiele häufen? Und wenn man noch zehntausend weitere Bücher schreiben und lesen sollte, die Frage bleibt unlösbar.

3. Die Formen des Judenhasses

Ebenso sinnlos wie alle Lösungsversuche sind alle Angriffe der zahllosen Judengegner. Denn wie sollte man nicht „Gegner“ sein, wo man seine innerste Hilflosigkeit und Ratlosigkeit empfindet? Auch für die Arten der Gegnerschaft einige Beispiele.

Gegen Ende des 19. Jahrhunderts lauteten in Europa und Amerika die beliebtesten Würde- und Ehren-Worte folgendermaßen: „Exakt. Wissenschaftlich. Strenge Wissenschaft. Anschauung. Rational. Entwicklung. Fortschritt.“ Damals bestand die Mode, den Juden „wissenschaftlichen Geist“ abzusprechen und sie als „retardierendes Element“ zu betrachten. Das tat z.B. der Theologe Wilhelm Bender. „Der Jude hat in der Wissenschaft nichts geleistet. Er ist irrational. Er ist Asiat und Orientale. Er ist der ewige Romantiker.“ Auch die Abneigung Lagardes und Chamberlains hieb noch in diese Kerbe. Dieser Geistes- und Willenshochmut überschlug sich im Werk Eugen Dührings. „Juden sind Religionisten. Mystiker und Schwarmgeister.“

Solche Worte waren damals Schimpfworte. Dann aber kam eine Generation (sie ist heute noch die tonangebende), deren Ehren- und Würde-Worte just umgekehrt etwa die folgenden waren: „Das Irrationale. Das Leben. Der Mythos. Das Kosmische. Metaphysisch.“ Sie mußten also umsatteln. Sie schirrten nun den Judenhaß umgekehrt auf. Die Schriften Hans Blühers z.B. brauchen mit größter Arroganz das Wort „Jude“ stets zur Bezeichnung einer verächtlichen oder ganz profanen Übergeistigkeit. Und selbst die Schriften von Ludwig Klages sind verunziert durch ihre unwürdigen Vorurteile wider „Jahwismus, Jehowismus, Semitismus, Logizismus“ usw., welche vieldeutigen Worte gebraucht werden in der Annahme, daß die Zerstörung der bildhaften Gestaltenfüllen in Zivilisation und Christentum, ja daß das Christentum und seine Kultur selber „jüdisch“ und Schuld des Juden sei. Die tolle Krönung solcher Konstruktion besorgen Geister wie der General Ludendorff und Mathilde v. Kemnitz. „Wiedergeburt der Edda. Deutsche Götter. Germanisches Heldentum.“ Alles andere ist „verjudet“.

In meinem Werk „Geschichte als Sinngebung des Sinnlosen“ habe ich die Gründe und Beweggründe der Geschichtsklitterung dargelegt. Immer handelt es sich um das Gesetz der „logificatio post festum“. Zuerst ist das Unbehagen da, die unlösbare Frage, die Unbequemlichkeit. Daraus wächst der Haß und der Neid. Dann erst kommt die erlösende Geschichtsklitterung. Ein klares Beispiel bietet der Wechsel in der Einstellung zum sogenannten Urchristentum.

Für das 19. Jahrhundert war das „Urchristentum“ jüdisch und judenchristlich. Vom Judenchristentum aus führte der „Fortschritt“ hin zur Theologie der Neuzeit. So liest man's bei Schleiermacher. So liest man's bei Harnack. Dann aber geriet der Fortschritts-Entwicklungsglaube mit der Naturwissenschaft Darwins in Mißkredit. Von nun ab schilderte man die Geschichte des Christentums und der Kirche als die Trauergeschichte eines Abstieges. Das „Urchristentum“ ja, das war 'rein'. Auf irgend einem mystischem Wege floß es aus „arischer Seele“. Dann aber kamen die Juden. Zumal „Paulus, der Semit“. Er rationalisierte das Irrationale. Er ethisierte den Mythos. Unbildlich, erlebnislos, wie Juden einmal sind. Alle weitere „Entwicklung“ war dann eben „Verrat am Urmythos“. So daß z.B. Martin Luther, der doch deftig und kräftig wider Juden wetterte als gegen „unchristliche Heiden“, nunmehr selber charakterisiert wurde als ein „Jude“. Eben weil er nicht heidnisch, hellenisch, dionysisch, irrational genug fühlte. Dieses Schema ist sehr modern.

Ich kenne französische Philosophen, welche nachweisen, daß der Jude „der gotische Mensch“ sei. „Der Jude ist irrational wie ein Germane“ (Massis). „Der Jude ist der geheime Vorkämpfer des Germanismus in der Geschichte.“ „Der Feind des edlen Lateinertums.“ Das sage man einmal in Deutschland! In Deutschland wird umgekehrt nachgewiesen, daß der Jude ohne Verständnis für „deutsches Gemüt“ destruktiv, zersetzend, nichts als „ätzende Logik“ sei, zuinnerst verwandt dem „zynischen Pariser Esprit“ und „der geborene Vorkämpfer der Mittelmeervölker“. Unsre Tagesschriftsteller machen den Juden gleichzeitig zum Träger des

Kapitalismus wie des Sozialismus. Wenns beliebt, ist der Jude (so lehrt es z.B. Heller) das Ergebnis des kapitalistischen Zeitalters oder (so lehrt es Sombart) der Begründer des kapitalistischen Zeitalters. Oder auch: der Totengräber des kapitalistischen Zeitalters, der Aufwiegler und Organisator wider das Kapital. Kurz: Seitdem Juvenal im vierten Buch der „Tischgespräche" den Judenhaß begründete mit der Formel: „Juden sind Säufer und verachten das edle Schwein", hat es kein Motiv gegeben, welches man nicht gegen Juden ausgenutzt hätte. Die Natur selber hat der Weltgeschichte diesen allverwendbaren Sündenbock geschenkt. Zur Entsühnung, zum Gleichnis, zum Spiegel der Menschen.

Zusammengefaßt: Die Unfähigkeit, eine Völkerfrage zu lösen, führt mit Notwendigkeit zur Anschuldigung derjenigen, die man „nicht kleinkriegen" kann. Wo aber einer Menschengruppe ein Unrecht angeschieht, da erfordert die Ruhe und der Stolz der Unrecht-Täter, daß diese Menschengruppe kräftig angeprangert werde. Wo wir aber Menschen moralisch anprangern, da demoralisieren wir sie in der Tat. Sage zum Menschen lange genug „Du Hund", und er wird zum Hund.

Wären wir, was wir sein sollen: wahre, würdige Menschen, so gäbe es keine Judenfrage. Menschen aber sind offenbar verhinderte Bestien. Und des zum dauernden Gedenken schufen sie sich die Judenfrage. Sie ist unlöslich.

4. Das fraglose Sein

Nun aber, Leser, knüpfe die Ohren auf. Lasse das Folgende in dich ein. Ohne Vorurteil und mit Nachdenken.

Diese Frage ist unlöslich nicht anders wie alles fraglose lebendige Leben unlöslich wird, sobald man es antithetisch in Sprache und Gedanken auseinanderzieht. Leben richtet sich nicht nach Logik!

„Man kann nicht zwei Nationen zugleich angehören." Warum nicht? Millionen gehören zwei Nationen nach Blut oder nach Bildung zugleich an. Das ist ihr Schicksal. Davor haben sie fromm zu sein. Es ist die ihnen eingeborene Aufgabe, beiden Nationen treu zu sein, wie ein Mann, der zwei Frauen liebt, zu sorgen hat, daß daraus keine Tragödie erwächst.

„Man kann nicht übervölkisch und völkisch, international und national in einem sein." Warum nicht? Goethe jauchzt: „Ich bin Weltenbürger und Weimaraner." Er will kundtun, daß er der engsten Heimat, der weitesten Menschheit zugleich zugehöre.

„Man kann nicht zugleich Erde und Geist sein." Aber wir sind eben beides. Und unsre Forderung lautet: „Werde was du bist."

Wenn nun aber eine Seele alle diese „Widersprüche" in sich überwand und aussöhnte, so ist das keineswegs, wie das ekle, der Mechanik entlehnte Modewort wähnt: „eine Synthese." Unsinn! Es ist die schlichte Wahrhaftigkeit und Klarheit des Lebens, seine Reinheit und Einheit. Wir lösen „Widersprüche" (und wären es noch so viele) immer nur dadurch, daß wir sind. Jeder Mensch ist der Schnittpunkt einander ausschließender Kreise. Der Lebendigste wäre der, welcher an allen Kreisen Teil hat, wie alle an ihm. Und das ist etwas völlig anderes als Synkretismus, Assimilation, Angleichung, Synthese. Wir bewähren und bewahren uns nicht dadurch, daß wir uns, wie Juden des „Centralvereins", vor der „Obrigkeit", vor den „Christen", vor den „Germanen" empfehlen, uns verteidigen, unsre Leistungen anführen, uns durch Werke nützlich machen. Wir bewähren und bewahren uns einzig durch die Schönheit und Würde unsres Eigenseins. Durch die tiefe Sicherheit unsres jüdischen Schicksals, das eben Schicksal ist, vielleicht tragisches, vielleicht heroisches Schicksal, ganz gewißlich aber kein Entweder-Oder, kein Sowohl-Als auch, kein Widerspruch, keine Dialektik, Kontroverse, Ambivalenz. Alles echte Menschenleben ist ein traumhaft sicheres, kindersicheres Dahinschreiten an Abgründen. Über uns der Abgrund des Äthers, unter uns der Erdschlund. Überall Geheimnis, und doch sind wir geborgen. Alles ist Tanz auf des Messers Schneide. Gang zwischen Toden. Spiel in Ketten. Wir nehmen es auf uns. Ihr wollt uns den gelben Fleck der Schande anheften. Tut es. Wir tun es selbst. Freiwillig. Wir tragen ihn als Ehrenzeichen. Weist uns aus jeder Heimat, stellt uns überall unter Ausnahmegesetze aus Furcht vor unserm Geist, aus Scham vor unsrer Seele, entwürdigt, demütigt, kränkt, beleidigt. Aber denkt auch an eure eigene Seele. Aus der werdet ihr uns nie los, denn dank dieser Not unsres Lebens sind wir der tiefere Teil eurer selbst. Richtet uns, ihr richtet euch selbst. – Aber nun muß ich, auf die Gefahr hin allzu persönlich zu reden, von der Lage der Juden in Deutschland sprechen.

5. Der Jude in Deutschland

In der deutschen Republik, einem Volksstaate, welcher jedem Bürger die Freiheit des Gewissens und den Schutz seiner Ehre verbürgt, geschieht ein Kollektiv-Verbrechen, desgleichen niemals ähnlich dagewesen ist. Denn niemals war es erlaubt, daß die Majorität im Staate die wehrlose Minderheit in Wort und Schrift als hassenswert und parasitär dem Masseninstinkte preisgeben durfte. Damit geschieht nicht nur Unrecht an der Seele der jüdisch geborenen Kinder, man verbildet und vergiftet die Gesamtheit; ein ganzer Staat wird zu Neid, Haß, Selbstgerechtigkeit und Roheit erzogen. Hundert Zeitungen und Druckschriften erscheinen in Deutschland – ohne daß Kultusminister, Justizminister, Gerichte je gegen diese Schmach einschritten –, um Tag für Tag, Stunde für Stunde alle Not einer verfahrenen Zeit auf diesen einen Sündenbock zu bürden. An jeder Plakatsäule prangt beleidigend das Wort „Juden sind ausgeschlossen", wo es in Wahrheit heißen sollte: „Die menschliche Vernunft ist ausgeschlossen; das deutsche Herz." Es wächst in Deutschland ein Geschlecht heran, für welches nach zwanzig Jahren solcher Hetze das Wort „Jude" gleichbedeutend sein muß mit Begriffen wie Schädling, Schmarotzer, Wucherer, Verbrecher. Dadurch züchtet sich Deutschland aus einem Volksteil, der sein heilsamster werden könnte, einen Schädling, denn an der dunklen Feigheit des Menschentums hat auch der Jude seinen Anteil wie jeder andere Mensch. Ein Geschmähter findet immer die Wege der Mimikri. Aber der Zartsinn und das Ehrgefühl der Edlen stumpft ab in einer Atmosphäre gelb von Galle. Wer kann dauernd in der Defensive atmen, ohne Schaden zu nehmen? Wie viele sind mächtig genug, wie viele stark genug, um als einzelne öffentlich einem Massenwahne zu trotzen? Wie wenige sind 1914 sich selber treu gewesen! Wie wenige werden sich frei und stolz öffentlich als Juden bekennen, angesichts von Klüngeln, für welche die Vokabel Jude einen Geburtsfehler ansagt?! Dagegen gibt es keinen Schutz! Man hoffe nicht auf die „führenden Geister". Schöne Bücher, berühmte Leistungen besagen längst nichts mehr für Reinlichkeit, Gerechtigkeit, Größe der Seelen. In den Tagen der Not – das auch hat sich 1914 gezeigt – ziehen alle diese Konjunkturgrößen ehrenvoll sich zurück in die schöngeistigen Gefilde des Kulturgrandentums, bezahlen mit hohen Worten und Maximen und werden gewiß nicht für die Rechte der kleinen verunrechteten Minderheit auf Scheiterhaufen steigen. Ja die arrivierten Juden selber fühlen sich nicht beleidigt, wenn ihr Blut beleidigt wird. Weiß man, daß Simmel, Husserl, Scheler, Nelson, Bergson, daß Mazzini, Kingsley, General Booth, daß Matthew Arnold und Robert Browning Juden sind? Die Arrivierten schweigen. „Schlagt ihn tot, er hat keinen Freund." Wir stehn allein auf verlorenem Posten. Viele werden die Heimat verlieren. Andere einsam und voll Bitterkeit sterben. Und warum geschieht das? Die „Tiefsinnigen" orakeln: „Es ist die metaphysische Urschuld!" Meine Vorfahren sollen vor zweitausend Jahren den Sohn Gottes gekreuzigt haben. Alle haben ihn erkannt, die Juden haben gezweifelt. Nun, ich zweifle! Ich weiß es nicht. Weiß es umso weniger als sämtliche Denker, die mich erzogen, die Historizität dieses geistigen Symbols längst zerstört haben. Aber wenn ich auch nicht weiß, ob jemals unedlere Menschen, aus denen ich wurde, einen edleren umgebracht haben. Eines doch weiß ich umso sicherer, daß ich als würdiger Mensch von den unwürdigsten in Deutschland gekreuzigt werde. Und so halte ich mich dennoch an das Gleichnis und zeige just an ihm zum Beschlusse die Aufgabe der Verfemten.

6. Das Symbol

Wenn die Medizin ein Heilmittel gewinnen will gegen drohende Volkskrankheiten und Massenseuchen, was tut sie? Sie wählt ein altes, im Lebenskampfe bewährtes Tier als Sündenbock und impft ihm alle diejenigen Gifte und Krankheitsstoffe ins Blut, die für die glücklicheren Tiere auch einmal gefährlich werden könnten. So gewinnt sie Heilserum. Erlöserblut, Heilblut, entsühnendes Blut. – Nunmehr kann mit dem Serum des notbewährtesten Geschöpfes die Not von allen Bedrohten ferne gehalten werden. Diese Heilandrolle sei dem Judentume zugedacht. Sie muß und möge sein Schicksal sein, vielleicht hat es darum den Messias geglaubt und geboren, um selber Messias werden zu können.

Die Völker also mögen erlernen: Was sie heute an den Juden tun, wird morgen ihr eigenstes Schicksal sein. Es ist kein Zufall, daß, wie Knut Hamsun sagt: „Ahasver immer auf den Barrikaden zu finden ist“. Der Jude führt heute das Proletariat, weil ihm im Blute die Mahnung liegt: „Vergiß nie, daß auch du Knecht gewesen bist im Lande Ägypten.“ Das Ghettoschicksal der Juden von ehemals ist heute das Proletarierlos der halben Welt. Das Proletariat lebt überall in Ghettos, abgeschnürt von Natur und Landschaft, vernutzt und verkaufbar wie Tiere... „Man kann nicht zwei Nationen zugleich zugehören“... Aber die Juden müssen es eben können! Und morgen, übermorgen in polynationalen Staaten der Zukunft werden alle das erlernen müssen, was heute nur der Jude seiner Natur abgerungen hat. – „Man kann nicht international und national in einem sein.“ Aber die Juden müssen es eben können. Und morgen, übermorgen im Zeitalter des siegreichen Kommunismus werden alle das erlernen müssen, was heute nur der Jude seiner Natur abgerungen hat.

Wir haben in diesem Aufsatze von der Tragödie der unlösbaren Widersprüche gehandelt. Sie erschien uns als die Tragödie der Juden. Aber Jude sein ist Symbol. Es handelt sich um die Tragödie des Menschen. Jedes Menschen. Der Jude ist nichts als der älteste Mensch. Er hat daher in seinem Blute schon viele Widersprüche aufgelöst und gebunden, welche im jüngeren Blute erst morgen zu Konflikten und Krankheiten führen werden. Er war der Sündenbock. Er schenke nun das Serum, das heilende Blut der Welt.

Möglich, ja wahrscheinlich, daß auf diesem schweren Wege die meisten abbröckeln und versagen, daß der größere Teil der Juden bald absorbiert, assimiliert sein wird, verschliffen und geprägelos. Die wenigen aber, welche durchdauern, werden den ältesten und besten Adel der Welt bilden. Und darauf allein kommt es an.

Nicht also kommt es an auf Kultur, auf Leistungen, auf Werke. Nicht kommt es an auf Geist, auf Wille, auf Ziel. Nicht kommt es an auf Ruhm, Erfolge, Geschichte. Nicht einmal auf heldische Bewährungen und Lorbeern der Sieger kommt es an. Einzig kommt es an auf Adel unsres Soseins. Auf die Würde unsres uralten Blutes.

Man lehrt und glaubt jüdisches Denken sei Ziel- und Zweckdenken. Es herrscht der Wahn: Der Jude sei zwecksinnig, nüchtern, geschäftlich, praktisch. Er ist das auch. Goethe hat wohl recht, wenn er „Pathos und Energie“ im Wesen der Juden sieht. Aber ihr Kern ist das nicht! Niemals hat ein echter Jude gefragt: „Was kommt danach? Was bringt das ein?“

Am See Genezareth, am Kanaanberge habe ich jüdische Knaben gesehen, welche im Schweiße ihrer Leiber Tag um Tag mit Erde gefüllte Säcke auf die Felsen hinan schleppten, in Sonnenglut schwer arbeitend. Wozu sie es tun? Diese Berge der Heimat sind baumlose, ganz kahle Felsenöden, weil sie jahrhundertelang von Soldaten- und Eroberervölkern vernutzt, abgeholzt und ohne Liebe mißbraucht wurden. Der Jude harrt und hofft, daß vielleicht, vielleicht nach Jahrhunderten sie wieder Wald tragen werden. Dazu muß er Erde tragen. Auf der Schulter, auf dem Herzen. Keiner dieser jüdischen Knaben wird je den Baum sehen, zu dessen möglichem Gedeihen er den Boden bereitet. Ist es nicht eigentlich ein zweckloser Unsinn, was man da tut? Für wen arbeiten diese Juden? Sicherlich nicht für sich selbst. Ihr ganzes geschichtliches Dasein war ein Feuerwerk, abgebrannt für den Ruhm und Sinn fremder Nationen. Und auch das, was sie heute an Erez Israel[3] tun, wird nicht ihnen zugute kommen. Vielleicht einst den Arabern, vielleicht dem Imperialismus des schlauen England. Keiner wird je im Schatten des Baumes ruhen, für den er Erde die kahlen Felsen hinantrug. Sage das diesen jungen Schwärmern. Sie werden darauf keine Antwort finden. Sie werden die unlösbaren Rätsel ihres Lebens nicht lösen. Aber noch Jahrtausende nach ihnen werden die roten Anemonen, die wie ein Teppich aus Blut im Frühling die Felsen von Erez Israel überziehen, den glücklicheren Völkern die Antwort bringen: „Dieses sind Wir.“

Zionist und Sozialist (1930)

Kennt ihr das jüdische Lied: „Fragt die Welt eine alte Kasche (Frage)“? „Tra-la, Ridi, Rom“, fragt man. Und man antwortet: „Tra-di, Ri-di, Ri-lom“. Und wenn man will, kann man doch auch sagen: „Traj-dim“? – Und immer ergeht es dir wie dem Rabbi mit den zwei Streitenden. „Trage du den Fall vor“, sagt der Rabbi zum ersten, und als er ihn angehört hat, entscheidet er: „Du hast recht.“ – „Und nun trage du den Fall vor“, sagt er darauf zum andern. Und er schildert nun die Sache gerade umgekehrt. Der Rabbi aber hört sorglich zu und entscheidet schließlich: „Du hast auch recht.“ Da ruft der erste verwundert: „Aber es ist ja doch nicht möglich, daß ich recht habe, und er hat auch recht.“ Und wieder grübelt der Rabbi und entscheidet schließlich: „Da hast du auch recht.“

Wenn der Zionist stundenlang dargelegt hat, Judentum sei nicht nur eine Theorie, ein Menschheitsverein, eine Weltanschauung, sondern Wirklichkeit in Leben und Blut, dann kommt sicher ein Sozialist und erklärt: „Gar nichts kommt darauf an, daß Völker da sind. Wozu sie da sind, welchem Sinne sie dienen, darauf kommt es an. Nur als Träger ewiger Menschheitswerte haben wir Daseinsrecht.“

Und umgekehrt: Wenn der Sozialist stundenlang dargelegt hat, daß die übervölkische Gemeinschaft der Wahrheit und der Gerechtigkeit tiefer verpflichte als aller Zufall der Geburt und daß auf dem Boden der Nationalstaaten keine Frage der Völker lösbar sei, auch nicht die Frage der Nationalitäten selber – flugs tritt der Zionist auf und ruft: „Blut ist wirklicher als Geist. Die Natur könnt ihr nicht austreiben. Wir auch haben ein Recht auf Selbsterhaltung.“

Und so wird der Wortkampf weitertoben! Wie können wir dem Buche von Selbsthaß eine Kuppel bauen? Wie die endgültige Brücke schlagen?

Der Verfasser dieses Buches hat, wenn je irgendeiner, die übervölkischen Werte mit Blut und Leben zu erfüllen getrachtet und ist tief davon überzeugt, daß einzig der Klassenkampf, nie die heutige Politik der Nationalstaaten die entscheidende Lösung für das Menschengeschlecht bringen wird. Er steht jedem „Nationalismus“, auch einem jüdischen, unüberbrückbar fern. Und doch wünscht er, daß jeder Mensch fühlen möge: „Ich bin, was ich bin, und habe das Recht, mich meiner zu freuen.“ Es wäre ganz fruchtlos, darüber nachzudenken: Bin ich mehr deutsch? oder mehr jüdisch? oder beides? oder keines von beiden? Denn so wie du zur Welt geboren bist, so sollst du wachsen und dich erfüllen! Und gibt dir dieses Land dazu nicht das Recht und will dich vergewaltigen, so gehe in ein anderes. Völkerfragen sind alle unlöslich! Aber wir machen diese Fragen ja selber, und eines Tages werden sie gelöst sein, weil man in einigen Jahrhunderten nicht mehr so fragen wird, wie wir heute fragen.

Unter den deutschen Juden, die dem Judentum nur die übervölkische Sendung gestatten, ragen gegenwärtig zwei ausgezeichnete Köpfe hervor: der Philosoph Constantin Brunner und der Sozialreformer Joseph Popper-Lynkeus. Beide fordern „den Verzicht auf jeglichen Biologismus“. „Israel“, so lehren sie, „ist das Wundervolk, welches seine geschichtliche Berufung nur dann bewahren kann, wenn es – übernational wie der Geist, die Mathematik, die Logik und die Ethik – die besondere und absondernde Gestalt aufgibt und grenzenlos und in allen Gestalten die Brücke baut zwischen den Völkern als der ewige Träger des einen in allen lebendigen Geistes.“

Was können wir diesen großen Lehrern des Endgültigen und Allbündigen erwidern? Nichts! Sie haben vollkommen recht. Wäre das Leben „Geist“, könnte eine Lehre Weltgeschichte machen, dann freilich hätte die Erhaltung eines Sondervolkes unter andern Sondervölkern keine andere Bedeutung als etwa die Frage, ob eine selten gewordene Ameisenart unter alle andern Haufen des Waldes aufgeteilt oder in einem besonderen Haufen forterhalten werden müsse.

Aber – ihr großen Theologen und Philosophen! Habt ihr schon jemals ein Volk, eine Gemeinschaft, ja auch nur „Vertreter“ von Volk und Gemeinschaft gesehen, welche nicht gesagt hätten: Wir sind es! Wir sind die Auserwählten!?

[...]

Maximilian Harden
(1930)

[...]
Ich blicke zurück auf einen herben Lebensweg und denke: So ein Allmächtiger, Arrivierter hatte nie ein Wort der Ermutigung, der Würdigung. Er kannte mich, kannte meine Leistung, hätte mit ein paar Zeilen oft helfen und aufklären können. Ich erfuhr durch vierzig Jahre, wenn ich überhaupt je eine Wirkung erfuhr, Schmähungen und Beleidigungen, wie sie keinem Manne meines Ranges schlimmer zuteil wurden. Harden schwieg dazu. Hätte ich Bitte oder Schmeichelei an ihn verwandt, gewiß, er hätte sich des Versprechens erinnert, das er dem Werdenden gab. Aber immer sah ich den Blick aus dem Spiegel: „Schauspieler der Größe, Affe des Ideals, Komödiant des Geschichtsschwindels, geschminktes Gesicht, geschminktes Wort! – Fliehe!"

So blieb unsere Beziehung durch ein langes Leben. Und dann kam die entscheidende Stunde, die für jedes Leben nur einmal kommt und die Probe macht: Was an deinen Zielen war echt? Das war die Stunde bei Ausbruch des Weltkrieges, Juli 1914.

Wenn ich in Jahren der Jugend (denn mit dem Weltkriege endete unsre Jugend, und alles, was vor ihm lag, war noch keine rechte Wirklichkeit) zuweilen an die Möglichkeit einer ungeheuren Völkerkatastrophe dachte, dann wurden tröstend die folgenden Hoffnungen wach: Zu groß ist die Macht der Internationale, als daß noch einmal die politischen Machttriebe der völkischen Selbstsüchte sich wechselweise zerfleischen könnten, gleich Betrunkenen, die in einem Porzellanladen zu raufen beginnen. Die Solidarität der Not, der Armen und Leidenden in allen Ländern, wird sich stärker erweisen als die Erweiterungs- und Beutegierden der Ämter und des Kapitals. Kein Sozialist wird jemals Kriegskredite bewilligen. Und ohne die Sozialdemokratie kann keine Schlacht geschlagen werden. Dazu kommt die für das Abendland bündig gewordene Gleichberechtigung der Frauen. Die Herrschaft der Mütter wird Antigones Wort zu Wahrheit machen: „Nicht mitzuhassen, mitzulieben bin ich da.“ Es wird unmöglich sein, daß Mütter und Mädchen sich in Hyänen wandeln, „lechzend nach dem Blute des Feinds“. Und endlich: Wenn die unter alle Völker der Erde verstreuten fünfzehn Millionen Juden überhaupt noch einen Sinn für die Erde haben, dann kann es nur der sein: die Brücke zu schlagen und den Faden zu weben von Volk zu Volk. Daß eine Menschengruppe, der überall gesagt wird, sie sei nur geduldet und nicht mit zugehörig, sich in wüste „Patrioten“ verwandeln und, Landschaft wider Landschaft, übereinander herfallen würde im Dienste ihrer Bedrücker, das schien mir wenig wahrscheinlich zu sein.

Und nun geschah's! Die Sozialisten verrieten die Armut; die Mütter die Liebe, die Juden ihre sinnvolle Sendung: „Lo bechail, welo bekoach, ki im beruach“ („Nicht mit Heeresgewalt, nicht mit Waffenmacht, sondern einzig mit der Kraft des Geistes“). – An die Tage des August 1914 werde ich bis zum Tode nie anders zurückdenken als an die klarste Offenbarung, die mir je zuteil ward über die schönen menschheitlichen Wahnideen. Ideale sind Krücken. Fortschritt ist nur ein Trug. Geschichte: Lüge.

Es war damals, wie wenn jeder Mensch nur eine einzige Angst hegte: hinter der „großen Stunde“ zurückzubleiben. Jeder wähnte, man könne von heute auf morgen ein Held werden. Und wenn man noch gestern dem Erfolgsschacher gelebt hatte. Da war zu Ende die Freiheit des Einzelnen. Da gab es kein Gewissen, kein Auswerten, keine Herzensprüfung. Da ballte sich aus Rauflust, Hochherzigkeit, Dummheit, Gewinnsucht, Feigheit, Herdenseligkeit, Abenteuergier, Gläubigkeit, kurz aus allem guten und allem Schlimmen der Menschennatur: das Völkerschicksal. Jeder fühlte wie sein Nachbar. Jeder tat, was sein Nachbar tat. Und ward es zur allgemeinen Mode zu sterben, dann starb ein Jeder. Führer war, wer das sagte, was zu dieser Stunde alle hören wollten. Alle zu hören nötig hatten. Führer wollte jeder sein. Jeder wähnte, nun endlich sei seine Stunde gekommen, und die Welt habe nur auf ihn gewartet.

Wahrhaft glücklich aber waren die erst Halb-Enttierten. Nun entfiel endlich, was ihnen immer zuwider und immer hinderlich gewesen war: das zartere Gewissen, das reinere Herz. Jetzt galt das Tier. Und was nicht dem Tiere diente – es war todesreif.

In dieser Herzensqual, abgedrängt und abgeschieden wie nie zuvor, klammerte ich mich an einen törichten Plan. Bei seiner Durchführung – o kindlicher Wahn – hoffte ich auf Maximilian Harden. In jedem Volke Europas, so dachte ich, müßten zu diesem entscheidenden Zeitpunkte die anerkannten bestgehörten meistgenannten führenden Geister öffentlich sprechen: „Wir, die bestellten Hüter des zeitlosen Reiches, der gültigen Wahrheit weigern, dem blutigen Wahn der Geschichte Folgschaft zu leisten. Ihr könnt erst dann martern und morden, wenn ihr zuvor unsre Gehirne auslöschtet. Euer führendes Licht, auf das ihr stolz seid."

So dachte ich, würden in allen Ländern die führenden Geister sprechen. Wenn in Deutschland auch nur George, Hauptmann, Dehmel; in Frankreich nur France, Rolland, Bergson; in England Shaw, Galsworthy, Wells; in Rußland Minski, Andrejew, Brjussow mit diesem „Aufruf zum Geist"[1] hervortreten, wenn eine europäische Zeitschrift vom weitesten politischen Einfluß wie Hardens „Zukunft"[2] diesen Aufruf einleiten würde, dann müßte sich ein Damm von Licht auftürmen, daran die Wogen der Leidenschaft vielleicht zerschellten. In der äußersten Not aber würde zum ersten Male in der Geschichte ein ungeheures Beispiel gegeben werden. Die geistigen Führer würden den Kreuzestod Christi erleiden.

Dies mein Wahn. – Das Erwachen war schrecklich.

Gerade diejenigen Männer, an die ich geglaubt hatte, als an Vorbilder und Erzieher auf meinem Wege, verwandelten sich in Rasende. Der rasendste unter allen Kriegshetzern jener Tage war Maximilian Harden. Seine „Zukunft" wandelte sich in das Organ der gierigsten Annexionisten und Alldeutschen. –

Und das ging so fort durch vier gräßliche Jahre. Von Sieg zu Niederlage und von Niederlage zu Sieg. Und kannte nur ein Ziel und einen Maßstab: Erfolg. Zuerst trieb Harden eine Politik des Gewalttaumels. Sodann, als die Geschäfte schlechter gingen: eine Politik, die den vorteilhaftesten Frieden sucht. Und schließlich, etwa seit 1916, machte er auf tausend Hintertreppen den Versuch, für Deutschland zu retten, was noch zu retten wäre.

Und dann Herbst 1918 – um fünf Jahre zu spät – kam die deutsche Revolution.

Das Land war entkräftet, das Heer zerstört, der Kaiser entflohen, der Bismarckische Staat zertrümmert, alle Könige und Fürsten davongejagt. Nie war ein Volk so desorientiert. Nie so willig, neu zu lernen und neu zu bauen. Aber wo stand Harden?

Seine Zeitschrift war von Jahr zu Jahr einflußloser geworden. Er hatte sie zuletzt ganz allein geschrieben, und kaum tausend Bezieher waren ihm treu geblieben, welche seinen Gedanken folgten als den Monologen eines zeitentfremdeten Eigenbrödlers. Denn, mit dem Augenblick, wo die von ihm gehaßte Kaiserherrlichkeit dahinsank, war seine Feder überflüssig geworden. Sie hatte nie ein anderes Thema gehabt, als Deutschland zu sagen, was an der kaiserlichen Staatswirtschaft nicht sein sollte. Und sie hatte nie für anderes Publikum geschrieben als für das nunmehr entmachtete.

Wir sind immer geneigt, gegen Besitz und Rang ungerecht zu sein, wenn wir daran denken, daß Millionen wertvolle gute Wesen in unwürdigen Verhältnissen verkümmern, während in den gepflegten Häusern auf den Lederpolstern der Macht oft genug Charaktere lungern, die von der Natur für „Kartoffeln und Kientopp“ bestimmt zu sein schienen.

Harden zitierte gern gewisse Bemerkungen Bismarcks wie: „Ein Mensch, der den Fisch mit dem Messer tranchiert, sollte nicht gerade Kultusminister werden“, oder „Mancher meint, er kann Deutschland in Ordnung halten und kann noch nicht seine Komodenschublade in Ordnung halten“. Privilegien schienen ihm nur dann erträglich zu sein, wenn sie durch ein hohes und großes Menschentum gerechtfertigt wurden.

An den neuen Machthabern suchte er vergebens nach Hoheit und Größe. Für ihn waren diese Ebert, Noske, Scheidemann emporgekletterte Kleinbürger, deren keiner das geschäftige Mittelmaß überragt. Männer ohne Überlieferung, ohne Geschichte, ohne Bildung, ohne Feinheit. Glückliche Erben der Revolution. Sein Haß gegen die braven Parteilichter der Sozialdemokratie, die sich nun zu Sonnen Deutschlands aufwarfen, war so groß, daß sein positivstes Gefühl die Liebe zu Rußland wurde. Eine leise Hoffnung, daß der Bolschewismus siegen und die deutsche Herrschaft der Kleingeistigen und Mittelmäßigen hinwegfegen würde.

Daß die Stühle, auf denen bisher die Sprossen alter Adelsgeschlechter goldverbrämt in Orden und Gala gesessen hatten, jetzt von Männern innegehabt wurden, die schlechtes Deutsch schrieben und allzu grobe Sinne hatten, das war dem anmutigen Spieler des Esprit unerträglich. Und daran zeigte es sich, wie er doch im Grunde seines Herzens von den befehdeten Prinzen, Fürsten, Königen und ihren Hofstaaten allzusehr abhängig gewesen war, ja um ihre Beachtung geworben hatte.

Da aber kamen Ereignisse, deren Erinnern das Blut gerinnen macht.

Nichts – ich wiederhole es – hatte Hardens schöner Genius des geistigen Spiels je völlig ernst genommen. Metaphysik, Moral, Weltgeschichte ... ihm erschien wohl alles ein wenig zweifelswürdig. Aber in einem Punkte war es ihm bitter Ernst. Da fühlte er, der auch mit Menschen erhaben Spielende, sich voll verantwortlich und nur als ein treuer Knecht. Der Punkt hieß: Deutschland.

Rund um den Gealterten gackerte nun ein vorlautes Geschlecht, das nichts wußte von dem, was er einst für Deutschland bedeutet und für Deutschland geleistet oder zu leisten geglaubt hatte. Nichts war aus der großen Vergangenheit geblieben als dreißig Jahrgänge vergilbte Zeitschriften. Er saß da wie eine verblühte Operndiva unter vergoldeten Schleifen welker Lorbeerkränze in ihrem seidenen Schmollwinkel. Jüngere, Glücklichere, die in seiner Schule gelernt hatten – Emil Ludwig, Paul Wiegler, Stefan Großmann – hatten ihn überholt. Noch immer der zierlichste Ziselierer des Wortes, der kluge Charmeur, der große Florettfechter, der die feinste Damaszenerklinge des Geistes zu schleifen verstand, trieb er nun, hilflos wie ein Kind, unter einer derben Menge, die nur mit Mistgabeln und Gummiknüppeln wacker zu kämpfen vermag.

Sein schönes gepflegtes Puppenköpfchen ward böse und traurig. Die ihn besuchten, schildern ihn als einen sehr stillen, sehr höflichen, bitterbösen kleinen Marquis im Exil.

Als das alte Reich zu wanken begann, ließ der Kaiser seinen Todfeind bitten, er möge die Friedensverhandlungen führen. Kanzler und Ministerpräsident waren bemüht, den Mann zu versöhnen, der schon am 25. Geburtstag des deutschen Kaiserreichs, am 18. Januar 1895 in seiner „Zukunft“

geweissagt hatte: „Wird so weiter regiert, dann wird sich eines schönen Tages ein Völkerbund bilden und wird diese Großmacht niederwerfen und alles das, was das deutsche Volk sicher erarbeitet hat, wird dahin sein."

Die Prophetie war erfüllt. Der Prophet vergessen. Sein Haß wie seine Liebe waren aller Welt gleichgültig. Unter den neu zur Herrschaft Gelangten war zwar keiner – (auch Rathenau, auch Stresemann nicht) –, der an politischem Scharfblick ihm gewachsen war. Gerade darum aber war der Mann, der sich nie einer Partei anschloß oder ein Amt annahm, allen unheimlich und fremd.

Immer wenn Menschen in die Irre gehen, dann ziehen sie sich zurück auf den nackten Selbsterhaltungstrieb. Die soziale Republik, das demokratische Ideal war Kulisse. Hinter der Szene herrschte der Terror. Die Tragiposse[3], die sich zum Schluß an Harden ereignete und seiner merkwürdigen Laufbahn ein Ende setzte, ist so grotesk, daß es für ein kommendes Geschlecht schwer fallen wird, auch nur den Zusammenhang zu verstehen.

Aus der Revolution wuchs die Konfusion. Aus der Konfusion die Reaktion. Juden hatten auf den Trümmerstätten des völkischen Machtwahns gläubig die weißen Fahnen gerefft. Die alten Fahnen mit der betörenden Inschrift: „Freiheit, Gleichheit, Brüderlichkeit". Nun, wo der Ansturm der proletarischen Masse erdrückt war und die neuen Besitzenden nichts sehnlicher wünschten, als ihre Macht sicherzustellen, da wurden auch die jüdischen Feuerköpfe schnell hinweggefegt. Sie hießen nach beendetem Kriege: Landsfremde, Blutfremde, Nichtdazugehörige.

Die Epoche des Rassenantisemitismus begann mit dem Morde an dem weitsichtigen Karl Liebknecht und der hochgesinnten Rosa Luxemburg. Dann wurde Kurt Eisner, Bayerns Ministerpräsident, ermordet. Sein Mörder, ein Graf Arco, war der Sohn einer jüdischen Mutter. Das reine und große Herz Gustav Landauers wurde buchstäblich mit Füßen zertreten. Dann wurde Leo Jogisches geopfert und der beste Kopf der Revolution, Eugen Leviné. – Mühsam, Toller, Fechenbach wurden eingekerkert. Walter Rathenau, der deutsche Außenminister, fiel als Opfer eines Mordkomplotts romantischer Knaben. Und plötzlich wurde durch die Zeitungen bekannt, daß ein verkommener Bube, im Solde einer

Koterie nationalgesinnter Männer, Maximilian Harden im Dunkel der Nacht hinterrücks überfallen und mit einer Eisenstange achtmal seinen Schädel eingeschlagen habe. Jenes Gehirn, das drei Jahrzehnte lang den führenden Deutschen als eines der leuchtenden gegolten hatte.

Und man ließ es geschehen? ... Nein! Man jubelte, man jauchzte! Man sah in der abgefeimten Tat eine Ehrentat im Dienst des Vaterlandes. Es trat zutage, daß Zehntausende den Mann beneidet oder genützt, jeder ihn gefürchtet, keiner ihn geliebt hatte. Er war wirklich für Deutschland: ein Fremder.

Dank der Kunst eines bedeutenden Chirurgen kam er mit dem Leben davon, zwar für den Rest seiner Tage gebrochen, aber doch immerhin noch kampffähig und geistesstark.

Er erwartete nun (und das war selbstverständlich), daß seine Mörder öffentlich zur Verantwortung gezogen würden. Aber der Generalstaatsanwalt betrieb die Verfolgung so lässig, die Gerichte arbeiteten so langsam, die Presse und die Welt der öffentlich Meinenden zeigte sich so teilnahmslos, daß die Verhandlung gegen den Mörder oder besser gesagt gegen zwei gedungene Ausführer des Mordplans (denn die eigentlichen Anstifter hatten längst Zeit gefunden, sich in Sicherheit zu bringen und die Spuren des Komplotts zu verwischen) für den Verletzten zum Dornenwege wurde. Statt als Ankläger, stand er erstaunlicherweise als Angeklagter vor seiner Nation.[4]

Man billige seinen Mördern den guten Glauben zu, einen Schädling vernichten zu müssen. Man karrte alles zusammen, was irgendwie geeignet erschien, die feige Tat als edelbegründet erscheinen zu lassen. Man ließ den abscheulich Verunrechteten fühlen, daß die Republik seinen Tod gar nicht ungern gesehen hätte.

In den Geschichtsbüchern der Zeit figurierte er als ein von Bismarck gelegentlich zu Schreibdienst verwendeter „Isidor Witkowsky aus Galizien“. Den Namen Isidor hatten böswillige Schreiber aus den Fingern gesogen. Er hatte nie so geheißen, war nie aus Galizien eingewandert. Aber es wäre vergeblich gewesen, solche Fälschungen richtigstellen zu wollen.

Vor dem plötzlichen Auflodern dieses gegen seine Person gekehrten Blutrausches stand Harden wie ein Kind. Er begriff nicht, wie das geschehen konnte. Denn dieser in weiten Kreisen des Volkes schwelende Haß drängte ihn auf die Seite, die er abgelehnt hatte und auf der er nie heimisch gewesen war.

Durchblättert man politische Zeitungen und Zeitschriften Frankreichs, Englands, Amerikas, so wird man durch Jahrzehnte häufig dem Namen Harden begegnen. Aber immer als dem Namen eines führenden „Nationalisten“. Er galt im Ausland als fanatischer Deutscher. Jetzt aber hatte er in der freien deutschen Republik seine Vergangenheit zu verteidigen, als die Vergangenheit eines „jüdischen Schmarotzers“. Und ein Zufall oder eine gute psychologische Berechnung der Amtierenden fügte, daß der Gerichtshof, der über den Mordversuch an Harden zu entscheiden hatte, mit deutschvölkischen Juden besetzt ward. Der Vorsitzende, der nach deutschem Strafrecht allmächtig ist, war der getaufte Sohn eines Rabbiners. Und zur Verteidigung des Mordkomplotts und zur Anklage Hardens als undeutschen Schädlings fanden sich zwei Juden, zwei Berliner Rechtsanwälte namens Bloch und Schiff, getauft und Vertreter jenes glatten Assimilantentums, das in ewiger Scheu lebt, noch immer nicht deutsch, noch immer nicht christlich genug zu wirken.

Noch einmal raffte Harden seine gewaltige Kraft zusammen in einer Rede, die sein Leben und Wirken in schlichten Worten rechtfertigt. Sie blieb völlig unwirksam vor einem Tribunal jüdischer Antisemiten. Die wunderliche Lage war diese: Ein Jude, der sein Leben lang deutsch zu fühlen glaubte und für Millionen als Vertreter Deutschlands gegolten hatte, mußte sich zu schlimmer Letzt als Jude verteidigen und die Sache des Judentums führen vor einem Gericht aus getauften Juden, die um ihrer Erfolgs- und Machtzwecke willen die trübe Sache eines deutschvölkischen Mordkomplotts zu ihrer eigenen Sache machten.

Einige Sätze aus Hardens Gerichtsrede beleuchten die sinnlose Lage: „Ich verstehe, daß man auch diese jungen Männer verteidigt. Daß man sie aber so, wie hier versucht wird, verteidigt, daß man einen Menschen, der ihr Opfer geworden ist, der blutend um Mitternacht, bis an die Füße in Blut getaucht, in ein Krankenauto gestopft wird, der aus seiner Tätigkeit herausgerissen wird, das Werk von dreißig Lebensjahren aufgeben muß, der ungeheure materielle Verluste von der Sache hat, daß man den Mann noch schlecht zu machen sucht, das ist mir neu. Bis heute früh war ich entschlossen – weil ich es unerträglich finde, weil ich es ungeheuerlich finde – zurückzutreten und zu sagen: Es gibt ein Stenogramm dieser Verhandlung, und das genügt; das Urteil spricht die Welt! Ich habe es nicht getan, weil ich heute früh einen Brief bekommen habe von einem Politiker von europäischem Ruf, der mir gesagt hat: „Wo ich auch hinkomme im neutralen Ausland, überall sagt man mir: „Ihr Deutsche geht zugrunde durch eure Solidarität mit euren Mördern" ... Die Staatshoheit und Rechtshoheit verlangt, daß die Tat bestraft werde, gleichgültig, wer das Opfer war. An der Sache würde nichts geändert, auch wenn ich das Scheusal wäre, das man hier aus mir machen will. Der Kern der ganzen Geschichte ist doch der: Wenn diese beiden Menschen Blumenstock und Feilchenfeld hießen und wenn der, der überfallen wurde, einen urgermanischen treudeutschen Namen hätte, glauben Sie, daß es dann genauso wäre? Ich glaube es nicht! – Ich bin als ein Jude geboren, aber ich habe immer sehr lockere Beziehungen zum Judentum gehabt. Ich bin vor mehr als vierzig Jahren als blutjunger Mensch zum Christenglauben übergetreten. Das war eine Zeit, in der man vom Rassenantisemitismus in Deutschland nichts wußte, sonst wäre es wohl eine Art Apostasie gewesen, und ich hätte es nicht getan. – Ich verstehe jeden Antisemitismus, aber ich wundere mich, daß man nicht öfter in diesem Lande daran denkt, daß es im wesentlichen die selben Vorwürfe sind, die der Deutsche dem Juden macht, die ein großer Teil des uns unfreundlichen Auslandes dem Deutschen macht. – Ich bin kein Engel, aber ich habe niemals in meinem ganzen Leben mit Bewußtsein etwas Niedriges getan. Schlimm genug, daß ich das hier noch aussprechen muß, auf dem ganzen Globus sind nicht viele Stellen, wo ich es müßte..." –

Hat, wer solche Worte liest, nicht den Eindruck, daß hier ein Mann, der einfach Schutz zu fordern hätte, sich verteidigt und um Wohlwollen wirbt? Es greift qualvoll ans Herz, wenn er sich an seine Verfolger wendet: „Ich habe bis zum letzten Moment immer gehofft, irgendein Zeichen von Menschlichkeit, von Reue von dieser Seite zu hören. Es ist ausgeblieben. – Es ist sehr schwer für einen kranken Menschen, der diese lächelnden, fidelen Leute sieht! Es ist für mich auf die Dauer unerträglich und unmöglich."

Zum Schlusse der Rede ereignete sich eine tolle Farce. Harden warnte das Gericht, daß die Freisprechung seiner Mörder dem deutschen Volke im Auslande schaden werden. „Es wird eine Ermutigung und Herausforderung sein und allen denen recht geben, die Schlechtes von uns sagen." Plötzlich aber unterbrach er sich. „Nein! Ich bin im Ausdruck entgleist. Ich will sagen nicht von uns. Von Ihnen. Schlechtes von Ihnen sagen! Wenn Sie mich, weil ich als Judenknabe auf die Welt gekommen bin, nicht haben wollen, dann nicht! Ich habe es auch Rathenau oft gesagt: Warum schreiben und sagen Sie immer 'Wir Deutsche'? – Man will die Juden doch nicht zu den Deutschen rechnen. Ich liebe den deutschen Menschen, aber ich dränge mich ihm nicht auf. Die Art, wie er seine Rechtsgeschäfte ordnet, mag er vor sich, vor seinen Kindern und vor dem, was ich das Weltgewissen genannt habe, vertreten. Wollen Sie diese Mietlinge der Mördergenossenschaft freisprechen und auf dem Prytaneum zur Belohnung für patriotische Tat speisen, tun Sie's" – Kann wohl der Unsinn der Untermengung des Rechts mit völkischen Gefühlen, der übervölkischen Norm mit Tatbeständen des Lebens krasser an den Tag treten?

Hier begünstigt ein deutscher Gerichtshof, in welchem getaufte Juden sitzen, die Mörder eines andern getauften Juden, weil diese Mörder versichern, daß sie im Namen und aus dem Geiste deutscher Gesinnung morden wollten. Und indem die einen sich äußerst „deutsch" gebärden, treiben sie den andern, der bis dahin womöglich noch „deutscher" gewesen war, nun wieder ins „Judesein" zurück...

Die Kunde von jenem Attentate gab meiner Stellung zu Harden eine mir selber erstaunliche Wandlung.

Ich hatte diesen Mann durch nahezu vierzig Jahre zu hassen geglaubt. Aber auch der Haß ist Liebe, die zertreten ward. Wie Dornen Knospen sind, die verkümmern mußten. Es gibt ein Erlebnis, das auch gestorbene Liebe wieder lebendig macht: das Mitleid.

In jener Stunde, wo dieser Mann angesichts der deutschen Öffentlichkeit von einem gedungenen Bravo niedergeschlagen wurde, ohne daß irgendeiner aus seiner Million Bewunderer von ehemals öffentlich für ihn eintrat, da ist mir alles zum Ekel geworden, was ich jemals Absprechendes über ihn geäußert, jemals Verneinendes gegen ihn geschrieben habe. Aus unmittelbarer Empörung schrieb ich ihm. Und sein Dank zeigte, daß die Teilnahme eines Schicksalsgenossen ihn freute. Denn auch ich erfuhr damals unter dem Beifall der deutschen Öffentlichkeit Beschimpfung und Mißhandlung.

Ich habe Harden noch einmal wiedergesehen.

Es war in seinem Häuschen im Grunewald. Das Gesicht des kleinen Marquis war alt geworden. Seine Züge scharf. Sein Gang greisenhaft. Nur die stählernen blauen Augen hatten noch den Jugendglanz. Und sein Wesen die selbe Zierlichkeit und bezaubernde Grazie wie in der Jugend. Hundert Bilder und Schicksale zogen vorüber, die wir überdauert hatten. Ich sagte: „Ich hätte Sie bis zum Tode bekämpft, wenn Sie in der Macht geblieben wären." Er erwiderte: „Auch ich hätte Bismarck bis zum Tode bekämpft, wenn er in der Macht geblieben wäre."

Er entsann sich unserer frühen Gespräche und erinnerte daran, daß wir einst über unser Schicksalslos als Deutsche und Juden debattierten. Er habe mir, dem Schwankenden, die strenge Forderung gestellt: Deutsch schlechthin! Da sei ich gequält aufgesprungen und habe ihm ein Zitat zugerufen – sein erstaunliches Gedächtnis kannte es noch nach 36 Jahren:

„Quo semel est imbuta recens
servabit odorem testa diu."
(Womit dereinst die Schale gefüllt war,
davon wird sie den Duft lange bewahren.)

Er habe oft an diesen Vers des Horaz gedacht, und nun im Alter sei es ihm ergangen wie dem Dichter, bei dem wir damals gemeinsam zu Gaste waren. Auch Theodor Fontane habe sich als Sänger Preußens und des Preußenruhmes gefühlt. Aber zu seinem 75. Geburtstage habe nicht ein Einziger von denen, die er besungen hatte, ihm gedankt. – Und der böse kleine Marquis deklamierte, halb mit pathetischem Ernst, halb belustigt und als ein Schelm:

„Aber die zum Jubeltag kamen,
Das waren doch sehr, sehr andere Namen.
Meyers kommen in Bataillonen,
Auch Pollaks und die noch östlicher wohnen.

Jedem bin ich was gewesen,
Alle haben sie mich gelesen,
Alle kannten mich lange schon.
Und das ist die Hauptsach ...
Kommen Sie Cohn."

Als wir gegen Abend unter den Bäumen des Gartens schieden, da hatte ich das gute Gefühl, eine gallige Last los zu sein, die mich durchs ganze Leben gedrückt hatte. Nun hätte ich ihm gern gute Gesinnung gezeigt. Aber wie? Ich malte ein Bild seiner Persönlichkeit, wie sie nach so vielen Jahren mir erschienen war. Überlegen, weise und verklärt. Eine Zeitung im Ausland brachte die kleine Skizze.[5] Ich schickte sie ihm. Es hieß, er sei leidend. Er war nach Italien gereist. Einige Wochen vergingen, dann erhielt ich eine Antwort. Aber wie ich es dem Unberechenbaren nie recht gemacht hatte, so fand ich auch jetzt nicht seine Zustimmung. Er antwortete:

„Sie malen mich als einen buddhistischen Weisen, der vornehm und resigniert sich auf den Tod vorbereitet. Ich bin nicht resigniert und nicht buddhistisch. Ich bin ein Kämpfer, und wie lebendig, das wird sich in einigen Wochen zeigen, wo die 'Zukunft' wiedererscheinen wird, die für Deutschland notwendiger ist als je."

Kurz darauf kam die Nachricht, daß Maximilian Harden gestorben sei.

Im Krematorium in Wilmersdorf wurde er eingeäschert. Beethovens Musik ertönte, und ein junger Schauspieler sprach einige Worte Goethes: Dank an die Natur, die ihr Kind ans große Herz zurücknimmt.

Und dann kam die Flamme und verschlang das Bild des Knaben, der einst im Hofe der Schule „Entscheider der Schlachten" spielte. Und nahm in ihre Sonnentiefe den schönen Jüngling, der einst Herzen und Frauen gewann. Und fraß den Mann, den rastlosen Arbeiter, den in Deutschland mächtigsten durch die Schrift und das Wort. Und fraß die Weisheit und die Schrift. Und Unrecht und Schuld. Und Ruhm und Geschichte.

Etwa fünfzig Ergriffene blickten den schönen, schwindenden Bildern nach. Die meisten waren Juden.

VISIONEN

Kleines Lexikon fürs Dritte Reich (1932)

Da dank dem bevorstehenden Kommen des „Dritten Reichs“ voraussichtlich mit der deutschen Seele auch die deutsche Sprache eine wundersame Wandlung ins Reinere erleben wird, so dürfte es schon jetzt zeitgemäß sein, im folgenden zusammenzustellen: die wichtigsten Ausdrücke, welche jeder redende und schreibende Deutsche, also jeder deutsche Mensch schlechthin täglich verwenden muß. Das folgende Verzeichnis bietet eine erste vorläufige Auswahl.

Gemüt. Unübersetzbare Bezeichnung für echtdeutsches Wesen im Gegensatz zu welschem Esprit, gallischer Tücke, jüdischen „destruktiven Tendenzen“ und amerikanischer „Nationalität“ oder „Mentalität“.

Naturnähe, Naturunmittelbarkeit, Naturgefühle. Bezeichnungen für arische Urmonopole; äußerst verwendbar, um alle möglichen Einwände niederzuschlagen. (Siehe auch: Instinktsicherheit, Blutgemäßheit und Urgefühl.)

Arisch, germanisch, deutsch. Guthin positiv bejahende Adjektive für Angenehmes und Annehmbares. Zum Beispiel: Deutsches Eichenholz, Buchengrün und Tannenlaub. Deutscher Sang, Hering, Frühling, Blumenkohl, Treue, Steuerbukett. Deutsche Leberwurst, Herrlichkeit, Manneszucht, Wehrhaftigkeit, Liebe. Deutsche Faust, Gemütlichkeit, Blutsreinheit und Soda. Gegensatz bei Ware, die man nicht empfehlen kann: Artfremd, undeutsch, oder auch einfach marxistisch. Also z.B.: artfremde (undeutsche, jüdische, bolschewistische, lateinische usw.) List, Tücke, Feigheit, Frechheit, Falschheit, Untreue usw.

Tarnen, Tarnung. Neben Ballen und Ballung, Verankern und Untermauern ein neueres Lieblingswort. Es bedeutet so viel wie „Laß Dich nicht erwischen“.

Intellekt, Intellektualismus, Ratio, Rationalismus. Größte Schimpfworte. Meist versehen mit Beiworten wie: „kalter“, „zersetzender“ und „schnöder“. (Noch stärkere Schimpfworte sind: Mechanisch, Mechanisierung, Mechanei und Nivellierung, z.B. durchaus noch zeitgemäß: „das Problem der

Rationalisierung"; „die fortschreitende Mechanisierung der modernen Kultur"; „das kalte Nivellement des Verstandes" usw.).

Materialismus, Maschine und Technik. (Beiworte: kalt, öde, flach, wüst, undeutsch) sind beliebteste Ekelworte. Gegensatz: Deutscher Idealismus, deutsche Mächte des Gemütes, arisches Ur usw.

Synthese, synthetisch. Neben „organisch gewachsen" und „historisch bedingt", das beliebteste Jubel- und Bejahungswort. Gegensatz: Analytisch. Beispiel: „analytische Mentalität", (d.h. undeutsche, rassisch unsichere usw.). Synthetische bzw. symbolische Geistigkeit, d.h. positive, jasagende, bildhafte, deutsche.

National, völkisch, volkhaft, bluthaft. Beliebte Bezeichnungen für Adel der eigenen Person.

Arisch. Andere Bezeichnung für Ich oder Gott.

Kosmisch. Ein Wort, das nur der bluthaft bodenständige allenfalls versteht.

Marx, marxistisch = Satan, satanisch.

Boden, bodenständig. Ähnlich wie erdnah, erdhaft, wurzelecht, blutnah, artecht: lobendste Positiva der deutschen Sprache.

Weib. Neben Liebe (Liabe) das köstliche Edelwort im Dritten Reich. Beiworte: Echt und deutsch. Echtes deutsches Weib, das heißt Hausfrau, unecht und undeutsch sind unter anderem Bezeichnungen für Frauenstudium und weibliche Konkurrenz im Erwerbsleben.

Alfred Hrdlicka

Theodor Lessing

Texte und Zeichnungen

Sezierkurs, der Alptraum. Tusche, Pinsel, Feder, 1996

Im Orient. Tusche, Pinsel, Feder, 1996

Deutsche Studentenschaft. Tusche, Pinsel, Feder, 1996

Lessing predigt den Tieren. Tusche, Pinsel, Feder, 1996

Herrenmensch – Herrenfrau. Tusche, Pinsel, Feder, 1996

*„So sind denn die Ideale nur Maske der Bestie Mensch" (Th. Lessing).
Tusche, Pinsel, Feder, 1996*

Zauber der Montur. Tusche, Pinsel, Feder, 1996

Festnahme. Tusche, Pinsel, Feder, 1996

Schlagendes Argument. Tusche, Pinsel, Feder, 1996

Von Frau zu Frau. Tusche, Pinsel, Feder, 1996

Hexenjagd. Tusche, Pinsel, Feder, 1996

Lessing: Das Ende. Tusche, Pinsel, Feder, 1996

Genickschuß. Tusche, Pinsel, Feder, 1996

Die Rampe. Tusche, Pinsel, Feder, 1996

Wer dieses Jahrhundert begreifen will, muß sich einen Expander anschaffen! Ich fürchte, wir leben in einem eminent physischen Zeitalter: Es werden zwar keine Erbfolgekriege mehr geführt, aber so eng aufs Fell gerückt wie im Zweiten Weltkrieg, sind sich die Menschen niemals zuvor.

Alfred Hrdlicka, 1967

Der Zweite Weltkrieg war die Fortsetzung des Ersten und, was wir so schön Zwischenkriegszeit nennen, war der Zeitraum, in dem Theodor Lessing aufgrund seiner Zivilcourage zu einem Zeitzeugen wurde, der sich bewußt war, was er riskierte: nicht nur Diffamierung und Diskriminierung, sondern auch seine physische Vernichtung.
Was die Überzeugungskraft der Nazis in der Zwischenkriegszeit vor allem charakterisierte, ist, daß sie nicht im Sinn hatten, ihre politischen Gegner zu überzeugen. Lessing dagegen glaubte an die Kraft der Argumentation, mußte aber erfahren, daß der Kern der nationalsozialistischen Gesinnung stupide Gewaltbereitschaft war, die nur physische Vernichtung des Andersgesinnten als Ziel verfolgte. Sein Erstaunen über das, was ihm die deutsche Studentenschaft angetan hat, kann man trotz seiner jüdischen Herkunft nur als treudeutsch einstufen. Lessing war furchtbar enttäuscht darüber, daß seine Studenten nicht lasen, was er schrieb, sondern lediglich zu sagen hatten: „Lessing is a Jud!" Und was er in seiner letzten Rede, die im „Prager Tagblatt" erschienen ist, über den „edlen Arier" zu sagen hatte, kann man aus heutiger Sicht als ein Dokument heilloser Angst, unheilvoller Ahnung oder zeitgebundener Naivität werten. Kurzum, er akzeptierte die Kriterien all jener, die ihm an den Kragen wollten, in der Hoffnung, mit ihnen doch noch ins Gespräch zu kommen. Sie aber hatten nur eines vor Augen: ihn mundtot zu machen, und dies nicht nur im übertragenen, sondern im wortwörtlichen Sinn. Die Nazis ermordeten ihn. Auf die gleiche Weise haben sie ihre innerparteilichen Auseinandersetzungen bereinigt.
Der Millionen-Schlägertrupp SA wurde, nachdem der Mohr seine Schuldigkeit getan hatte, in der Person von Ernst Röhm machtpolitisch liquidiert. Das heißt: Röhm wurde einfach umgebracht; und der sogenannte proletarische Flügel der nationalsozialistischen Machtergreifung entmachtet. Anstelle des Rabauken Röhm etablierte sich der Massenmörder Heinrich Himmler. Die Saalschlachtspezialisten der SA mutierten entweder zu KZ-Sadisten

oder sie resignierten und formierten sich zu Nürnberger Parteitags-Statisten, Massenkundgebungsspezialisten und wehrertüchtigenden Sportfestorganisatoren. Die physische Bereitschaft dieser entmachteten NS-Truppe blieb auch weiterhin Bestandteil der NS-Massenbewegung. Auch der Bodensatz der heutigen Neo-Nazis ist nichts als Biertisch- und Stammtischkumpanei, was man in Österreich „Pumpersudel" bezeichnet! Die Hofbräuhausgesinnung ist und bleibt die Basis von rechtsextremistischem Populismus, und anstelle von „Juda verrecke" brüllt man jetzt „Ausländer raus", so als wären die Ausländer schuld an der Arbeitslosigkeit, nicht das Wirtschaftssystem und seine politischen Vertreter – insbesondere die, die sich an dem Untergang der sozialistischen Gesellschaftsordnung in Osteuropa etwas zugute halten. Der Triumph ist ihnen zu gönnen. Aber wer ist eigentlich für die Folgen verantwortlich? Daß die Rezession in der Bundesrepublik mit der Wiedervereinigung etwas zu tun hat, dämmert inzwischen auch dem Dümmsten. In der ARD sah ich kürzlich eine Kohl-Persiflage, die den Satz „Niemand wird es schlechter gehen, aber vielen besser" so umgestaltete: „Vielen wird es schlechter gehen, aber mir besser!" Man kann mit Satire ein Problem aufzeigen, aber sicher nicht aus der Welt schaffen. Viele brillante Köpfe der Weimarer Republik wie Kurt Tucholsky und ähnlich auch Theodor Lessing mußten erfahren, daß ab einem gewissem „Problemstau" jedweder Sinnzusammenhang abhanden kommt. Wer die Lösung von Problemen verspricht, lenkt ab auf simple Schuldzuweisung. Menschen mit intellektueller Selbstachtung geraten in eine Art Selbstzerfleischung. Lessings Rolle als Zionist hat für mich etwas Konfuses. War er als praktizierender Politiker zu gebrauchen? Mit einem Prophetenbart ausgestattet, war er ein gefragter Vortragender, aber wenn man seiner Selbstreflexion glauben darf, kam er sich geradezu mißbraucht vor. Und kaum war er in den Orient gereist, sehnte er sich nach der Einsamkeit seiner Bibliothek zurück.

Lessing hat vieles vorausgeahnt, von Massenvernichtungswaffen angefangen bis hin zur ökologischen Bedrohung. Aber die Konkretisierung der Idee vom Staate Israel blieb jenen vorbehalten, die den Zweiten Weltkrieg und den Holocaust überlebt haben. Militanz war gefragt, nicht Philosophie, obgleich man in populistischer Philosophie sagen muß, militärisch ist das Nah-Ost-Problem nicht zu lösen, denn man kann weder den Palästinensern noch den Israelis die Absicht unterschieben, sich wechselseitig ausrotten zu wollen. Der Israelis setzen mit ihrer Siedlungspolitik in den besetzten Gebieten auf wundersame Vermehrung. Die Palästinenser pochen nach wie vor darauf, daß Jerusalem völker-

rechtlich mehreren Glaubensgemeinschaften zugerechnet werden müsse. Daran könnte selbst der Versuch einer „ethnischen Säuberung“ nichts ändern. Wahrscheinlich wäre es vernünftiger gewesen, wenn die Juden das Nürnberger Reichsparteitagsgelände als Anklagemauer vereinnahmt hätten – zumindest aus der Sicht der Palästinenser, denn die wiederum sehen nicht ein, warum sie ihr Land als Wiedergutmachung für etwas, das die Deutschen den Juden angetan haben, abtreten sollen.
In Theodor Lessing vereinigt sich viel Widersprüchliches. Ich nehme an, sein höchster Wunsch wäre die Assimilierung seines verfolgten Volkes gewesen, auch wenn er sich ausdrücklich dagegen ausgesprochen hat. Lessing ist ein Bündel divergierender Interessen und Neigungen, und nachdem ich viel über ihn gelesen habe, weiß ich weniger als zuvor. Ich bewundere Wortartistik, habe mich gelegentlich darin auch schon versucht, aber was Lessing über den Kulturkritiker Lublinski schreibt, ist sicher aus seiner Sicht nicht so vernichtend wie das, was Thomas Mann über ihn schreibt. Bei seiner Intelligenz hätte er doch vorhersehen müssen, daß seine Polemik nicht ohne negatives Echo bleiben konnte. Wie man in den Wald hineinruft, so hallt es zurück. Im Prinzip sind Juden der Ansicht, daß Antisemitismus ihr Privileg ist. Das kann ich auch aus eigener Erfahrung sagen. Welch ein Geschrei erhob sich, es sind bald zwei Jahre her, als ich Wolf Biermann die Nürnberger Rassengesetze an den Hals gewünscht habe, nachdem jener Gregor Gysi einen „hundertprozentigen Verbrecher“, Stefan Heym einen „Feigling“ geschimpft hatte und verkündete, „nicht mit Gesetzen leben zu wollen, die diese beschließen“, zudem doch bekannt war, daß sich Heym ehemals in Sachen Biermanns Ausweisung aus der DDR sehr weit aus dem Fenster gehängt hatte. Es war klar, daß mein Fluch ein polemischer war, denn es ist äußerst unwahrscheinlich, daß der Deutsche Bundestag je wieder die Nürnberger Rassengesetze einführen wird. Biermann brauchte nach meiner Attacke keine existentiellen Konsequenzen zu fürchten. Dennoch erhob sich das Geschrei: Hrdlicka, der „rotlackierte Antisemit!“ Der österreichische Wissenschaftsminister Dr. Scholten erstattete höchstpersönlich Anzeige gegen mich. Das Disziplinarverfahren unterließ er geflissentlich, trotz wiederholter, zuletzt nicht gerade respektvoller Aufforderung, zog er es vor, sich auf Tauchstation zu begeben.

Der Antisemitismus spielt bei den Juden ohne Frage eine große Rolle. Und manche können gar nicht genug davon bekommen, Antisemiten ausfindig zu machen. Selbst hinter Philosemiten wittern sie heimtückische Antisemiten. Erich Fried, der mit Bruno Kreisky in der Palästinenser-Frage eine Linie vertrat, wurde von

Leuten wie Henryk Broder als Antisemit gebrandmarkt. Das ist ja zum Teil eine Leidensstrategie und hat manchmal, auch wenn dies ein schlimmes Wort ist, etwas Paranoides. Aber vergessen wir nicht: Die Juden sind ein Volk, das über tausende Jahre unglaublichen Verfolgungen ausgesetzt war.
Als „rotlackiert" beschimpfter „Nazi" kann ich in Sachen Antisemitismus nur sagen, daß in gewissem Sinn der Antikommunismus bei den Juden den gleichen Stellenwert hat wie der Antisemitismus bei den Antisemiten, nicht minder irrational, emotionsgeladen und verallgemeinernd.
Ein wenig zur Seite gesprochen: Nicht nur Polemisches, auch Selbstironisches kann leicht mißverständlich interpretiert werden. So schreibt der Lessing-Biograph Rainer Marwedel etwa im Kapitel „Hindenburg und der Fall Lessing": „Ein deutschnationaler Abgeordneter zitierte Lessings ironische Selbstbeschreibung: er sei charakterlos; daraus müsse politisch etwas folgen. Dabei hatte Lessing damit nur sagen wollen, er könne sich nicht auf ein eindeutiges Charakterbild festlegen, er brauche das freie Schalten zwischen verschiedenen Ausdrucksformen." Auch hier erkenne ich Parallelen zwischen Lessing und mir, denn so ein ironischer Selbstfaller ist mir auch schon gelungen. In einer Aufsatzsammlung mit dem Titel „Warum ich Marxist bin", herausgegeben von F.J. Raddatz, bezeichnete ich mich als „Euro-Stalinist", was zur Folge hatte, daß mich nicht nur „Bild" als „Anhänger des Euro-Stalinismus" zitierte, nein, auch Leute, die nicht gerade auf den Kopf gefallen sind, haben dieses „politische Bekenntnis" ernstgenommen. Die Sache ist nur so: Nicht nur europaweit, sondern auch weltweit bin ich der einzige „Euro-Stalinist", denn diese meine ironische Worterfindung nahm Bezug auf den ewigen Richtungsstreit, den die Linken und insbesondere die Kommunisten gewohnheitsgemäß ausfechten. Damals gab es Gorbatschow noch nicht, vielleicht hätte ich mich auch als Perestrojka-Stalinist, im Glasnost sitzend, mit dogmatischen Zitaten um mich werfend, bezeichnet?!... So gesehen habe ich großes Verständnis für Theodor Lessing. Denn die Streitsucht und das Wortgeklaube ist, verallgemeinernd gesagt, ein linkes Laster, aber nicht nur dort: Lessing beschwert sich etwa über verschiedene Sprach- und Denkregelungen der verschiedenen Lager und Gruppen – nicht zuletzt unter den Zionisten...
Ich selber neige zur Streitsucht, und was ich geschrieben habe, ist zum Großteil polemischer Natur, doch hat es nie den ödipalen Background, den Lessing zu haben scheint. Meine Streitsucht beruht nicht im Aufstand gegen die väterliche Autorität, sondern auf der Erfahrung, als der Staat eine legalisierte Terrororganisation war. Damit will ich nur andeuten, daß mir vieles an Lessings Aus-

gangsposition fremd ist und ich seine Sensibilität nur von weitem bestaunen kann.

*

Was ist der Grund, daß Lessing in einschlägigen Werken vielleicht gerade erwähnt, aber nicht ausführlich behandelt wird? Er ist, das muß man halt leider sagen, doch eher unbekannt geblieben. Lessing hat nicht nur gegen Nazis oder irgendwelche nationalistische Studenten oder gegen Hindenburg polemisiert, er war auch als „jüdischer Antisemit" eingestuft; er hat, auch wenn er Mitglied der Sozialdemokratie war, eigentlich keiner Partei angehört. Er ist sang- und klanglos untergegangen. Ich habe, außer Wollenberg, nie jemanden getroffen, der sich für Herrn Theodor Lessing sonderlich engagiert hätte. Er war, das ist klar, ein Wechselbalg, den man nicht wollte, unter dem Motto: „nur net anstreifen". Vielleicht kann man so formulieren, Lessing saß immer zwischen allen Stühlen. Seine verrückteste Leistung ist für mich die Sache mit Haarmann. Unheimlich daran, daß er sich da für jemanden einsetzte, der nun alles andere als eine Ehrenrettung verdient hatte. Was er über das Judentum schreibt, inwieweit er für oder gegen die Juden ist, wie wichtig Bildung oder Nichtbildung ist, ob Geschichte sinnvoll ist oder nicht – das alles reicht nie an das heran, was er über Haarmann schreibt. Das hat einen genialen Touch, weil es geradezu unerklärlich ist. Da begibt sich jemand, der eigentlich ein Hochschuldozent ist, in das Milieu oder in die Niederungen einer Gerichtssaalreportage und tritt für ein Individuum ein, das wohl das Widerlichste ist, was man sich vorstellen kann. In dieser Position, geleitet von einem untrüglichen Instinkt, findet Lessing über die Entwicklung der Gesellschaft und über deren unerhörte Gewaltbereitschaft mehr heraus, als es in irgend welchen wissenschaftlichen Abhandlungen oder gelehrten Auseinandersetzungen möglich wäre. Plötzlich sieht er, wie die Leute wirklich sind, er erkennt, daß all jene, die aussagen, informiert gewesen sein müssen: der Gestank, die Geräusche, die mit Leichenteilen verstopften Toiletten etc.etc. Die Mitmenschen wollten nur bestätigen, daß Haarmann doch ein „guter Nachbar" gewesen sei. An seiner Mordlust zeigten sie Teilnahmslosigkeit. Da hat Lessing die Hand in eine offene Wunde gelegt.
In meinem Haarmann-Zyklus habe ich Lessing nicht wortwörtlich illustriert. Ich verwende viele seiner Zitate, aber die ganze Sache, z.B. mit Hitler und Röhm, das kommt bei ihm natürlich nicht vor. Ich mache aus Haarmann den Prototyp eines Nazis oder SA-Mannes: arbeitsscheu, gewalttätig, homosexuell. Haarmann, Massenmörder in Privatinitiative, so habe ich ihn genannt. In diesem Werk jedenfalls hat Lessing nichts mehr vom Satirischen oder Po-

lemischen. Er liefert eine wüste Beschreibung. Es ist eine völlige Fehlspekulation, daß Lächerlichkeit oder Satire „tötet". Der Großteil der „bösen" Menschen, der Diktatoren, haben unglaublich Anlaß zur Lächerlichkeit gegeben. Das hat sie aber fast noch beliebter gemacht.
Ich habe nie – wie Lessing oder auch Kurt Tucholsky – den Glauben oder das Interesse gehabt, mit geschliffener Polemik Leute zu bekehren. Das kann ich natürlich jetzt leicht sagen. Lessing stand am Anfang dieses Jahrhundert und ich am Ende. Das sind zwei grundlegend verschiedene Positionen. Lessing hat den Holocaust nicht miterlebt und auch nicht den Niedergang der Kommunisten.

*

Das Thema der Radierung „Paramilitärische Paralyse der Weimarer Republik" ist für mich auch der Schlüssel zu Lessing und seiner Zeit. Da die Leute damals überzeugt waren, daß der Weltkrieg eigentlich zu Hause stattfindet, nachdem er 1918 zu Ende war, haben sie ihn nun gegeneinander geführt. Hitlers kurzfristiger „Gewinn des Weltkriegs" in den eigenen Reihen 1933: Er liqidiert all jene, die der Ansicht sind, daß der Weltkrieg vorüber ist. 1939 wird der Krieg wieder aufgenommen. Ich glaube, die Deutschen haben erst 1945 kapiert, daß der Erste Weltkrieg wirklich zu Ende ist.
Hindenburg war der Vertreter einer Kaste, ein Repräsentant des Berufsheers. Alle waren überzeugt, daß sie die wahre Kaste sind, die Deutschland vertritt. So hat sich die Reichswehr nach dem Ersten Weltkrieg gesehen. Alle Leute, die diesem Apparat angehörten, waren überzeugt, daß sie Deutschland dienen. An ihrer Spitze also Hindenburg, der ein merkwürdiger Zeitgenosse war. Er empfand zwar den Nationalsozialismus als nicht standesgerecht für das Militär. Was ihm aber imponiert hat, war, daß diese Leute ununterbrochen propagiert haben, daß es nichts Tolleres gibt als das Militär. Das Militär wird „unsere Ehre wieder herstellen"! – Und da er der oberste Militärbefehlshaber war, muß er sich natürlich geschmeichelt gefühlt haben. Nur hat er nicht bemerkt, daß er während der ewigen Huldigungen allmählich entmachtet wurde. Zuguterletzt saß er oben ohne irgend eine Funktion. Hitler war ein politisches Talent, Fleisch vom Fleische, dem es gelang, sich so einzuschmeicheln, daß Hindenburg ihn sogar zum Reichskanzler ernannte, um kurz darauf von ihm selbst enterbt zu werden. Die Nazis waren großartige Erbschleicher. Sie konnten sich Dinge aneignen – und in dem Moment, wo sie das Erbe antraten, den „Erbonkel" eliminieren.

Paramilitärische Paralyse der Weimarer Republik. Radierung, 19

Für Ernst ist alles Spaß. Radierung, 1975

Die Potsdamer Garnisonskirche (1933)

Der Sitz des neuen Reichstags

Ja, die Weltgeschichte ist witzig. Als nach Beendigung des furchtbarsten aller Kriege das deutsche Volk wiedereratmend, auf einen neuen Frühling der Freiheit zu hoffen begann, da nahm die Gemeinschaft deutscher Länder ihre Zuflucht zu der Stätte ihrer heiligsten Erinnerungen und unseres reinsten Genius. Weimar, die Landschaft Goethes sollte die Begründung der neuen Reichsverfassung erleben. Das Deutschland Weimars sollte das Deutschland von Potsdam ablösen. Auf dem Trümmerhaufen, den der Weltkrieg hinterlassen hatte, wurde die Weimarer Verfassung aufgebaut. Heute liegt sie zerbrochen. Das Deutschland des Dritten Reiches wird nun eingeläutet in der Hof- und Garnisonskirche von Potsdam.

Die Hof- und Garnisonskirche von Potsdam wurde 1730-1735 durch den Ingenieurmajor Phillip Gerlach errichtet, den Hofbaumeister des Großen Soldatenkönigs Friedrich Wilhelm I., des Schöpfers der berühmten Langen Garde. An dieser Stätte schlossen am 3. November 1805 die beiden Könige Alexander von Rußland und Friedrich Wilhelm III. ihr Bündnis. An dieser Stätte befinden sich die Gräber Friedrich Wilhelms I. und Friedrich des Großen. Diese Kirche – so rühmt das Lexikon der deutschen Architekten – hat an Stelle der Kuppel das flachste aller flachen Dächer. Das Innere, so steht im Lexikon von Grieben, im Jahre 1898 neu restauriert, ist einfach und dunkel. Hier wurden bis zu Beginn der Revolution die eroberten Fahnen aufbewahrt, welche im November 1918 spurlos verschwunden sind und nunmehr durch die Fahnen mit dem Hakenkreuz ersetzt werden sollen. Die Stätte, auf welcher die Hof- und Garnisonskirche steht, ist ein alter Exerzierplatz, vom Volksmund „Die Plantage" genannt. Über dem Altar hängt das eiserne Kreuz mit Nägeln, welches während der Kriegsjahre unter dem Brandenburger Tore stand. Davor hängt das Altartuch, das im Felddienst gebraucht wurde, als die Völker Gott anriefen um

Heil und Segen im Zeitalter des furchtbaren wechselseitigen europäischen Mordens.

Der Glockenturm ist 87 Meter hoch und spielt alle Stunden die Melodie „Bis hierher hat uns Gott gebracht“. Hier wird am Grabe des Soldatenkönigs der neue Reichstag zusammentreten wie einst nach der Revolution von 1848 das erste deutsche Parlament in der Paulskirche zu Frankfurt am Main.

Wie es kommen wird (1932)

Der Krieg verloren. Deutschland ein Trümmerhaufen. In einem Münchner Beisel politisieren sieben aufrechte Männer. Primitive Männer. Halbgebildet, leider auch verbildet. Unklar, machtwillig, geschwollen ... Heute sind sie die ragenden Führer der Nation. „Wer wagt es zu deuten?“

Es wäre zunächst zu bemerken, daß die gesamte nicht proletarische Bevölkerung Deutschlands, daß alle Klassen und alle Berufsschichten jenen Fasel-Trank, den man „National-Sozialismus“ nennt, großartig gebrauchen kann für ihre eigenen Macht- und Nutz-Zwecke. Arm sind alle. Alle unzufrieden. Gewaltig wächst die kommunistische Internationale. Welcher Besitz ist noch sicher? Welches Amt? So können denn alle bürgerlichen Schichten, zunächst Großindustrie und Hochfinanz, nichts Klügeres tun, als eine alle Volksgenossen erfassende Einheitsbewegung aufzüchten, welche alle Armut und alle Unzufriedenheit ablenkt von der sozialwirtschaftlichen Revolution. Die Beamten des Ehemals, die Besserbemittelten des Ehemals, die alten Militärs, die kleinen Rentner – was sollen sie tun?

Die Arbeiterschaft muß gewonnen werden. Aber aus der Arbeiterschaft selber erhob sich eine Bewegung, die folgerichtig in die alte Herrlichkeit zurückführen muß. Jeder hat sie unterstützt! Es ist gleichgültig, ob Gelder für die deutschen Patrioten (auf den üblichen Umwegen) auch aus französischen Geldquellen flossen. Gewiß ist: Das letzte Jahrzehnt war der Wettlauf des demokratischen Frankreich und des nationalen Deutschland. Und die französische Republik macht sich gesund, im selben Maße als Deutschland seinen Nationalisten zufiel. Deren Dauergebrüll gab zunächst die Vorwände zur abscheulichen Besetzung des Ruhrgebiets[1], daraus dann die Werk- und Geldmächtigen beider Länder ihr „Geschäft“ machten.

Im Mittelpunkt dieser Machenschaften steht der Mann, den die „Weltgeschichte“ den „Mann mit der Trommel“ genannt hat, wie sie einst Luther nannte „den Mann mit der

Streitaxt". Adolf Hitler ist für die Gläubigen des „Dritten Reiches" schon Mythos geworden. Für die Ungläubigen aber „halb Dummkopf, halb Komödiant, und gänzlich ein Gernegroß". In der Art wie Feuchtwangers „Erfolg"[2], (ein bedeutendes, aber widerwärtiges Buch), ihn gezeichnet hat.

Es kommt indes hier nicht an auf den wirklichen („empirischen") Menschen. Geschichte steigt aus Mythe und endet in Mythe. Der Mittelpunkt jedes Sturms ist der völlig leere Nullpunkt. Hitler mag der Nullpunkt sein, aber er deutet auf den Sturm. Ein leerer Schwamm, von einer Million Herzen gespeist, wird Blut vom Blut und Herz vom Herzen des Volkes. Auch der einfachste Mensch wächst mit seinen höheren Zwecken. Es kommt also nicht an auf den „empirischen" Menschen. Aber wie immer auch dieser Mann beschaffen ist, eines mögen auch die Gegner nie vergessen: Er ist die tragische Figur dieses Zeitalters.

Von allen Fehlern der Demokratie ist keiner so verhängnisvoll wie die Auflösung der Wehr- und Dienst-Verbände, ohne Ersatz durch ein neues soziales Zucht-Ideal. Das sozialistische Rußland vermag den Macht- und Neid-Willen der Masse abzulenken auf die Begeisterung für den Fünf-Jahres-Plan. Der Sozialismus ist das Ethos eines ganzen Volkes. Wie aber vermöchten wohl die Gewerkschaften Deutschlands, deren Lohn- und Tarifpolitik volksnäher ist als aller Sozialismus, die gesamte bürgerliche und proletarische Jugend auf Arbeits-Dienstpflicht festzulegen? Und doch muß die Jugend eine Pflicht haben. Ein Volk wird beherrscht von Knaben zwischen 11 und 24. Wer die Gefühle dieser Altersklasse zu sammeln weiß, dem gehört das Land. Dieses Alter aber will befehligt sein. Es weiß nicht, wohin mit seiner Kraft, seinem Glauben, seiner Geschlechtlichkeit. Die deutsche Jugendbewegung, freideutsche, Wandervogel, das ist endgültig dahin. Und was da sonst sich bietet (Anthroposophie, Christengemeinde, Psychoanalyse) das mag gut sein für Reife und Gebildete. Aber selbst Deutschlands volksmächtigste Gewalt, die katholische Kirche, könnte gesunde blühwillige Jugend nie binden ohne Uniformen, Sportspiele, Ehrenzeichen. Was die Nationalen „Wehrhaftigkeit" nennen, das braucht ja nicht auf ewig geknüpft zu sein an Roheit, Unwissenheit, Rauferei und Schlächterei. Sicher aber ist: Der Mensch kommt vom Wolfe, nicht von der Taube. Vom

Raubaffen, nicht vom Lamme. Und da der deutsche Staat den tierischen Urdrängen nicht den Adel eines neuen Inhalts zu bieten hat, so speisen nun die elementaren Gefühle der Volksjugend die Macht jener, die hinter dem Trommler stehen als Geldgeber und Cäsaren-Anwärter.

Hört etwas Philosophisches. Daß der Gegensatz Links und Rechts auf letzte notwendige Pole deutet, das lehrte schon die Romantik. In der Politik aber liegt die Sache einfach. Da ist Links die Bezeichnung für Schlechtweggekommensein im Fleische. Und Rechts für Schlechtweggekommensein im Geiste. Links heißt: „Wir wollen Etwas haben." Rechts heißt: „Wir möchten Etwas behalten." Links findet man immer die schlechten Manieren und die richtige Logik. Rechts: die stramme Form und das geistige Manko. Wie kommt das?

Denken ist Funktion der Not. Davon sagt die Bibel: „Der Geist wird nur in den Schwachen mächtig." Das einzige Mittel also, um der Menschheit das Denken abzugewöhnen, wäre: Ihre Leiden beseitigen. Da aber in Europa die Not immer größer werden wird, so wird das Denken immer siegreicher werden und somit die radikale Linke immer mächtiger. Was kann die „Reaktion" dagegen tun?

Sie muß, sie wird alle Mächte fördern, die das Nachdenken entweder hemmen oder betäuben. Rausch des Blutes und Fahnen der Volkheit; Glockenlieder des Glaubens und Orgien der Romantik. Man muß dem Volke Brot und Spiele geben. Kann man ihm aber kein Brot geben? Dann um so mehr Schauspiel! Ja, wir können zur Not ein Volk sich totwählen lassen. Es wird so lange gewählt und reformiert, bis diejenige Partei übrig bleibt, die die Propaganda bezahlen kann. Wir können mit der Parole: „Deutschland erwache" das Volk einschläfern. Nie wird so viel getrommelt als dann, wenn man die Ruhe des Friedhofs will. August 1914 wurde ein Volk in den Tod getrommelt; heute wird wieder in den Tod getrommelt. Lautsein ist kein Beweis für Leben. Eines aber kann niemand: Die kommende Organisation aller Notleidenden der Erde hemmen. Das siegende Licht der Vernunft.

Die überstaatlichen Mächte (1932)

In unsern Tagen, in denen trotz Weltwirtschaft und trotz internationaler Profitsucht eine nationale Selbstgerechtigkeit blüht, wie kein anderes Zeitalter sie je gekannt hat, in unsern Tagen ist ein Schreck- und Ekelwort aufgetaucht, mit welchem man dem Volke gruseln macht wie ehemals mit dem Namen des Gottseibeiuns, des alten Satanas. Es heißt: „Die überstaatlichen Mächte". Zumal Erich und Mathilde Ludendorff, fast erhaben in ihrem Begriffsfanatismus und fast komisch in ihrer Erhabenheit, kämpfen, nein berserkern seit Jahren in Buch und Zeitung wider eine vermeintliche Teufelsverschwörung von seiten der „Überstaatlichen Mächte", gegen welche mobil gemacht werden müsse: die Kraft aus Scholle und Landschaft, der deutsche Glaube, das deutsche Gewissen, das unverdorbene Gemüt ... Aber was ist das nun: „Überstaatliche Mächte?"

Da gibt es zum Beispiel den Satz: 2 mal 2 ist vier. Ist er staatlich? Oder richtiger gesagt: völkisch? Ist er germanisch, arisch, semitisch, slavisch, mongolisch oder sonst etwas? Nein! Er ist einfach richtig. Er ist schlechthin gültig. Überall und immer. Da gibt es ferner etwa den Satz: „Du sollst ein guter Mensch sein. Du sollst in jeder Lage das tun, was Deiner besten Einsicht gemäß jeweils das Edelste und Anständigste ist." Ist dieser Satz französisch oder englisch oder italienisch? Gilt er nur gegenüber den Landesgenossen? Hört er auf, gültig und wahr zu sein an den Grenzen unseres Staates? Nein! Er gilt auch gegenüber den Tier- und Pflanzenreichen. Er würde sogar den fremdesten und fernsten Lebewesen gegenüber gelten. Kurz gesagt: Das, was wir Menschen Logik nennen, ist eine „überstaatliche Macht", und was wir Ethik nennen (Moral, Sittlichkeit), das ist ebenfalls eine „überstaatliche Macht". Die Mathematik, ja die gesamte Wissenschaft (ausgenommen Geschichte) ist eine überstaatliche Macht. Das Recht als reines und gültiges Recht, das heißt als eine dem geschichtlichen Rechte übergeordnete Sphäre, ist international und überstaatlich. Mit ungeheuren

Mühen hat das Menschengeschlecht in Jahrtausenden eine seinem Leben gebietende, alle unsre Geschehnisse regelnde, unsre Geschichte lenkende und unsre Geschicke auswertende Sphäre teils gefunden, teils aufgebaut, nicht mehr zufällig und bedingt, nicht mehr geographisch und völkisch gebunden, sondern schlechthin einsichtig und wahr. Mit Kants Wort: Nicht mehr Gegebenheit, sondern Aufgegebenheit des Menschen ... Ihren obersten und äußersten Idealbegriff kennzeichnen wir Menschen mit dem armen Worte: Gott. Womit wir uns zu erkennen geben; daß es nicht ankomme nur auf mich oder auf Dich, auf diese Macht oder auf jene Macht, sondern daß alle Macht und Kraft umspannt wird von „Gottes Reich", das auf Erden kommen solle. Auch alle Sonderwerte, Volksgötter, Einzelgebilde sind nur Symbole dieses einen Reiches.

Nun aber kommen, brülldeutsch, brustgeschwellt, selbstsüchtig, machtwillig die nationalen Gernegrößen und posaunen: „Wir sind es! Wir sind der Mittelpunkt. Wir sind die Krone der Schöpfung. Wir haben hier zu bestimmen. Auf uns allein kommt es an." Daß in jeglicher Gestalt und in jeglicher Volksart das Zeitlos-Ewige Leib gewinnt und daß es in der Tat überall ankommt auf die Erhaltung von Volk und Landschaft, von Sinnfälligem, Einmaligem, Besonderem, niemals aber auf das Allgemeine und Abstrakte, das ist freilich eine wichtige, ja für mich die allerwichtigste Einsicht. Aber sie hat auch nicht das mindeste zu schaffen mit der andern Einsicht, daß nur die überstaatliche, die nicht mehr sinnfällige oder – wie die Philosophen sagen – „die normative" Sphäre uns Menschen Maßstäbe und Werte und Rechte an die Hand gibt und daß wir alle – jeder in seiner Weise – als die Träger dieser „übervölkischen Welt der Ideen und Ideale" ein paar Jahrzehnte lang über die Erde lärmen, allesamt nur mit der einen Aufgabe betraut, durch die Verwirklichung des Übervölkischen im Völkischen das Nebeneinander vieler, ja aller Völkertypen überhaupt erst möglich zu machen.

Wer aber die überstaatlichen Mächte bekämpfen wollte, der müßte nicht nur wie Erich und Mathilde Ludendorff das Christentum, den Katholizismus, die Juden, die Jesuiten, die Freimaurer bekämpfen, nein, er müßte folgerichtig verwerfen: die reine Logik wie die reine Ethik, das internationale Recht, das Einmaleins, ja den Geist überhaupt. Er muß Bundesgenosse werden meiner eigenen Philosophie, niedergelegt in dem Werke: „Der Untergang der Erde am Geist."

Aber gerade wenn er folgerichtig und bis zum Ende denkt, dann muß er entdecken, daß der Geist allerdings die Gegenmacht alles außermenschlichen Lebens, zugleich aber auch die eigentliche Wesenheit des Menschen und Menschlichen ist, so daß die Vernichtung der überstaatlichen Mächte gar nichts anderes wäre als der Beginn des Vernichtungskampfes aller Völker gegen alle Völker, die Rückkehr in den Urzustand der Natur und mithin auch der Tod des Menschengeschlechtes und der kosmischen Episode, die wir so stolz „Weltgeschichte" nennen.

Gerade darum weil ich weiß, welchen kosmischen, heidnischen, urtümlichen Erlebnissen der Krieg gegen die „überstaatlichen Mächte" entwachsen ist, und weil diese Erlebnisse (Jahrzehnte schon bevor es solche Kämpfe gab), mein eigenstes und wichtigstes Leben waren, gerade darum also, weil ich den Völkischen gerecht sein kann, viel gerechter als sie je mir zu werden vermöchten, gerade darum fühle ich auch die Verpflichtung: die Denkfehler des Nationalismus immer wieder klar aufzudecken. Sein schlimmster und verhängnisvollster Denkfehler aber ist die Vertauschung oder Verquickung von Volk und Staat, von Nationalem mit Sozialem, von naturhafter Gemeinschaft und staatlicher Gesellschaft. Über das Verhältnis dieser beiden Bereiche, die sich verhalten wie Geist und Seele im Menschen, sind sich diese Politikanten völlig unklar.

Just der Staat, das Recht, der Sozialismus, die Wirtschaft, kurz alle Notbauten des Geistes sind das Gegenstück zum Völkischen, Naturhaften und Nationalen. Es gibt heute keine Nationalstaaten mehr, wird sie niemals mehr geben. Es gibt heute keine Volkswirtschaft (Nationalökonomie) mehr; sie ist nichts als eine papierene Fiktion. Es gibt kein nationales Strafrecht, keine nationale Ethik. Aber es versteht sich von selbst, daß die ganze soziale Gesetzgebung, ja die ganze Welt des Geistes einzig da ist um der Nationen willen, um der Erhaltung der Natur willen. Wirtschaft, Recht, Sitte oder sonst ein Gebiet des Geistes national begrenzen wollen, das ist genau so sinnlos und dumm, als wollte jemand die slowakische Medizin oder katholische Botanik begründen. Wenn z.B. Adolf Hitler neuerdings eine Streitschrift herausgibt,

Theodor Lessing:
„Bildung ist Schönheit!“
Autobiographische Zeugnisse und Schriften zur Bildungsreform (= Ausgewählte Schriften, Bd. 1) Hrsg. von Jörg Wollenberg unter Mitwirkung von Ruth Schwake und Helmut Donat.

275 S., 22 Abb., geb., 29,80 DM
ISBN 3-924444-84-6

Auswahl von Schriften des von den Nazis ermordeten Philosophen und Bildungsreformers Th. Lessing, der die Schule als „Mörder an der Seele“ erkannte und für eine Kultur jenseits vom „Schlachtbeil der Pädagogik“ plädierte. Erstmalig wird Lessings Wirken als Bildungsreformer und Volkshochschulgründer dokumentiert – Teil der Lebensarbeit eines Philosophen, der im hohem Maß die Gabe populärer Darstellung besaß und gegen die innere und äußere Unbildung in den Kampf zog.

Günter Kunert:
Theodor Lessing – Der Prophet
Vortrag, gehalten am 26. Januar 1995 in der Volkshochschule Hannover zur Eröffnung der Ausstellung „Wissen ist Macht… Bildung ist Schönheit! Ada & Theodor Lessing und die Volkshochschule Hannover“
24 S., 8 DM ISBN 3-924444-83-8

Gut verständliche und differenzierte Einführung in das Leben und Werk des „Philosophen der Tat“ und prophetischen Mahners von seltenem Weitblick. Bewundernswert an Lessing ist sein „Dennoch“, sein „Trotzdem“,, sein Widerstand sowohl gegen den Betrieb wie gegen das überwältigende Getriebe der zur Maschinerie verwandelten Gesellschaft.

Donat Verlag

Borgfelder Heerstr. 29 · D-28357 Bremen · Tel. (0421) 27 48 86 · Fax 27 51 06 welche (wider den Kanzler v. Papen gerichtet) nachweist, daß das wirtschaftliche Denken die Schwungkraft und den Flug des nationalen Fanatismus lähme, so liegt dem zugrunde eine ewige Unklarheit über das wechselseitige Verhältnis des Wirtschaftlichen und Nationalen, des Sozialen zum Natürlichen, kurz einer Gesellschaft zu einer Gemeinschaft. Nach dem Glauben unsrer Nationalen müßten wir unökonomisch denken lernen, um wieder national zu sein.

Das Proletariat mag Hunger leiden, wenn es nur national leidet und stirbt. In Wahrheit ist der so vielgeschmähte Marxismus und Leninismus nur eine Theorie, mittelst derer wir ein Erdenhaus aufbaun können, in welchem sehr verschiedene Völker und Typen, ja schließlich alle Menschen nebeneinander und miteinander hausen können, ohne daß immer der eine nationale Ameisenhaufen dem andern Krieg ansagt. Denn die große Frage aller Politik (freilich nicht nur des Staatengeschäftes der Realpolitiker, sondern der Idealpolitik überhaupt) ist immer diese: Wie schützen wir Rassen, Klassen und Massen, wie schützen wir Völker und Parteien, jeden vor dem andern und jeden vor sich selbst, vor der eigenen Dummheit und Grenze. Dazu bedürfen wir der jedem Eingriff und jeder Laune entrückten, durchaus nicht mehr persönlichen „überstaatlichen Mächte".

Denn letztes Ziel aller Personalpolitik ist die Befreiung des Menschen von Politik, wie das letzte Ziel aller Geschichte die Befreiung ist von der Geschichte selber. Das mag „Philosophie" sein. Aber man kann heute nicht mehr Politik treiben, ja man kann in naher Zukunft keinen einzigen Schritt im praktischen Leben mehr machen, wenn man nicht Klarheit besitzt und letzte kritische Erkenntnis von Welt und Mensch, von Wirtschaft und Geschichte und von den wahren Grundlagen dieser Erdenpilgerschaft.

VERMÄCHTNIS

Die „Kulturmission" der abendländischen Völker (1927)

Ich habe die Ehre, einige Gedanken vorzutragen. Ich spreche in deutscher Sprache. Zuvor gestatten Sie, daß ich Ihnen einen merkwürdigen Gegenstand zeige: Hier diesen Stock, es ist ein Bambusrohr mit altem Griff, darin stehen die Initialen A.S. Das heißt Arthur Schopenhauer. Ich erhielt den Stock durch Testament. Zuvor gehörte er einem Philosophen Indiens. Es ist der Stock, den Arthur Schopenhauer trug. Das war ein großer deutscher Philosoph, aber es war nicht ein Philosoph wie die übrigen, es war ein Philosoph, der die Welt gesehen hat. Mit einigen Sätzen dieses Denkers beginne ich mein Referat:

„Wenn die Könige von Anam oder von Siam Missionare schicken würden nach Europa, so hätte das Sinn. Daß aber wir uns berufen wähnen, das Christentum und die christliche Kultur zu bringen den Hindu, den Parsen, den Malaien, den Chinesen, das ist nicht nur unverschämt. Das ist ein Verbrechen. Die Weisheit der Vedas und Upanischads war da, lange ehe es Dampfmaschinen und Lokomotiven gab. Der kleinste Rest Heidentum ist lebendiger als unsere ganze christliche Kultur ... Wenn die Chinesen sprechen würden: Wir sind die Lehrmeister der weißen Rasse, dann hätten sie recht. Die Gedanken Kong-Fu-Tses und Mong-Tses sind niedergeschrieben worden, lange bevor wir unsere Kanonen bauten, mit denen wir die Erde zerstören."

Die Erde zerstören! ... Den Leib der großen Mutter zertreten. Längst verschwunden und hingemordet ist fast die ganze Tierwelt Europas. Bär, Wolf, Wisent, Elch, Biber, Marder und Otter. Demnächst auch: Eber, Wiesel und Fuchs. Von mehreren tausend Vogelarten, die noch vor hundert Jahren in Europa sangen, sind knapp 300 übriggeblieben. Ich habe die Freude, hier ausgezeichnete Männer zu begrüßen. Sie haben eine weite Reise gemacht. Und wenn ich bedenke, daß manche zum ersten Mal nach Europa kommen, und wenn ich mich in Ihre Seele versetze, so glaube ich: Sie kommen in ein Märchenland. Sie bewundern uns, Sie bewundern Europa. Sie sehen hier Menschen vor sich, die sich tausend Wünsche erfüllen, welche die schwarzen, braunen, gelben Menschen kaum noch kennen. Und alle Wünsche erfüllen sich ganz ohne Verdienst. Man braucht nur auf Knöpfe zu drücken. Man braucht einen Hebel zu ziehen. Heizung mit Dampf, fließendes warmes Wasser den ganzen Tag, Kino, Lichtreklame, man ißt von silbernen Schüsseln, man reist im Luftkahn, oder man fährt im eigenen Auto ... Welche Wunder! – Sie alle wünschen in Ihren Ländern ebensoweit zu kommen. Sie werden es ... Aber Sie können nicht verstehen, was ich jetzt sage: Dieses alles ist der Kadaver der Natur. Sie sind in einer Wüste von lauter Artefakten. Da blüht kein Baum. Da blüht kein Strauch. Man liebt nicht, man haßt auch nicht. Sie sind in den Ländern des lärmenden Todes. Und um Sie herum – überlebendig – agieren Tote. Diese von der Mutter Natur abgetrennten Toten bauen Mordwaffen. Mit diesen Mordwaffen ziehen sie hinaus in alle Länder. Wo immer noch Lebendiges zu töten ist: Blumen oder Bäume, Tiere und Menschen. In dem letzten Jahre 1926 haben wir Europäer und Amerikaner 40 000 See-Elefanten erschlagen. Droben in der Antarktis. Wir haben in den letzten Jahren in Australien, in Amerika 100 Millionen Singvögel getötet. Dazu 200 Millionen Seevögel, damit unsere Frauen sich Federn auf die Hüte stecken. An den Küsten Patagoniens erschlugen wir im letzten Jahr 10 Millionen Robben. Erschlagen? Nein, das ist nicht praktisch, man zieht den Lebenden das Fell vom Leibe.[1] Sie sterben dann von selbst. Unter tagelangen Qualen. Die Gesellschaft für rationellen Fischfang in Kopenhagen, eine einzige Fischereigesellschaft, erbeutete im letzten Jahr 200 000 Walfische. Die werden gleich an Ort und Stelle getötet und zerlegt. 400 % Reingewinn. Auf der Insel Layson bei Hawaii, da haben wir im letzten Jahr eine Million Albatrosse in Gruben gefangen, dann den Balg abgezogen, dann verhungern lassen. Auf Madagaskar hat ein französischer Lederhändler die ganze Jagd auf Krokodile und Alligatoren gepachtet. Er hat alle ausgerottet, hat das Leder nach Amerika verkauft. Spielen Sie Billard? Haben Sie einen Taschenkamm? Damit wir solche Gegenstände haben, gebrauchen wir in Europa und Amerika in jedem Jahr 800 000 Kilogramm Elfenbein. Das bedeutet den Tod von 50 000 indischen Elefanten, die mächtigsten Geschöpfe der Erde. In Algeciras an der Küste Afrikas besteht eine Aktiengesellschaft: Compania Ballerana in Sandy-Bai. Sie hat im letzten Jahr 10 Millionen Robben gefangen. Ein gutes Geschäft! Eine amerikanische Aktiengesellschaft gründete 1914 auf den Kerguelen eine Betriebsstelle zur Jagd von See-Elefanten. Sie gewann so viel Tran, daß man alle Märkte der Erde mit Fett versorgen konnte. Da kam der Krieg. Mit dem Kriege Hungersnot. Was machen gute Geschäftsleute? Um ein gutes Geschäft zu machen, schüttete man neun Zehntel aller Vorräte ins Meer. Den Rest brachte man auf den Markt. Dank des Krieges mit einem Nutzen von 1 000 %. Das ist die christliche Kultur. Und da nun bald alle Wälder abgeschlagen sind, alle Tiere getötet – soweit man sie nicht benutzen kann für die Zwecke der Menschenwirtschaft –, so kommen nun an die Reihe die farbigen Völker. Einige davon haben noch Verwandtschaft mit außermenschlicher Natur. Die Indianer, die tapferen Negervölker Afrikas, die Hindu, das uralte China.

Betrachten wir zuerst einige Fußspuren der europäisch-amerikanischen Weltwirtschaft. Mehrere hunderttausend Russen, hunderttausend Armenier, hunderttausend Albanier sind entlang dem Lande Schané auf der großen Karawanenstraße in die Wüste getrieben worden. Abgeschlachtet angesichts der zeitungsschreibenden Kulturwelt. Indes von allen Kanzeln der Christenheit die herrlichste Ethik gepredigt wird, welche die Erde kennt. 1922 haben wir in Australien die Dampfpflüge mit Getreide geheizt, um die Frachtkosten herabzudrücken und höhere Getreidepreise zu erzielen. In den Münzen von Philadelphia und New York lagerte bergehoch das Silber und das Gold. Weil man die Goldstücke nicht alle benutzen konnte, so blieb nichts übrig, als sie zu bergehohen Klumpen einzuschmelzen. Was aber geschah währenddessen in Rußland? Eine Million Menschen verhungerte. Die Kinder fraßen ihre Eltern. Die Eltern schlachteten ihre Kinder. In Deutschland war von 1919 bis 1921 eine große Sterblichkeit unserer kleinen Kinder. Ich habe Kinder gesehen, die leicht zu retten waren, wenn man ihnen nur Milch gegeben hätte. Aber wir hatten keine Milchkühe. Wir mußten sie nach dem Vertrag von Versailles an Frankreich ausliefern. Um dieselbe Zeit aber hat Argentinien ganze

Rinderherden zu Büchsenfleisch verarbeitet. Da man es nicht ausführen konnte, so hat man Seife daraus gemacht.

An der Stätte, wo zwei der leuchtendsten Geister unserer weißen Rasse über die Zukunft der Menschenwirtschaft gegrübelt haben – Elisée Reclus und Karl Marx –, in Brüssel, sind wir zusammengekommen, um zu fragen: Wie können wir die drohende Selbstzerstörung der Erde verhindern? Die Selbstzerstörung durch die Mordtechnik des Kapitals und der Zivilisation. Dennoch können wir alles retten! Aber ehe ich Ihnen die positiven Wege zeige, will ich versuchen, das Problem zu formulieren: Das Problem der Kolonisation, um das es sich für uns hier handelt. Ich möchte aber bitten, daß niemand sich verletzt fühlt, wenn ich sachlich schroff die Wahrheit sage: Wehe jedem Volke, das untreu wird seinen autochthonischen Göttern, seiner Überlieferung, seiner Sprache, Schrift oder Volkssitte, Volkstracht, Religion und seinem Mythos. Solche Völker sterben aus. China steht im Begriff, Indien steht im Begriff, Afrika steht im Begriff, sich selber untreu zu werden. Alle gelben, braunen, schwarzen Menschen schweben dauernd in der Gefahr, sich zu verlieren an den Maschinenpark Amerika und Europa. Sie sind hierhergekommen; Chinesen, Ägypter, Perser, Sudanesen, Syrier, Inder, Mexikaner, um uns zu sagen: Wir sind freie Männer. Wir sind so gut wie ihr. Wir können auch, was ihr könnt. Sind ebenso klug, ebenso gelehrig, ebenso politisch. Das wissen wir! Aber ... Verzeihen Sie dieses Wort: Es ist ein wenig töricht, nein! Es ist ergreifend, wenn heute der schwarze Mann, der braune Mann, der gelbe Mann beweisen will: Ich bin ein guter Soldat, ein guter Techniker, ein großer Gelehrter, ein kluger Rechner. Ihre Väter haben die Kultur Europas und Amerikas nicht besessen. Nicht darum, weil sie das nicht konnten, was wir können. Nein! Weil sie das nicht können wollten. Die Zukunft wäre hoffnungsfroher, wenn sie nach Europa gekommen wären, etwa um uns zu sagen: „Wir spucken auf eure internationale Börse. Wir wollen nicht eure Handelspolitik und eure Technik. Wir wollen nicht einmal eure Bücher und eure Museen." Aber: Wenn Sie das Verbrechen der Kolonisation – (und jede Kolonisation ist Verbrechen) -, wenn Sie den Imperialismus bekämpfen wollen, so haben Sie nur den einen Weg: Sie müssen uns mit unseren eigenen Waffen schlagen. Sie müssen selber übernehmen die internationale Geldwirtschaft und die ganze Maschinenkultur Europas und Amerikas. Und dies, meine Herren, ist nun das wahre Kolonisationsproblem. Alles andere bleibt zuletzt eine edle Demonstration. Alle Völker, welche künftig nicht mehr von Amerika oder Europa beherrscht werden wollen, müssen selber übergehen zu einer rationellen Wirtschaft, zu der Handels- und Industriewirtschaft der weißen Rasse. Tun sie das aber, dann fällt ihr alter Bauernstand dahin. Dann verlieren die farbigen Völker alles, wodurch sie heute noch uns weißhäutigen Menschen überlegen sind, alte Überlieferungen und Volksglauben. Dies ist die Sackgasse, die Zwickmühle. Double Moulin, darin sitzen die farbigen Völker fest. Ja! Ich gehe weiter. Die alte Kultur Afrikas, Indiens und Chinas hat heute noch einen einzigen Freund: den amerikanisch-englischen Imperialismus. Es wird dahin kommen, daß die alte Sprache und Schrift, die Volksbräuche und die Religion Chinas und Indiens von keinem im Lande so geschätzt wird wie von den Unterdrückern. Alle Kolonisationsmächte lieben heiß die konservativen Völker. Alle Unterdrücker denken: Wenn wir Euer Altertum lieben, so geschieht es, weil wir Euch beherrschen können, solange Ihr Euch selber treu seid. Euer Volk soll dumm erhalten werden. Erst wenn Ihr selber Konkurrenten werdet unseres Kapitals und unseres Imperialismus, dann seid Ihr für uns gefährlich. Aber: Je mehr Analphabeten China hat, je mehr Nigger die europäische Sprache nicht verstehen, je mehr Hindu vor den Bäumen niederknien, statt Bäume abzuschlagen, je mehr Buddhisten die Tiere für göttlich halten, statt die Tiere zu schlachten, um so besser für die Unterdrücker. Eine Handvoll weißer Strolche, das übelste Gesindel der Erde, herrscht über 150 Millionen braune und gelbe Menschen. Sie haben ja keine Kanonen, keine Maschinentechnik. Ich wiederhole: Das wahre Problem der Kolonisation ist dieses: gehen die farbigen Völker über zu unseren Methoden der Erdausbeutung, dann werden sie schon in 50 Jahren loskommen vom Imperialismus. Aber sie könnten bald genau dasselbe werden, was wir sind, Sklaven der Maschinen. Ich möchte erinnern an einen Satz von Karl Marx: „Imperialismus? Was ist denn das? Es ist das, was alle großen Staaten sind und alle kleinen Staaten gern werden möchten.“ Es wäre doch immerhin möglich: China, Japan gewiß, das vereinigte Afrika (wenn es sich wirklich jemals einigen wird), vielleicht das neue Indien, wird in 100 Jahren eine autonome Macht sein mit militaristischen Interessen und expansiver Bevölkerungspolitik. Indem also die farbige Welt die kolonisierenden weißen Imperien bekämpft, wandelt auch sie selber sich um in moderne Militär- und Handelsstaaten. Militär- und Handelsstaaten aber sind immer bereit, und müssen bereit sein, zu kolonisieren. Dann ist das ländliche alte Asien und Afrika verloren. Die Bauern, ja die Nomaden werden sich bald in Händler verwandeln. Gehen aber die farbigen Völker diesen Weg nicht und wähnen sie etwa, auf dem Wege des Protestes oder mit den Mitteln des Wortes und des Geistes Nationalstaaten bekämpfen zu können, moderne Imperien, welche Waffen haben, Kapitalmacht, organisierte Massen und die Kraft der Maschinen, dann sind sie durchaus im Irrtum. Gegen die Technik kann man nur mit Technik kämpfen. Gegen Kapital nur mit Kapital. Imperialismus und Kapitalismus, das sind Schlagworte. Lebendige Mächte stehen nicht hinter solchen Abstraktionen. Wer sich an bloßen Idealen berauscht, ohne faktische und praktische Macht, der ist verloren. Die farbigen Völker werden, wenn sie nicht eine größere Macht sind als ihre Unterdrücker, ausgerottet werden. Mit dem letzten Elefanten, mit dem letzten Urwald der Erde. Oder sie müssen sich amerikanisieren und europäisieren. Also: Es heißt: Farbige Völker, tut, was ihr wollt, verloren seid ihr immer. So liegt das Problem. Gibt es eine Rettung? Können wir positive Ziele zeigen? Können wir trotz allem Sieger werden? Ja! Wir können es! Es gibt völlig sichere Rettung. Ich sehe drei Wege. Damit komme ich zum positiven Teil meines Referates.

Was sollen wir nun tun?

Hören Sie einige Zahlen. Es leben gegenwärtig auf der Erde 1 800 Millionen Menschen; davon sind 720 Millionen weißhäutig, also europäischen Blutes. Vor hundert Jahren, 1830, gab es auf der Erde nur 900 Millionen Menschen. Davon waren 175 Millionen europäischer Abkunft. Das bedeutet, das Menschengeschlecht hat sich während der letzten hundert Jahre verdoppelt. Diese Verdopplung ist fast allein zu buchen zugunsten der rationell wirtschaftenden abendländischen Bevölkerung. Während vor hundert Jahren etwa ein Sechstel der Menschheit weißhäutig war, ist es heute schon mehr als ein Drittel. Welche Folgen hat dieser Bevölkerungswandel für die Erde? Die Erde hat 136 Millionen qkm Flächenraum. Würde die Vermehrung der abendländischen Menschheit im nächsten Jahrhundert genau so weitergehen, wie sie im letzten Jahrhundert vor sich ging, dann würde nach abermals hundert Jahren auf je 100 qkm Boden ein europäischer Mensch sitzen. Europa und Amerika würden bald etwa so dicht bevölkert sein, wie z.B. das Waesland zwischen Gent und Antwerpen, wo etwa 300 Menschen auf 1 qkm Boden sitzen. Daß aber so überbevölkerte Gegenden kolonisieren wollen, kolonisieren müssen, ist selbstverständlich. Ebenso selbstverständlich aber auch dies: es wäre ein Wahnsinn, wollte man dem europäischen Ameisenhaufen gestatten, sich unbegrenzt über die ganze Erde hin zu vermehren, etwa unter dem Vorwand, wir seien durch Gott und Jesus dazu berufen, den farbigen Rassen unsere sogenannte Kultur zu bringen, d.h., sie für uns arbeiten zu lassen, so wie Ameisen sich Blattläuse ziehen. Nein! Wohin führt denn das? Alle Länder der Erde wimmeln schon von diesem weißhäutigen Gesindel, das alles kann, alles macht und gar nichts ist, das alle Freuden der Technik, der Industrie und des Kapitals genießt und eine völlig verödete leere Seele hat. Dies ist der Kern der europäischen Kultur. Die Menschen bauen hier höher, als sie selber steigen können. Ihre Werke werden immer lebendiger, sie selber sind lebensverarmt. Das Werk ist mehr als die Seele, welche das Werk baut. Also Bevölkerungspolitik! Gelingt es nicht, die blinde Vermehrung der europäisch-amerikanischen Rasse einzudämmen, dann können wir auch nicht die Wachstumsausträge der Nationen verhindern. Es wird dann dahin kommen, daß zuerst die unnötigen Tiere und Pflanzen ausgerottet werden und daß sodann alle Völker darangehen, sich gegenseitig zu zerfleischen. Sieger ist dasjenige Volk, das die meisten Söhne hat und die größten Kanonen. Aber das Zeitalter der Nationalpolitik ist vorüber. Eine Weltpolitik wird kommen. Denn, wenn es uns heute möglich ist, auch die kleinsten und fernsten Inseln im Südmeer dem Kalkül zu unterwerfen, um sie auszubeuten, dann ist es auch möglich, das kleinste und fernste Volk dem Kalkül des Geistes zu unterstellen, um es aufzubauen und in seiner Eigenart zu erhalten. Denn zur Freude ist der Mensch geboren. Nur zur Freude und jeder Mensch. Es ist möglich, die europäisch-amerikanische Menschenzahl bewußt einzuschränken. Es ist auch möglich, Schutzzonen zu stiften für Tiere und Pflanzen vor der Zivilisation. Freiheit und Unabhängigkeit zu schaffen für die Bewohner Polynesiens, die Stämme Südafrikas, für Afghanistan, für die Hindus, für China. Gegenwärtig gibt es für die ganze Erde nur eine einzige, wirkliche Gefahr, das ist die weiße Gefahr. Wer das erkennt, muß fordern: die Vermehrung der weißen Rasse muß unbedingt eingeschränkt werden. Nur der Imperialismus hat ein Interesse daran, daß viele Menschen geboren werden. An sich ist es für den Wert einer Nation völlig gleichgültig, ob sie aus vielen oder aus wenigen Menschen besteht. Also – Beschränkung der europäisch-amerikanischen Menschenzahl, das ist die erste Forderung.

Die zweite Forderung ist: rückläufige Kolonisierung, colonisation retroverse. Was heißt das? Die Erde kannte bisher nur Völkerverschiebungen zum Zwecke der Ausbeutung von Erdschätzen oder von Arbeitskräften. Es ist notwendig, daß Amerika und Europa endlich missionarisiert werden. Zunächst sollen die farbigen Völker ihre fähigsten jungen Menschen hierher schicken, nicht nur, damit sie lernen, wie man Dampfmaschinen baut, Turbinen anlegt, Radio und Elektrizität ausnutzt, Berge abbaut, die Luft beherrscht und das Meer ausnutzt – nein, Inder, Chinesen, Perser, Negervölker sollen als Lehrer kommen und den ganz abscheulichen Hochmut des weißen Kulturkreises brechen. Denn was wissen die Menschen voneinander? Gar nichts! Es wäre gut, wenn die Amerikaner und Engländer niederknien lernten vor den Göttern im Wasser, vor den Göttern im Winde. Das Christentum kennt nur einen Gott, und das ist der Mensch. Gott ward Mensch, das ist das ganze Geheimnis der westlichen Kultur. Aber von manchen Menschen Asiens und Afrikas können wir noch lernen; der Mensch ist es nicht, es gibt auch außermenschliche Mächte, kosmische Gewalten. Wir haben uns ihnen verfeindet, denn wir kaukasischen Menschen sind wie Kinder, die sich nicht damit begnügen, die Milch der Mutter zu trinken, wir trinken der Mutter Erde gleich das ganze Blut weg. Ich wünschte, es gäbe bei uns Schulen, wo Brahmanen, Buddhisten, Lehrer des Tao, Lehrer des Korans, des Zendavest auf die Jugend einwirkten. Luftschiffe und Elektrizität haben die ganze Erde mit einem

Netz von Verbindungen überzogen. Warum nicht auch ein Netz der Seele? Erst seit kurzem empfindet man Europa als Einheit. Wir wollen die Erde als Einheit empfinden. Dazu müssen viele farbige Männer über das Meer kommen.

Drittens, nun kommt das Wichtige. Wir sehen hier an den Wänden überall zwei Aufschriften, die sich scheinbar widersprechen: Liberté nationale und égalité sociale. Fassen wir das zusammen auf die Formel: Liberté nationale par l'égalité sociale!

In einem großen Häuserblock wohnen 300 Proletarierfamilien. In der Küche am Herd stehen in 300 Küchen jeden Tag 300 geplagte Frauen, und alle 300 Frauen kochen täglich auf 300 Herden dieselbe Suppe. Abends kommen die müden Männer von der Arbeit nach Hause. Dann nimmt jeder sein Bad und liest die Zeitung. 300 Zeitungen werden ins Haus gebracht. Immer dieselbe dumme Zeitung. Eines Tages steht ein kluger Mann auf und sagt: Kameraden, ich habe dies Leben satt. Warum kochen denn unsere 300 Frauen immer dieselbe Suppe, bauen wir doch einen Herd für alle. Wir sparen Kohle, und mit weniger Kohle kann der eine Herd 300 Suppen kochen, und jeder von uns kann sich aussuchen, was er essen will. Und warum liest jeder von uns immer die eine dumme Zeitung? Wir können für dasselbe Geld jeder eine andere Zeitung halten. Wir legen dann alle Zeitungen aus in einem gemeinsamen Raum, und jeder mag lesen, was er lesen will.

So sprach der kluge Mann. Wie nennt man das, was der Mann da empfiehlt? Man nennte das Kommunismus. Er sozialisiert, aber er sozialisiert nicht, um die einzelnen Menschen in eine Zwangskaserne zu stecken, um zu nivellieren. Nein! Umgekehrt! Er will sie frei machen. Sie sollen nicht als Sklaven am Herde stehen. Der eine Herd soll für sie alle kochen. Was ich sagen will, ist dieses: Will man „liberté nationale“, so geht es eben nur durch „égalité sociale“. Ich erwarte für die Lösung der Kolonisationsfrage gar nichts von den Politikern. Diese sind so praktisch, daß sie vor lauter Praxis unpraktisch werden. Ich erwarte nichts von den Ministern. Nichts von Generälen. Vollends nichts von Gelehrten und Literaten. Ich habe so viele Regierende gesehen, daß ich gelernt habe: auch die Mächtigsten irren. Irren ist menschlich. Und auch wir alle können heute irren. Aber ich erwarte alles von der Macht der Organisation, wenn diese allen Subjektivismen und Nationalismen entrückt ist. Es gibt ein chinesisches Sprichwort, das heißt: „In Peking ist die Wahrheit keine andere als in Nanking." Das soll besagen: Es gibt nicht eine Logik für den Norden und eine andere Logik für den Süden. Es gibt nicht eine Wahrheit, die gilt für Asien und eine andere Wahrheit, die gilt für Europa. Es gibt nur die eine Logik, nur die eine Wahrheit. Sie gilt für alle, welche denken. Also: es muß eine Organisation geben, die entrückt ist aller Willkür der Nationalität und der subjektiven Überzeugung. Damit komme ich zum Schluß. Ich habe vor Jahren die Theorie aufgestellt und bewiesen, daß der Anfang aller Technik der Mord ist. Die Technik begann mit den künstlichen Methoden des Fischfangs und der Jagd und des Tötens der Beutetiere. So wird auch der Mord das Ende der Technik sein. Die Physik Europas steht unmittelbar vor einer großen Wende. Es ist soeben den englischen Physikern gelungen, durch künstliche Vorrichtungen das chemische Atom zu spalten. Damit eröffnen sich ganz neue unbegrenzte Möglichkeiten für die europäisch-amerikanische Technik. Es dürfte nämlich irgendwann einmal dahin kommen, daß eine einzelne Person, welche die Methoden der modernen Physik und Chemie beherrscht, den Versuch machen kann, eine ganze Stadt, ja schließlich die ganze Erde in die Luft zu sprengen. Das klingt Ihnen phantastisch, ja es klingt lächerlich. Aber es ist so. Es wird an einem nicht allzu fernen Tage technisch möglich sein, und dann ist der Punkt erreicht, wo notwendig ein die ganze Erde übergreifender Kommunismus einsetzen muß, es wird nämlich bald schon unvermeidlich sein, gewisse Mordwerkzeuge und gefährliche Stoffe der Kontrolle der Staatsvernunft zu unterstellen. Nehmen Sie nur dies eine einfache Beispiel. Ein einzelner Abenteurer, ein Räuberhauptmann namens Cortez, ist mit einem Rudel Spießgesellen nach Südamerika hinübergefahren und hat das ganze Reich der Inka zerstört. Warum? Die Mordbuben hatten ein paar Kanonen. Mit denen konnten sie leicht Menschen, die wie Blumen lebten in kommunistischen Gemeinschaften, wehrlos zusammenschießen. Heute ist es so weit, daß ein einzelner gewissenloser Großunternehmer, wenn er Riesenkapital und die Waffe der Technik benutzt, leicht eine ganze Stadt von der Erde fortrasieren könnte. Da wird es denn doch nötig, an die Expropriation der Expropriateure zu denken. Eine solche Technik darf eben nicht mehr einer einzelnen nationalen Gruppe zugehören. Sie muß in den Dienst der gesamten Erde treten. Denn gelingt es nicht, das Großkapital, die Waffen und die Maschinen in den Dienst der Gemeinschaft zu stellen und ihre Verwertung der objektiven Vernunft zu übergeben, was wäre die Folge? Ein großes Wettrüsten aller Völker der Erde. Eine ungeheure Vermehrung der Technik des Mordens. Dabei würden die Sieger verbluten und die Besiegten. Was wir in Europa erlebten und Weltkrieg nennen, das war nur ein ganz schwacher erster Auftakt. England baut heute neue Kanonen, Deutschland braucht heute neue Kanonen. Frankreich braucht neue Kanonen, Japan braucht Kanonen, Indien braucht Kanonen, Afrika braucht Kanonen. Und: es kommt der Tag, wo alle diese Kanonen losgehen. Ganz von selber. Ich fasse zusammen: Ich sehe nur drei Wege.

1. Geopolitische Bevölkerungspolitik. Bewußte Bevölkerungspolitik für die ganze Erde, wobei notwendig ist, daß die weiße Rasse ihre Vermehrung einschränkt und ihre Expansionsideale verliert.

2. Rückläufige Kolonisation, „colonisation retroverse". Solange noch Einwanderung weißer Leute in die Länder der farbigen Völker gestattet ist, müssen auch umgekehrt die farbigen Rassen ohne jede Beschränkung Freizügigkeit haben. Gegenwärtig z.B. China und Japan für Australien.

3. Liberté des nations par égalité sociale. Also: Sozialisierung gefahrdrohender Techniken im Dienste des Völkerfriedens. Entnationalisierung des Baues von Mordmaschinen. Internationale Instanzen zur Verfügung über die völkergefährdenden Mittel der Technik.

Diese Zukunftspläne, wie sind sie erreichbar? Der nächste Schritt ist die Weltorganisation aller unterdrückten Nationen im Bunde mit der Internationale der unterdrückten Klasse, also des Proletariats. Wir müssen geloben, überall praktische Organisationen zu schaffen, die das Ziel haben, die unterdrückten Völker der Erde zu verbinden. Dieser Kongreß hat gezeigt, daß eine ungeheure Zusammenfassung der unterdrückten Nationen kommen wird. Not schmiedet sie zusammen. So verschieden wir hier sind. Verschiedener Hautfarbe, Typus und Charakter, unser Ziel ist dasselbe

Licht. Kommen wir nach einigen Jahren wieder zusammen, dann wird sich bereits gezeigt haben, daß der Weltpolitiker heute noch ein Theoretiker, morgen der einzige Praktiker sein wird, heute noch verlacht, morgen der einzig Mächtige. Und dann werden auch hier alle sein, die heute leider noch fehlen. Gewiß, die verschiedenen Stämme Chinas, Indiens und der Negervölker sind hier vertreten. Aber auch die Indianer, auch die Parsen, auch die Juden, auch die edlen Samländer, auch die Liven, die Esten, die Quänen, auch die 300 000 Eskimos, die Slowenen und Slowaken, die stolzen Berber, die Beduinen der Sahara, aber auch die Buschmänner der Kalahari, Herero, Papua, Feuerländer, Hottentotten, Tataren und Mongolen ... sie sind alle unsere Brüder. Wir sind eine ungeheure Macht. Alles, was noch gesund ist auf der Erde, ist mit uns im Bunde.

Und zuletzt, wie könnte man uns besiegen? Die Natur selber ist mit uns im Bunde. Denn die ganze Natur ist bedroht durch die Expansionspolitik der weißen Rasse. Mit uns im Bunde die Tiere auch und die Pflanzen, das Luftreich und das Meer und selbst das Reich der Sterne:

Denn unser alter Himmel ist das Licht,
zu dem wir pilgern auf getrennten Wegen.

Deutschland und seine Juden (1933)

Wir versammeln uns zu einer Stunde, wo in allen Ländern Europas eine Unruhe herrscht, ein Chaos der Leidenschaften und solch ein Wirrwarr der Gefühle, daß man meinen könnte: die Welt, in der wir zu atmen verdammt sind, sei ein Irrenhaus.

In einer solchen Stunde muß ein Mann, der sich der Wissenschaft gewidmet hat, ehern auf der Hut sein, auch seinerseits Gefühle und Leidenschaften aufzupeitschen, mögen diese noch so natürlich und berechtigt sein. Ich spreche also nicht als ein praktischer Partei- oder als ein Volksmann. Nur als Einzelner, der bemüht ist, so wahr und gerecht zu sein, wie es irgend für uns Menschen möglich ist.

Aber gerade darum muß ich das Nurpersönliche vorwegnehmen und muß zunächst Rechenschaft ablegen über das zufällige Schicksal einer zufälligen Person.

Ich bin Zionist. Bin Deutscher. Bin Kommunist. – Was will das besagen? -

„Zionist“ bin ich, weil ich als Jude geboren bin. Und zwar als ein Jude, der nicht das Glück gehabt hat, in hebräischer Bildung oder in mosaischer Religion aufzuwachsen. Ich war 24 Jahre alt, als ich, aus christianisierter und nicht mehr reinblütiger Familie bewußt ins Judentum zurücktrat. Aber der Zionismus, die Schicksalsgemeinschaft der alten Volksgeschichte, hat nie verhindert, daß ich mich zugehörig wußte einer großen Internationale, daß ich mich eingereiht wußte in den „Klassenkampf“, der, die neue Weltordnung emportragend, der ganzen Erde verkündet:

„Völker hört die Signale.
Auf zum letzten Gefecht.
Die Internationale
verficht des Menschen Recht!“

Ich bin also zugleich Zionist und Sozialist. Aber bin noch ein Drittes. Und auch davon muß ich Rechenschaft geben, ehe ich mit sachlichen Darlegungen beginnen kann.

Ich bin Deutscher! Und wenn ich sage: Ich bin Deutscher, so ist das kein Bekenntnis des Mundes und kommt nicht aus Menschenfurcht und nicht aus Zugeständnissen an den nationalen Irrsinn der Zeit. Es ist das Bekenntnis des Tropfens zu seiner Quelle. Des Baumes zu seinen Wurzeln. Bekenntnis zu der Sprache, die aus mir bricht. Des Seelenbrotes, davon ich lebe. Der Erde, darin alle ruhen, die mich liebten; daraus alle wuchsen, die ich liebe.

Und so kam ich hierher, nicht als ein wurzelloser „Intellektueller“, der es leicht hat, scharfe und freiheitliche Worte zu brauchen. Denn für den ist Geist nur ein Spiel. Auf mir aber lastet Verantwortung; und ich habe wohl zu bedenken, daß ich den Brüdern in Deutschland nicht schade, nicht den Genossen in Gefängnissen und Arbeitslagern. Ich muß Sprachmund sein für viele, die Gewalt am Sprechen verhindert, jene Gewalt, die auch vom Schrei der Gequälten sagt: „Du verleumdest Dein Vaterland.“

Zwei ungeheure Naturgewalten weben den Teppich der Geschichte: Das Volk und der Glaube.

„National“, „Völkisch“ –, das ist die Überlieferung des Blutes. Die Landschaft, darin ein Mensch wächst. Sein Schicksal. Seine natürliche Gemeinschaft! Und der deutsche Kanzler hat Recht: „Es ist nicht möglich, daß ein Mensch allein ist. Er ist immer Ausdruck einer Gemeinschaft, daraus er kommt.“

Aber außer dieser Volks- und Heimatsgemeinschaft gibt es noch eine zweite übervölkische, außermenschliche, ja man könnte sagen kosmische Gemeinschaft. Das ist Gemeinschaft mit Dem und in Dem, was ewig ist. Was war, ehe Mensch und Erde geworden sind. Und was auch bleiben wird, wenn Mensch und Erde vergangen sind, wie Schatten und Traum. Dies Ewige, diese Gebundenheit an das Ewige, nennen wir: „Religion“.

Alles Große und Hohe, was auf Erden geschaffen wurde, ist emporgeblüht aus diesen zwei Gemeinschaften: Nation und Religion. Aber auch alles Gräßliche und Grauenhafte, was im Menschen steckt: Der Krieg und der Neid der Nationen, die Unduldsamkeit und Eifersucht der Sekten, alles Abscheuliche wächst aus diesem Urgrund: Volk und Glaube. – Völkerkriege sind furchtbar. Furchtbarer noch Glaubenskriege. Denn es gibt auf der Erde eine ungeheure Vielheit und Verschiedenheit der Völker. Und es gibt auf der Erde eine ungeheure Verschiedenheit und Vielheit der Glaubensbilder. Und jeder hat Recht! Und jeder meint es gut! Aber wie Wölfe würden alle übereinander herfallen, eines das andere vernichtend, wenn nicht just aus Not und Reibung der Vielheit entboren würde jene Einheit, die nicht national ist und nicht religiös. Wir Menschen nennen sie: den Geist. Und wir ehren in ihm das wachsame Gewissen der Völker und den Leitstern und die Richte ihres Glaubens. Das, was uns zu „Menschen" macht und von den Tieren unterscheidet. die urteilende, wertende, schauende Vernunft. Das Licht oberhalb des Gemetzels der Nationen und Religionen.

Geist also ist nicht deutsch und nicht tschechisch. Nicht jüdisch und nicht arabisch. Nicht arisch und nicht semitisch. Der Geist, den all die Millionen Seelen der Erde emportragen, ist immer der Eine, davon zuerst das Alte Testament und heute die gewaltige Welt der christlichen Kirchen, davon Buddha und Mohammed verkündet: „Gott ist das Eine".

Und also spricht Gott: „Ich bin das Licht und bin die Finsternis. Bin nicht gut und bin nicht böse. Bin das Gute und das Böse in Eines."

Mit der Flamme vergleicht die Bibel den Geist. Flamme kann erleuchten und erwärmen, kann das Leben erwecken und die blühende Erde segnen. Aber Flamme kann – (als zersetzender, höhnender Geist) – auch das Leben stören und zerstören.

Geist also ist wie jene Lanze des Helden der Sage.

„Mit der Spitze der Lanze schlug er tödliche Wunden. Kehrte er aber die Lanze um und berührte die Wunde mit ihrem Schafte, dann heilte auch die böseste Wunde."

So also steht es um Geist! Er kann allem Leben entgegenstehen. Er kann aber auch des Lebens Hüter sein. Das kommt an auf Uns. –

Man versteht, so hoffe ich, was ich sagen möchte: Die Vielfalt, ja Allfalt der Zeugungen wird geordnet durch eine geistige Über-Zeugung. Als polynationaler Staat, als völkerversöhnende Politik, als Weltwirtschaft, als sachlich-vernunftentwachsenes Recht. Kurz: Als Logik und Ethik.

Diesen Gegensatz von nationaler Gemeinschaft und von internationaler Gesellschaft, diese beunruhigende Zweiheit von Seelen und Geist will ich nochmals formulieren mit klassischen Formeln der deutschen Philosophie: Glaubt Ihr, es komme darauf an, daß das deutsche Volk lebt und erhalten bleibt? Nein! Es kommt gar nicht darauf an, daß Ihr oder sonst ein Volk lebt oder erhalten bleibt. Es kommt einzig darauf an, daß das Volk wert bleibt seiner Dauer und Erhaltung. – Wert der Dauer und Erhaltung aber ist ein Volk gerade nur dann und gerade nur so lange, als es sich zum Träger macht der gültigen Werte, die nicht nur diesem Volke gehören und nicht nur diesem geschichtlichen Zeitalter, sondern ewig sind, weil es ohne sie überhaupt keine „Menschheit" geben würde, sondern nur einen Wachstumskampf aller Völker gegen alle. Wir nennen aber das, was uns zu Geistern macht: Menschlichkeit.

Wehe dem Volke, das sich versündigt an den Geboten der Menschlichkeit. Es hat mit seinem Gewissen auch seine Seele, mit seinem Ethos auch seine Liebeskräfte verloren. Es ist eine Larve von Volk. Und gewönne es als „Nation" allen Raum der Welt.

Viele Völker leben! Jedes liebt seine Scholle. Jedes wurzelt in anderer Sprache. Aber es gibt immer nur die eine Vernunft, die aus der Not aller hervorwächst. Und immer nur hervorwächst am kränkesten und wundesten Punkt. Denn der Geist selber ist Ergebnis der Vielheit. Ist Blüte aller Not. Immer ist Schmerz unser Aller-Eigenstes. Aber zugleich ist die Wunde auch die Stelle, wo wir einmünden in das Heil und in das Heilende des All. Darum sagt die Bibel: „Gott ist mächtig nur in den Schwachen."

Träger des Fortschritts zum Geist ist also nicht das Volk, sondern ist die Not im Volke. Viele sagen, daß Geist Widersacher der Seele und mithin des Lebens sei. Es ist unwahr! Geist ist Not. Und Not ist unser innerstes, innigstes Leben.

Wunde ist ein Punkt des Allein-seins. Aber zugleich des Erwachens zum All-Eins-sein.

Wohl möglich, daß unser Blut uns trennt. Aber uns verbinden unsere Tränen. Uns verkittet unserer Arbeit bitterer Schweiß.

Warum denn nennen wir uns Kommunisten und Sozialisten? Warum heißt es: „Proletarier aller Länder vereinigt Euch?" Weil wir wissen: Die Solidarität der Not ist immer auch Solidarität im Geiste. „Not" herrscht, wo immer Arten und Individuen im Lebenskampfe stehen. Will man Selbsterhaltung der Arten und die Freiheit der Einzelpersonen, so gibt es dazu nur diesen einen Weg: Übernationale Ordnung diktatorischer Vernunft...

Ziehen wir aus dem Gesagten die Folgerung:

Wenden sich die Staaten Europas und Amerikas als faschistische und nationalistische Staaten, als liberalistische oder föderalistische Staaten gegen einander, dann kommt jenes Erdenschicksal, das ich vor zwanzig Jahren schaudernd vorausgesagt habe in zwei Werken: „Geschichte als Sinngebung des Sinnlosen“ und „Untergang der Erde am Geist“. Zwei gewaltige Notfeuer auf der Erde sinkendem Schiff. Man sagt mir, daß Deutschlands Jugend diese Werke verbrannt habe. Ihre Enkel oder Urenkel werden meine Gedanken sorgfältig aus dem Schutt der Asche suchen. –

„Untergang der Erde am Geist“ –; das nämlich heißt:

Nach Ausrottung von Wisent, Bär, Lux, Wolf, Biber, Marder und Nerz, von Löwe und Elefant, von Aligator und Krokodil, von Adler und Eule, von tausend Vogelarten und tausend Pflanzenarten, nach Ausrottung der Urwälder, Verpestung der Flüsse durch den alles übermächtigenden, demutlosen Menschen-Machtwahn, kommt zum Beschluß sogenannter Entwicklungs- und Fortschrittsgeschichte die wechselseitige Selbstvernichtung: Volk gegen Volk! Mit allen Waffen der Technik, welche längst Technik des Mordens geworden ist. Mit Giftgaschemie und Massenmordmechanik. –

Wir schürfen den Baustoff zu unseren Menschenbauten aus dem Erdgrund, der die Bauten tragen soll. Jede unserer Erfindungen war bisher nur dadurch möglich, daß wir eine Gegenerfindung machten, die die Mordwirkung ausglich. Erfinden wir neue Giftgase, so müssen wir neue Schutzmasken erfinden. Erfinden wir Fern-Sender, die jedem Narren gestatten, seine Meinung der Welt aufzudrängen, so müssen wir alsbald sinnen auf Elektrowellen, die diese Seelenvergiftung ausgleichen. Wir bekämpfen den Buchdruck mittels Buchdruck, die Sprengstoffe mittels Sprengstoff, die Bakterien mittels Bakterien. Wir können die durch uns zerstörte „Harmonie des Lebens“ nur künstlich auszuwägen versuchen. Die Technik der Erdzerstörung ist an dem Punkt angelangt, wo ein Häuflein von zwanzig entschlossenen Gewaltmenschen die ganze Erde, Mensch und Tier ihrem

Herrschwillen unterwerfen kann. Sie brauchen nur alle Mittel des Bösen im Dienst ihrer vermeintlichen Volks- und Staatsideale folgerichtig zu verwerten. Daran geht Indien zugrunde. Daran China. Mit einer einzigen Riesenkanone lassen sich hunderttausend blumenhafte Wesen vergewaltigen. Ein neuer Krieg, mit achthundert Sorten Giftgasen, mit Stratosphärenflugzeugen, Luftschiffgeschwadern voller Brisanz- und Gasbomben, die automatisch sich entladen, mit Streukörperbrausen, welche Pest- und Typhusbakterien über das Land aussäen, bald vielleicht schon mit Atomzertrümmerung – das ist ein so furchtbarer Zusammenbruch der Menschheit und ihrer Kultur, daß derjenige Staat menschlich handeln würde, der allen Müttern rechtzeitig Blausäuregift ins Haus schickt, damit sie sich und die Kinder vergiften, ehe dieser gräßliche Tod über uns alle kommt.

Wer heute noch spielt mit Soldaterei und Krieg, wobei der Vaterlandsrausch des einen Volkes immer auch im nächsten Volke neue Raserei der Selbstbehauptung rege macht –; wer heute den Pazifismus, das heißt, die Verantwortung jedes Menschen für jeden anderen Menschen, abdrosselt; wer die Internationale, das außer- und übervölkische Werk des Geistes zerstört, der ist, mag ihn auch die Nation als ihren Halbgott bejubeln, in Wahrheit der tragische Verderber, nicht nur der Heimat, sondern Frevler an Mensch und Erde. Frevler aus Mangel an Seele. Frevler aus Mangel an Phantasie!

Deutschland stört und zerstört das Werk übernationalen Geistes! Es fordert von uns, seinen Kindern, daß wir unsere Liebe beweisen, indem wir Ja sagen zum Wahne nackter Selbstvergottung.

Wir verkennen nicht die Möglichkeiten eines geschlossenen Agrar- und Ständestaates. Man kann mit der Internationale des Geldes auch die Internationale der Not unterdrücken, kann aus den Völkern dieser Erde heroische Termitenhaufen machen. Jeder Haufe: eine abgetrennte Insel selbsttrunkener Jugend. Alle einander verachtend. Alle wie Wettläufer einander den Rang ablaufend.

Diese Gefahr heldenwilliger Selbstgenüge, die den Menschen in Wahrheit versklavt an den Nationalstaat, dieser Grundsatz: „Wir sind zwar Barbaren, aber Gott sei Dank: Deutsch", das ist die Gefahr unseres Vaterlandes.

Gnädiges Schicksal aber hat dem deutschen Menschen einen leidenderen und darum wissenderen Bruder beigesellt: den Juden.

Durch zwei Jahrtausende ist das Judentum (zumindest in Form der christlichen Kirchen) dem Germanentum verbunden gewesen. Im Armenviertel Ostlondons, im Kasimirviertel Krakaus, in den Elendswinkeln von New York, Odessa, Budapest, in den lateinischen und slavischen Ländern, nicht zum mindesten in Böhmen, und sogar noch im eigenen Lande Palästina, überall wo Juden wohnen, da fanden wir, daß sie deutsches Seelengut bewahren, treuer oft, als der leichtaufzusaugende Deutsche selbst. Was ist denn das Ostjudentum, was sein viel verkanntes Jiddisch? Aus Tränen geronnenes, kindliches Deutsch aus fernem Mittelalter. Eine kluge Politik hätte aus den Juden die Vorkämpfer des Deutschtums gemacht. Eine unkluge Politik erklärt: „Ihr seid Schmarotzer am deutschen Volksleib. Wir wollen Euch nicht! Hinaus mit Euch!" – Man nennt diese Judenverfolgung in Deutschland „Nationale Revolution". Und wir müssen versuchen, – so schwer das auch ist –, unsern Henkern gerecht zu sein.

Es gibt einen Gesichtspunkt, unter dem auch ich – der ich mich durchaus als Jude fühle – den alten Streit um das Judentum wohl zu begreifen vermöchte. Das ist der heidnische Gesichtspunkt derer, die nicht nur den Geist der Bibel ablehnen, sondern das ganze Christentum, den ganzen Buddhismus, kurz den ganzen schweren Weg der geschichtlichen Menschheit. Diese völlig unpolitischen Philosophen verkünden heute das Folgende: „Es gibt keine Formel, die so jüdisch wäre, wie die des Christentums: 'Gott ward Mensch.' Denn der Jude ist der aus der Natur herausgetretene Geist. Der Jude denkt dialektisch; die Natur aber löst jeden Kreis auf in andere Kreise. Mit dem notgestachelten Sklavenvolk der Juden begann die zielgerichtete Gegenlebendigkeit einer Geschichte der Menschheit. Dieser Menschenwahn hat freilich immer zwei Seiten. Die Willensseite und die Erkenntnisseite. Und es scheint, daß der Willensdünkel dem Germanen, der Erkenntnisdünkel dem Juden näher liegt. Der eine möchte die Natur durch das Wollen erlösen, der andere durch das Erkennen. Wir aber ersehnen die vom Wollen und Erkennen erlöste paradiesische Urnatur. –

Wahrlich! Diesen Aufstand der Natur gegen den Geist kann ich verstehen! Denn ich selber habe ihn eingeläutet mit jenen zwei Werken „Untergang der Erde am Geist“ und „Geschichte als Sinngebung des Sinnlosen“.

Die Völker, allen voran das deutsche Volk, wittern im „Juden“ den unheimlichen, naturentfremdeten Genius der Abstraktheit, darin die frohen Farben erlöschen und die sinnfälligen Formen, daran Seelen und Landschaften der Völker ersterben: die Mythen, Bilder, Trachten, Feste und Bräuche. Jüdisch (in diesem Sinne) wäre eben alles, was Eigennatur und Sonderheit der Volksseelen übermächtigt und einbindet. Die Zahl und die Mathematik, das Geld und der Bolschewismus, kurz: das Absolute; das Ding an Sich ... Ich bin überzeugt, daß die Hure „Weltgeschichte“ einst diesen Sinn der „deutschen Revolution“ einlügen wird. Auferstehung der Romantik, Erwachen der Naturantriebe, Aufbegehren der völkischen Erdseele gegen die Anmaßung des todbringenden Judengottes..., so wird man unser Zeitalter und allen Irrsinn unseres Zeitalters ausdeuten. Und man wird sich die Entschuldigung und Sühne deutscher Barbarei bequem machen, indem man im „Juden“ einfach sieht einen „leeren Träger leer laufender Geistigkeit.“

Nehmen wir nun einmal an: Es wäre so! Dann müßte sich die nationale Revolution nicht gegen den Juden als fremdartige „Volkheit und Rasse“ kehren, sondern gegen den Juden als leeres Prinzip der Internationalität rechnerischen Kalküls. Man müßte (wie auch wir Zionisten wollen) den Wunsch hegen, daß auch der Jude zu Natur und Erde zurückkehre. Man würde sprechen: „Wir bekämpfen nicht ein Volk, nicht eine Rasse. Im Gegenteil: Wir lieben und fordern Rasse und Volkheit. Aber wir sind Antikapitalisten! Wir sehen im Juden den Vertreter eines naturmordenden großstädtischen Händler-Willens.“

Es ist in der Tat nicht zu bezweifeln, daß Natur und Volk zugrunde gehen im selben Maße, als wir Stadt- und Handelsmenschen werden. Der bürgerliche Betriebsmensch ist auf der ganzen Erde schon fast zum vertauschbaren Standbild geworden. Der Jude aber wurde oft in tollem Ausmaß zum Symbol einer relativierenden Handels-Menschheit. Er war nicht bei sich selbst, sondern zwischen oder über den Völkern. Und so glaube ich, daß, wenn hinter den Judenverfolgungen je ein gesunder Antrieb stand, es sich wohl nur handelte um diesen Triebantrieb des Blutes gegen die Stadt und gegen ihre Geschäfte.

Was aber geschah in Wirklichkeit?

Die „Nationale Revolution“ machte einen merkwürdigen Unterschied zwischen „Jude als Volk“ und „Jude als Händler“. Sie zermalmt das Volk. Sie umgeht den Händler. Der fromme Talmudjude, der kleine Mann aus Galizien, der volkstreue Konservative wird zu Tode gemartert; der große Handelsherr vorsichtig umgangen. Man weist nicht aus Deutschland heraus die Sprossen der Häuser v. Rothschild, v. Friedländer, v. Goldschmidt, v. Oppenheim, v. Bleichröder, v. Hirsch, v. Mendelsohn – nein, man läßt Wehrlose büßen für manche Sünde der wenigen Großen und schont die Juden gerade so weit, als ihr Geschick verfilzt ist mit dem Schicksal des internationalen Handels- und Börsenmarktes. Und so ist alle Berufung auf Blut, Natur und Volkstum, hüben und drüben, nur Vordergrund.

Dahinter lauern andere und keineswegs naturhafte Kräfte. Das Weltgeschäft, der Machtwille, der Geltungswille! Denn wäre es den Germanen ernst, das Joch des geschmähten Judengottes loszuwerden, so hätten sie nicht die urältesten Volkssitten und Bilder jüdischer Urwelt zerstört, sondern hätten den Kampf aufgenommen gegen Herrschaft ihres eigenen Rechen- und Mächler-Geistes. Und wäre es den Juden ernst, sich zu Volk und Erde zurückzugewöhnen, so hätten sie zuallererst sich entkapitalisieren und entbürgerlichen müssen. In Wahrheit wird hinter der Kulisse des Nationalsozialismus ein Geschäft getrieben. Ein Machtgeschäft auf dem Rücken machtloser Völker.

„Ihr seid Schmarotzer am deutschen Volksleib. Wir wollen Euch nicht! Hinaus mit Euch!“ –

Was haben die Abgedrängten erwidert? – Ich schweige von der würdelosen Antwort des Bundes jüdischer Frontsoldaten. Schweige von all den Winsel- und Schleichwegen des „Central-Vereins deutscher Staatsbürger jüdischen Glaubens“. Schweige von Ergebenheitskundgebungen deutscher Betriebs- und Bildungsjuden, deren keiner „die große Stunde“ versäumen wollte. Diese Ewig-Zeitgemäßen waren, als der Weltkrieg ausbrach, begeisterte Patrioten. Sie wurden, als die Revolution ausbrach, begeisterte Revolutionäre. Sie waren August 1914 begeisterte Militärs. Und Oktober 1918 begeisterte Demokraten. Und werden, wenn es Mode wird, Menschen zu fressen, auch begeisterte Menschenfresser sein.

Ich schweige auch von der Haltung der Zeitungen und Zeitschriften, ob die nun jüdisch sind oder arisch. Wo immer Geist ein Geschäft ist – (und was ist der ganze Bildungsmarkt anderes als ein Geschäft mit dem Geiste?) –, da hört Geist auf, die Würde des Menschen zu sein, und wird zum Todfeind gesunden Lebens. Darum muß die erste Tat kommender Kultur sein: Die Vernichtung der Zeitung und Zeitschrift als Unternehmertum! –

„Unternehmertum" ist ein anderes Wort für Räuberei. Man verstaatliche das Nachrichtenwesen. Man bestrafe jeden, der je auch nur eine Zeile in den Druck gibt, ohne mit Namen und Ehre dafür einzutreten. Dann wird Bekennertum und Gedankenfreiheit wirkliches Volkstum werden. Heute sind sie lügenhafte Vorwände für ein trübes Geschäft der Eitelkeiten, Feigheiten und Halbheiten. Ich schweige von diesem Pochen auf Begabtheit und Leistung, diesem Glitzern mit Titeln und Ehren, diesem Bettel um Erlaubnis, in Deutschland weiter als Gäste „geduldet" zu werden und in Frieden Geschäfte machen zu dürfen, wo uns doch nur eine Gesinnung geziemt: „Heftet uns ruhig den Gelben Fleck an, wir tragen ihn ebenso stolz, wie andere das Eiserne Kreuz."

In der Nacht vom 5. auf den 6. März, das war jene Nacht, die von Sturmstaffeln und von Sturmabteilungen benannt wurde: „die Nacht der langen Messer", in jener Nacht des 5. März, in welcher – (die Juden sagen es ja selber) – keinem ein Haar gekrümmt wurde, aber manche Haare grau geworden sind, in dieser Nacht soll künftig über die Erde hin, wo immer Juden wohnen, ein Gedächtnis dauern für unsere Toten. Da sollen die weisesten unserer Lehrer sprechen und wir werden das Kol Nidre singen. Aber in Erez Israel auf freiem Boden eines freien Volkes, im Schutze des Ölbergs, wo einst das Kreuz errichtet wurde, soll der Gedenkstein ragen mit den Namen derer, die im Jahre der Menschlichkeit 1933 geschlagen wurden und erschlagen. Und darunter die Worte: „Deutsche haben das getan an ihren Brüdern." –

Die Völker sagen, auf der Schädelstätte von Golgatha habe vor tausend Jahren frevelnde Blindheit einen Gott ans Kreuz geheftet. Und wußte es nicht. Auch heute kreuzigen Menschen die Liebe und verraten Menschen die Barmherzigkeit. Und wissen es nicht!

Man bezeichnet den Wirtschaftsboykott wider die Juden als Nationale Revolution. Man gibt dem Verbrechen biologische Begründung. Man verkündet der Welt die bekannten Lehren von Volksertüchtigung und Aufzucht einer edleren Rasse. Es sind meine eigenen Lehren. Ich habe sie in vielen Schriften immer neu niederlegt. Und so brauche ich nicht erst zu sagen, daß Reinheit und Erbgesundheit des Leibes, Schönheit und Zucht ein ebenso hohes Glück ist wie Überlieferungen des Geistes und der Kultur. Aber wie man heute in Deutschland die Blut- und Rassenfragen löst, das ist ebenso stümperhaft wie dumm, ebenso selbstüberheblich wie niederträchtig. Es scheint so, daß die Deutschen keine andere Würde mehr hätten, als die Würde, daß sie eben keine Juden sind.

Eines der wenigen sicheren Gesetze der Rassenaufzucht ist das folgende:

Für eine noch schwankende und noch unverfestigte Art muß vor allem die Allvermischung (Panmixie) verhindert werden. Denn starke Rassen entstehen durch Inzucht. Umgekehrt aber muß dort, wo eine Art bereits verfestigt, hochgezüchtet, ja vielleicht überzüchtet ist, für die Mischung mit einer gleich hohen und alten, aber auf anderer Linie verfestigten Spielart gesorgt werden. Man darf Adel immer nur mit Adel mischen. Es ist eine falsche Vorstellung zu glauben, daß alter Blutadel durch „Blut aus dem Volke" aufgefrischt werden kann.

Eine Mischung der Juden mit beliebigen „arischen" Menschen würde keineswegs die arischen Personen auf das Rassealter der Juden bringen, sondern lediglich die erworbenen Rassenwerte der Juden verschwinden lassen. Die wahllose Mischehe würde also eine Mißheirat sein; aber nicht für die Deutschen, sondern für die Juden. –

Es ist also nicht zu bezweifeln, daß die Judenfrage just unter dem Gesichtspunkt der „Rassenzucht" uns vor manche Schwierigkeit stellt. So wollen wir denn die Annahme machen, es sei wirklich unerläßlich, die Wiederaufsammlung der über den ganzen Erdkreis hin zerstreuten Juden vorzunehmen, sie auf eigene Erde, in ihrer natürlichen Landschaft ansiedeln, aber sie aus den Nationen Europas als einen Fremdkörper auszuscheiden, wobei es gleichgültig wäre, ob der den Lebensvorgang störende Fremdkörper ein Glassplitter ist oder ein Diamant.

Kein Mensch kann dagegen sein, daß das deutsche Volk sich ertüchtigt und vollendet durch bewußte Aufzucht, Geburtenkontrolle und Ausscheidung erbkranker Personen.

Und so schwer der Seelenkampf auch wäre für Juden, die gleich mir sich bisher als deutsche Menschen fühlten, wir würden ohne Vorwurf die Heimat verlassen, wenn wirklich nur durch dieses Opfer die alte Völkerfrage zu lösen wäre. Aber was heute in Deutschland vor sich geht – eine Grausamkeit, die alle Greuel des Mittelalters überbietet! –, das ist ein falsches, betrügerisches Spiel, wodurch Deutsche und Juden in gleicher Weise erniedrigt und entsittlicht werden. Ich will annehmen, daß die Gewalthaber, welche diesen Haß dem deutschen Volke einreden wollen, guten Glaubens sind, ja erfüllt, von einer heiligen Vaterlandsliebe. Manch Außenstehender sieht in ihnen eine Horde Desperados, Hazardspieler, Landsknechte, Fememörder, wo doch vielleicht nur aus Halbbildung, Dumpfheit, Herzensträgheit, Verranntheit, geistiger Borniertheit Deutschlands Raserei erklärt werden kann.

Es ist ein furchtbares, tückisches Spiel: Man veranstaltet Judenhetzen mit dem Gelde, daß man den Juden selber abzapft. Der Kanzler Hitler erklärte durch die englische Presse: „Wir stehen vor der tragischen Notwendigkeit, die Juden ausweisen zu müssen. Wir würden gerne jedem Juden eine Fahrkarte nach Palästina schenken. Wir würden jedem auch gerne tausend Mark dazu zahlen, wenn wir sie nur loswerden könnten."

Im selben Augenblick, wo der Kanzler öffentlich das sagt, bedroht man jeden Juden, welcher Deutschland verläßt, mit dem Verlust seiner ganzen Habe. Man sperrt jede Möglichkeit der Ausreise, damit sich das Wort des Ministerpräsidenten Göring erfülle: „Es darf in Deutschland keine Juden mehr geben als nur noch jüdische Bettler." – Was also geht vor?

Ein Achtzigmillionen-Volk hat sich die geschichtliche Sendung zugesprochen, ein Häuflein von kaum sechshunderttausend „nicht-arischen" Menschen physisch und moralisch zu verderben; ganz durchtrieben, gründlich und methodisch. Dabei treuherzig und mit gutem Gewissen! Man macht es mit den Juden wie die Raubspinne mit der Fliege. Sie knebelt mit zähen Fäden das im Netz gefangene Opfer und beginnt langsam-planvoll, das Blut auszusaugen, bis sie schließlich nur noch den Leichnam auszustoßen braucht. Hätte je das jüdische Volk etwas Ähnliches getan, alle Bücher der Geschichte würden über uns Gericht halten. Alle würden rufen: „Seht! So ist der Jude!" Heute müssen wir sprechen: „Das ist deutsch!" -

Man kann jeden Frevel der Geschichte von Nachhinein rechtfertigen. Ja, die ganze sogenannte Weltgeschichte ist nichts anderes, als ein nachträgliches Sinngeben von Zufällen oder Freveln. Wenn man gegen einen Menschen oder gegen eine Gruppe Menschen erst einmal Unrecht getan hat, dann fordert unser Stolz, daß wir unserm Unrecht einen Sinn geben. Und wie könnten wir das besser als dadurch, daß wir unser Verhalten herleiten aus der Verwerflichkeit derer, die wir verunrechten. Wenn der Mensch Raubtiere und Schlangen ausrottet, so ist natürlich immer die Raubtier- und Schlangenwelt daran „schuldig", nie der Mensch. Aber was getan ist, ist getan! Und es ist das gute Recht des Opfers, daß es mit Worten Friedrich Schillers, gut deutschen Worten, erwidere:

„Daß sie es mußten – wohl! – ich hab's begriffen.
Doch daß sie konnten, was sie zu müssen eingesehn,
hat mich mit schaudernder Bewunderung erfüllt.
Nur schade, daß das Opfertier, mit seinem Blut besprengt,
So schlecht doch taugt, dem Geist des Opferers ein Loblied anzustimmen.
Daß Menschen nur, nicht Wesen höh'rer Art
Die Weltgeschichte schreiben. Mildre Zeiten ablösen diese Zeit.
Und die Gerechtigkeit wird menschlich sein."

Wenn wir die Sache der Juden und des Judentums als unsere Sache führen, so denken wir nicht just an jene Gesellschaftsschicht, die auf den Boulevards und in den Cafés der Weltstädte über „Antisemitismus“ klagt oder in den Modebädern und Kurorten sich von den Leiden bürgerlicher Übersättigung befreit. Wenn das Judentum wirklich gleichbedeutend wäre mit Welthandel und Erd-Verwirtschaftung, dann wäre es verloren. Und was wäre dabei zu beklagen? – Es sitzen zehntausend schuldloser Arbeiter in Arbeitslagern, zehntausende Sozialisten und Kommunisten hat man belogen und betrogen. Wer kümmert sich darum?

Das Recht der Juden, sich an das Weltgewissen zu wenden, gründet auf der Tatsache, daß eben dieses Leiden mißbrauchter Volksmassen unser eigenes Leiden ist. Ich denke auch keineswegs an die sogenannten Prominenten, nicht an Dichter, Künstler, Forscher, Gelehrte. Sie werden sich helfen. Aber Mütter mit kleinen Kindern, alte Menschen, kranke Menschen, Jugend, aus dem Geleise geworfen, Knaben und Mädchen, von der edlen Bildung ausgeschlossen, auf die Armsünderbank gesetzt und in den deutschen Volksschulen „Jude“ gerufen, alle die kleinen Existenzen, namenlos, ungekannt, diese wahren Helden des Lebens, Helden in einem ganz anderen Sinne als die lügenhaften Pathetiker lügenhafter Weltgeschichte –, was soll aus ihnen werden?

Ich kann begreifen, daß der Bedrohte und Verängstigte schweigt. Aber was ich nicht begreife, nie begreifen werde, das ist das Schweigen all derer, in deren Adern, wenn auch nur ein Tropfe jüdischen Blutes lebt. Sie müßten sich durch die herrschende Menschenmäkelei mitbetroffen fühlen; müßten die Warnung all der Toten hören:

„Wir Toten, wir Toten sind größere Heere
Als die auf dem Lande, als die auf dem Meere.“

Wir haben hunderttausende deutscher Kinder geliebt und gelehrt. Wir haben hunderttausenden Deutschen geholfen und ihnen Gutes getan. Deutsche Männer haben uns von Freundschaft gesprochen. Deutsche Frauen von Liebe. Alle von ihrer Treue. O, deutsche Treue! Man kennt sie aus Edda und Nibelungenlied. Jetzt ist es Zeit, sie zu bewähren. Nicht das kleinste Wörtchen der Empörung? – Das vergißt sich nicht! -

Aber was die edlen Arier tun oder nicht tun, was sie hätten tun können, tun müssen, das mögen sie abmachen mit ihrer eigenen Seele. Wir haben dafür zu sorgen, daß die unsere keinen Schaden nehme. Man hat uns, ein Häuflein im Goluth, jahrtausendelang in den Käfig des Schachers gesperrt. Man hat uns zur Vortruppe des Kapitalismus gemacht, und dann haben die Gelehrten bewiesen, der Kapitalismus stamme aus dem Wesen des Juden. Was erwartet man eigentlich vom Juden? Was kann er tun? Jetzt tun? Er kann, zerstreut unter die Völker, in der ganzen Welt nur gerade so viel Recht, nur gerade so viel Duldung finden, als er in bar bezahlen kann. Der Jude hat also vollkommen recht, wenn er im Gelde die einzige wirkliche Norm sieht, welche sogar der edle Arier anerkennt. Das zeigt sich auch jetzt an der sogenannten „Nationalen Revolution". Sie hat ihre Grenze an den Interessen der nationalen Wirtschaft; und soweit der Jude für diese Interessen nützlich oder notwendig ist, kann er auf Schonung rechnen. So züchten sich die Völker selbst ihre Parasiten. Hinterher deuten sie Wundmale, die sie schlugen, als die Schandmale der Geschlagenen. Jedes Land hat die Juden, die es verdient. Und Deutschland verdient andere als wir es sind.

Wir haben in langer Selbstzucht gegen den Widerstand der halben Welt unsere Söhne und Töchter entlastet von den Wundmalen des Ghetto. Entlastet von der uns drohenden leiblichen Entartung. Wir ließen unsere Söhne wieder Bauern werden. Wir ertüchtigten die im Talmud-Thorastudium verkrümmten Leiber; wir wurden Turner und Sportleute. Wir lenkten die Kinder zurück zur Erde und führten sie hinaus aus dem Zwang toter Mauern und aus der Erziehung durch Buch und Tinte. Das war unser Stolz! Jetzt brüllt die Schar jener, die das Vaterland und die Treue in Erbpacht haben: „Zurück in die Pferche! Zurück in den Schacher! Kratzt Geld zusammen und laßt Euch schröpfen."

Und somit kommen wir zur Antwort auf die Frage: Jude wohin? – Wir müssen unseren Boden unterscheiden von unserem Ziel, müssen unterscheiden das in uns steckende Urbild und das uns vorschwebende Anbild. Unser Seelisches und unser Geistiges. Das Unten und Ehemals von dem Oben und Später. Die Jechida vom Jichud. Unsere Religion von unserer Ethik.

Es war Hauptfehler und Hauptverhängnis des Juden, daß er immer Täter und Händler, immer nur Mann des sittlichen

Ziels gewesen ist und darüber den Sinn verlor für das Einmalige, für das nie wiederkehrende Sinnfällige, für die erdunmittelbare Freude am Kleinen und Nahen. Also: Heimat, Seßhaftigkeit, gute Erde; das ist das Erste, was not tut. Wenn der deutsche Jude auch jetzt noch nicht begriffen hat, daß nur der Zionismus (darunter verstehe ich nichts anderes als Besinnung auf die eigene Wesensart), ihn rettet und ihm Halt sichert, dann ist er verloren und mag getrost in einfacherem, minder konfliktreichen Volkstum untertauchen. Es ist nicht schade um diesen abgestandenen Volksrest. – „Werde, der Du bist." Das gilt für Jeden: Tscheche fühle Dich Tscheche. Slowake sei stolz als Slowake. Deutscher bleibe Deutsch. Ungar werde Ungar. Nigger sei Nigger. Und Jude sei Jude.

„Werde, was Du bist." Das gilt für Jeden und sollte sich ganz von selbst verstehen. Denn jedes Wesen soll und muß die ihm eingeborene, von Stern und Schicksal vorbestimmte Natur zu reiner Gestalt vollenden. Muß in allen Möglichkeiten sich ausblühen dürfen. Und selbst die bewußte Veredelung der Völker darf nur das Inslebentreten kranker unglücklicher Formen verhindern, keineswegs aber die einmal ins Leben Zugelassenen und Eingetretenen belasten oder bedrücken.

Ich kenne die Einwände! – Man kommt mir immer wieder mit der sinnlosen Forderung, das Maultier müsse vor die Wahl gestellt werden, ob es ein Pferd sein wolle oder ein Esel. Und so müsse auch der Mensch sich entscheiden, ob er ein Deutscher sein wolle oder ein Jude.

Aber warum denn!? Das lebendige Leben fragt niemals nach dem „Entweder-Oder" unserer Logik. Nur für die Logik ist der Mensch entweder klug oder dumm, entweder gut oder böse, entweder stark oder schwach. Im lebendigen Leben ist er bald einmal das eine, bald einmal das andere, zuweilen auch keines von beiden oder beides in einem. Man suche doch in Tatbeständen der Natur, und also auch in Tatbeständen der Nation und Nationalität, beileibe nicht einen Wert. Jede Gestalt muß sich selber erfüllen und muß zugleich offen stehen für das ganze Reich anderen Lebens. Erst der Kampf und die Verneinung versteift und vereinzelt Völker und Menschen gegeneinander. Aber alle haben wir das gleiche Ziel und dieselbe Aufgabe: Träger zu sein jenes Reiches der Werte, das nicht aus der Geschichte und nicht aus der Natur und überhaupt nicht von dieser Welt ist.

Die Völker stehen heute im Kampf. Jeder gegen jeden! Im Kampfe muß man Partei ergreifen. Und auch ich habe Partei ergriffen. Im Kampfe kann man nicht lieben. Und kein Held vermochte je, auch seiner Gegenseite gerecht zu sein. Auch das jüdische Volk muß sich verengen. Vielleicht zum strengsten Ritus verengen, soll es Stoßkraft bewahren. Jedes Volk muß sich berauschen an der eigenen Herrlichkeit. Aber ein alter Weiser mahnt: „Haßt einander so, daß Platz bleibt, einander zu lieben."

Übersteigert man das „Entweder-Oder" – („Entweder Deutsch oder Jude") –, so ist die einzige Folge, daß eine gequälte Jugend, welche zwischen Vater und Mutter sich entscheiden soll, sich völlig abkehren wird von dem unlösbaren Konflikt der beiden Eltern und das ganze Rätsel überspringt, indem sie sich hineinstürzt in die Abstraktion eines völlig farblosen Kommunismus. Das wäre die schlimmste Gefahr, die das Menschengeschlecht treffen könnte. Aller Sinn für das Lebendige, für das immer Neue, immer Wachsende, immer Fließende würde zu geistiger Schulweisheit verstarren. Darum muß ein jeder seine Landschaft, sein Blut, seine Sprache lieben dürfen.

Er muß alle Eindrücke und Einflüsse des Lebens an- und ausgleichen dürfen zu seiner persönlichen Form. Indes mit allem Bekennertum zu Blut, Volkheit, Landschaft und Natur ist gar nichts getan. Es liegt darin keinerlei Wert. Und es wird sich nichts dadurch an der Welt verbessern, daß etwa der Jude die völkische Enge des Deutschtums beantwortet mit einem gleich engen Bekenntnis zum jüdischen Volke. Dies Bekenntnis ist ja selbstverständlich! Es ist das Bekenntnis zu unseren Wurzeln. Entscheidend aber ist das Wachstum zu unsern Höhen.

Ein ungewöhnliches Geschichtsschicksal verlangt ungewöhnliche Seelenhaltung. Wir können in dieser Zeit, als Juden das ganze Wachstum der Menschheit verändern. Denn das Wachstum der Menschheit geht, wie das Wachstum des Organismus, immer aus von dem jeweils kränkesten und bedrohtesten Punkte. Und wir sind in diesem Augenblick der bedrohteste und kränkeste Punkt der Welt. Nehmen wir einmal an, der Jude antworte folgendermaßen: „Man nutzt uns als den Sündenbock für alle Frevel und Sünden des Kapitals. Man gibt uns Schuld, eine eigenwillige Weltmacht zu sein: die internationale Macht des Rechnergeistes. Gut denn! Wir leiten alles Kapital, das sich in jüdischen Händen befindet, zu treuen Händen an den Völkerbund in Genf. Wir wollen es verteilt wissen an die Hilflosen und Bedrängten unseres Volkes. Wir wollen jetzt mit seiner Hilfe wieder Volk werden. Wir wollen, wie Ihr es fordert, aus Deutschland ausscheiden. Wir wollen verlernen, deutsch zu sein. Aber wir fordern auch, was jeder fordern darf, der Menschenantlitz trägt: unsern Platz an der Sonne." – Sprächen wir Juden so, dächten wir Juden so – im Nu hätten wir die Liebe aller Bedrückten und Bedrängten dieser Erde erobert. Und das wäre heute die Mehrzahl aller Menschen. –

Ich weiß recht wohl, was gerade der kluge Jude darauf erwidern wird: „Das ist ein Gedanke für Weise und Philosophen. Aber damit läßt sich, wie wir Menschen einmal sind, keine praktische Politik machen." – Nun denn, so macht keine praktische Politik! Wahrlich, keine größere Wohltat könnte der unseligen Menschheit zuteil werden, als daß sie endlich befreit würde,von den Taten und Reden all der Zahllosen, die sich, und gerade eben sich berufen wähnen. „Weltgeschichte" machen zu müssen. Herrschen, entscheiden sollte nur das unpersönliche, sichere Wissen weltweiter Herzen. Das verlangt treue Arbeit unseres Lebens. Es gedeiht fern von Parlamenten und Märkten in Einsamkeit.

Die Machthaber, alle ahnen es. Sie tragen im Herzen geheime Angst. Die Angst vor dem Siege sozialen Geistes. Weitaus die Mehrzahl all der Dummheiten, die heute auf Erden gemacht werden, kommen aus dieser, allen Besitzenden gemeinsamen Angst! Angst vor dem Ende der Völkergeschichte. „Das Ende der Völkergeschichte" (so sagt Kant) „ist: der soziale Staat." Zuletzt nämlich siegt der Logos über Zepter und Kronen, Fahnen und Fäuste, über Religionen und Nationen, „weil nur auf diesem Wege zu reiner Logik hin der aus der Natur herausgetretene Mensch noch genesen kann." Auf dem Boden der Nation also kann keine Frage der Menschheit gelöst werden; nicht einmal die Frage der Nationen selbst. -

Man redet gegenwärtig in Deutschland unablässig von „Gleichschaltung". Nun wohl: Man kann Menschen auf zweierlei Weise gleichschalten. Einmal im Gefühl und Instinkt. Sodann, indem man sie alle unterstellt dem Schutze des einen Geistes. Schaltet man Seelen und Sinn der Menschen gleich, so macht man aus allen eine Herde, die blindlings dem erwählten Leithammel folgt. – Springt der Leithammel in den Abgrund, so springt gutgläubig die Herde ihm nach.

Aber man kann auch alle Zonen gleichschalten, indem man jeden beläßt, so wie die Natur ihn wollte, indem man Jedem volle Freiheit, ja die Herrschaftslosigkeit persönlichen Lebens zusichert, alle aber unterstellt der Herrschaft des Geistes, welche jedes Volk schützt vor jedem andern Volk und jedes schützt vor sich selbst. Denn es ist ein Irrtum zu wähnen, der Mensch oder das Volk habe nur eine Seele. Jeder Mensch und jedes Volk ist ein ganzer „Zoologischer Garten": Zahllose Seelenmöglichkeiten ineinander! Aber alle tragen empor den einen Geist, der alle Willkür ausschaltet, und sei es die Willkür der stärksten und erhabensten Natur. Ihm allein obliegt eine Bevölkerungspolitik, welche das ganze Leben des Planeten umspannt, welche vielleicht sogar dereinst die Anzahl der Menschen bewußt vorausbestimmt, sicherlich aber keinem Volke mehr gestattet, über ein anderes Volk Gericht zu halten.

„Werde, der Du bist." In jedem Menschen kreuzen sich mehrere Kreise. Er ist der Schnittpunkt vieler Gemeinschaften. Und der höchste Mensch würde Anteil haben an allen. Aber wenn wir ahasverisch alle Länder erwandern würden, so würden wir – da die Erde nun einmal rund ist – doch zuletzt nur wieder ankommen an dem Punkte, von dem wir ausgingen. Wozu also sich im Kreise drehen? Nein! Jeder und Jede versuche Wurzel zu schlagen an der Stelle, wohin das Schicksal ihn stellte, denn von jedem Punkte aus kann die Wurzel dringen bis zum Mittelpunkt der Erde, wo alle Dinge gleich schwer sind, gleich schwebend, gleich gültig. –

In der Wüste zwischen Asien, Afrika und Europa, fern der Heimat, harrend auf den Messias, auf der schrecklichen Wanderung am Fuße des Sinai, hat das älteste der Völker als erstes auf seine jungen Schultern genommen die für alle gültige Idee, das große: „Du sollst". – „Du sollst nicht töten." „Du sollst Treue halten." „Du sollst nicht begehren Deines Nächsten Hab und Gut." Darum allein blieb der Jude wert der Erhaltung und Dauer, weil er Gefäß blieb des Weltgewissens, des Geistes, der aus den Gräbern bricht. Unsere Sendung war, jüngeren und glückseligeren Völkern vorzuleben, daß man treu bleiben kann einem Volkstum, auch ohne Erde und ohne Land, ohne Heer und ohne Fahne und dennoch zugleich Diener sein dem Gesetze, darunter sich alle beugen, der für alle Völker bindenden Gerechtigkeit.

Wenn junges Blut erkrankt, wenn ein Kind angepackt wird von ansteckender Krankheit, dann kann der Arzt helfen, indem er ihm ein Serum verschafft aus dem Blute eines älteren Menschen, der die selbe Krankheit, das gleiche Leiden schon siegreich überstanden hat. Die noch jungen Völker Europas sind erkrankt. Ihr Leib zittert im Fieber einer Krisis. Sie sollen eine Aufgabe lösen, die für das Volk und den Volksstaat von heute unlösbar ist. Sie wollen und sollen national sein. Sie sollen und wollen zugleich sozial sein. Aber die jungen Volkskörper stöhnen: „Es ist unmöglich. Man kann nicht gleichzeitig national leben in sich und international schweben zwischen den Völkern, man kann nicht gleichzeitig über den Dingen sein und in den Dingen, nicht gleichzeitig ein Ghettowinkler sein und ein Weltbürger." Der alte Jude lächelt: „Man kann es doch! Man muß es können! Sieh mich an, Kind! Sieh meine Wunden! Wunden durch Dich. Wunden für Dich. Nimm mein Blut und werde gesund." –

Wir haben dem Abendlande den Heiland geboren, bewähren wir uns in unsern schweren Tagen nun als das Volk des Heilands. Das soll nicht heißen: „Jude werde ein Führer der Völker. Jude fühle Dich als Lehrer der Völker." Nein! Nichts ist widerwärtiger, nichts frecher und schamloser, als dieses Führen- und Lehren-Wollen. Es heißt einfach: „Jude, erweise Dich jetzt als vorbildlich." Es lastet auf allen Menschen viele Schuld. Sie wird verziehen werden. Es gibt hüben und drüben viele Sünde. Sie wird vergessen werden. Aber Eines trägt seine Sühne in sich selber: Der Frevel am Leben! An der Schönheit, Reinheit, Vollendung des Lebendigen! Der alte Mythos berichtet, daß, als der Heiland ans Kreuz geheftet wurde, ein Schrei des Entsetzens aus dem Schoß der Erde selber hervordrang. Die Bäume und Blumen weinten und aus den Felsen quoll Blut. Was bedeutet das?

Es bedeutet, daß, wer am schönen Leben frevelt, die Erde selber gegen sich aufruft. Und wenn Menschen den Frevel nicht strafen, die Natur selber schlüge zurück. Sie zermalmte die Frevler. Man sagt: Wir Juden seien solche Frevler am Leben gewesen. Wohl uns! Wir machen es gut, indem wir in dieser Stunde der Verzweiflung selber das Los des gekreuzigten Heilands auf unsere alten Schultern nehmen. Wir müssen künftig auf diesen Schultern tragen das Schicksal des Weltproletariats. Wir gehören an die Seite des Proletariats. Fort also mit dem Hängen am Besitz. Kein Leiden darf uns gleichgültig lassen. Nicht die Blinden in den Gassen von Kairo. Nicht das Los der Neger in den Zentren Amerikas. Und selbst nicht der gequälte Karrengaul. Es ist gut, daß wir ausgestoßen werden aus der satten Bürgerlichkeit. Das Zeitalter der Emanzipation hat die Juden verdorben. So konnte es geschehen, daß schon Karl Marx in ihnen nichts sah, als einen Anhang des liberalen Kapitalismus. Jetzt beginnt die Entkapitalisierung. Unsere Erniedrigung wird zur Wiedergeburt des Volkes. Wir werden uns nie wieder einsperren lassen in die sehr fragwürdigen Käfige der kapitalistischen Wirtschaft, werden nie wieder vergessen: „Auch Du bist Sklave gewesen in Ägypten." Unsere Vorfahren haben sich lieber in ihren Synagogen aufbrennen lassen, als daß sie bereit waren, sich selber untreu zu werden. Und wir am Ende des langen Weges und Zion so nahe, sollten untreu sein? –

Es ist mir bewußt, daß meine Worte nichts vermögen. Sie können vielleicht einen Funken werfen in dieses oder jenes Herz. Aber die Trägheit des Gemütes, der stierblinde Nationalismus, die heroische Selbstgerechtigkeit umwandern auf Radiowellen das Erdrund. Und kein Zweifel! Die besten Geister Europas werden alle Barbareien von heute nachträglich rechtfertigen. Denn Geschichte war und ist nichts als die Sinngebung des Sinnlosen. Ein Mythos, gewoben aus Wünschen, Träumen und Wunscheinblendungen.

Was ich, Wahrheit suchend, hier sage, das ist nur wie Gesang eines Vogels in der Nacht. Wie das Lied einer Grille inmitten der Kanonen eines Schlachtfeldes. Denn wir sind ungeschützt und hinter uns stehen keine Heere, und kein anderer fühlt sich beleidigt, wenn man uns beleidigt. „Human" ist jedes Volk bis an die äußersten Grenzen seines Vorteils, und wenn uns Bezeugungen des Mitgefühls und der Sympathie zuströmen – aus England, Amerika, Frankreich –, so ist daraus nur zu entnehmen, daß alle Länder gern ihre eigene Handelsbilanz stärken möchten auf Kosten der Deutschen und mit Hilfe der Juden.

In dieser Schicksalsstunde ist andere Sicht und andere Zielsetzung nötig als Kongresse, als Debatten, als Politik und politische Geschichte zu geben vermögen.

Es kommt nicht an auf die Erhaltung der Juden als Juden. Es kommt alles darauf an, daß das Judentum sich als Träger allgültigen Geistes fühlt.

Nehmen wir an: Es gelänge uns, alle Juden in Erez Israel als Zwischenvolk zwischen Asien und Europa anzusiedeln. Was nützte es, wenn wir damit nur die selbe Gesinnung nach Asien brächten, an der Europa zugrunde geht? Es ist für das Menschengeschlecht unwichtig, ob die vielen klugen Rechtsanwälte, die tüchtigen Ingenieure, die ausgezeichneten Handelsherren nun Gelegenheit finden, in Asien Geschäfte zu machen, die in Europa zu machen künftig nicht mehr gestattet ist. Im Augenblick wo eine Weltrevolution sich vorbereitet, ein Ausbruch der Massennot und Massenverzweiflung, der diese morsche Welt in Trümmer schlägt, darf nicht auch der Jude sich vereinzeln und nur sein Schicksal bedenken. Unser Leid gehe unter in aller Leid!

Und so, von letzter allgemeiner Einsicht zurücklenkend ins Engste, Nur-Persönliche, (denn das ist immer der Punkt, in welchem Menschheit und Einzelzelle zusammenfließen), darf und kann es mich auch nicht mehr berühren, ob diese Worte Mißbilligung finden oder Billigung. Ich wünschte ja kein „Programm" zu bieten, nur die Sprache eines Menschen, welcher weiß, daß selbst das reinste Wort halbverstanden, verfärbt, verstümmelt, mißdeutet, untermischt mit tausend Vorurteilen, aus den Schlünden von tausend Zeitungen auf den Sprecher zurückprallt. Auch weiß ich, daß mitten unter uns Spione sitzen, die aus diesen Sätzen nur heraushören, womit sie hassen, schaden, unterdrücken können.

Ich weiß, mit welchen Waffen Gewaltherrschaft kämpft. Sie hat das Frevelhafteste getan, womit je eine Regierung sich entwürdigte, hat schuldlose Frauen und Kinder eingesperrt, um mißliebige Sprecher mundtot zu machen. Denn wo gäbe es einen Gatten, einen Vater, der nicht selbst die Wahrheit ableugnete, um den Seinen Marter zu ersparen.

Aber: Groß ist die Macht der Wahrheit. Und unbesiegbar, wer in ihr lebt und für sie zu sterben vermag.

Es kommt nicht an auf uns. Es kommt nicht an auf uns Juden. Auf Wahrheit kommt es an! Gleichgültig: auf welchen Wegen ihr Reich zustande komme. Ob vielleicht gar auf Wegen des Unrechts und der Gewalt. Ich rechne auch mit der Möglichkeit des eigenen Irrtums. Es ist möglich, daß alles was ich lehre, mit mir selber untergeht. Aber vollkommen sicher ist folgendes: Man wird Fragen des Menschengeschlechtes nie lösen auf dem Boden der Nation. Warum nicht? Weil Kapital, Wirtschaft, Politik Schöpfungen des Geistes sind und weil Geist ist das schlechthin Internationale, welchem auf Seiten der Natur nur eine Macht gleichkommt und obsiegt: die Not.

Just die Männer, welche heute „Nation" zu erneuern glauben – Aktionäre und Bodenbesitzer, Industrieherren und Bankherren, Täter und Denker – sie alle sind: Kettenglieder jenes internationalen Geschäftes, das Gebirge, Wälder, Flüsse, Tierwelt und Pflanzenwelt ausbeutet und ausmünzt, das die ganze Erde wie ein Warenlager betrachtet und dessen Gott sogar noch eine Art Willensdämon ist, welcher schafft, befiehlt und handelt. Sie alle saugen der Mutter Blut. Und reden dabei von Liebe zum Vaterland, für das sie leben, von dem sie leben.

Sind meine Worte volksfremd? Undeutsch? Erdfern? Gut denn! Wenn die Sprache, die heute in Deutschland gesprochen wird, deutsch ist, dann bin ich nie ein Deutscher gewesen. Und ist die Seelenart der heute Führenden deutsche Seele, dann geziemt es sich für mich, so wenig wie für Goethe oder Kant, deutsch zu sein ... „Land, das wir lieben, Du sollst uns Abbitte leisten oder nicht einmal unsere Asche haben." So sprach Coriolan, als er die Heimat verließ.

So verlassen wir, deutsche Juden, die Heimat ... Hinter uns keine Heere? Nein! so ist es nicht. Hinter uns die Heerschar der Väter. Abraham, Jakob, Moses. Hinter uns aber auch alle deutschen Schutzgeister. Mit uns ziehen aus Deutschland alle, die Heimat haben in unseren Herzen. Und die vielleicht nirgend auf Erden noch Wohnung hätten, wenn nicht in uns: Goethes weltweise klare Menschlichkeit, Schuberts tröstendes Lied. Dürers treue Kindlichkeit, Hölderlins hymnische Seligkeit. Und auch Ihr, geliebte Lehrer meiner Jugend: Johannes Scherr, Wilhelm Jordan. Euer gedenk ich heute und bleibe treu.

Und so sind wir deutsch und bleiben deutsch. Und so sind wir Juden und bleiben Juden. Und sind doch ganz etwas anderes und weit mehr als nur Juden und nur Deutsche!

Träger des Weltgewissens. Gefäße göttlichen Geistes. Dank dessen Menschheit besteht und Menschlichkeit. Und der Sinn und der Wert und der Sieg. Über alle Höllen von Natur und Leben,

„lo bechail, welo bekoach, ki im beruach".[1]

Nein! (1933)

Die deutsche Regierung hat einen Mißgriff getan, als sie die Ämter, Schulämter, Polizei und Luftschutz anwies, eine Aufklärung der Bevölkerung einzuleiten in Sachen Kampfgase und des Giftkriegs. Denn was kann dabei herauskommen?

Zunächst die Gefahr einer Volkspanik. Eine Massenangst der sehend gewordenen Bevölkerung. Häuser in der Nähe von Bahndämmen, Grundstücke in Nachbarschaft von Brükken und öffentlichen Gebäuden werden plötzlich entwertet. Man wird auch künftig ganz anders bauen müssen. Wird Fabrikanlagen nicht mehr in Städten dulden, weil sie zunächst das Ziel von Luftangriffen werden. Es kann Flucht aus den Städten einsetzen. Ja, Auswanderung in fremde Erdteile. Der ungeschützte Mann aus dem Volk wird einen wilden Haß fassen gegen alle, die durch Geld oder durch bessere Lage sich schützen können, ja schon vielleicht heute vorsorgen. – Aber auch etwas anderes hat die Regierung nicht bedacht.

Kein Volk der Erde kann sich diese teuflischen Mordrüstungen von seiten des Nachbarlandes gefallen lassen. Das ist eine ewige Gefahr. Und so weiß ich genau: Alle Aufklärung über den Giftgaskrieg und Luftschutz, insbesondere alle Übungen mit Schutzmasken – die längst als völlig unnütz und unzulänglich erkannt sind – werden bald aufhören. Man wird das Reden über Gaskriege vielleicht verbieten und bestrafen. Aber heimlich werden alle Kriegsämter Europas weiter rüsten. Heimlich immer neue Massen aufspeichern an Phosgen, an Grünkreuz, Gelbkreuz, Blaukreuz. Und ganze Bombengeschwader werden bereitgehalten gegen Krieg wie gegen Revolution und Volksaufstand. Wir aber dürfen dies nie vergessen. Wir müssen wachsam bleiben.

Im Januar 1914, im Beginn des Weltkrieges, habe ich einen Warnruf ausgesendet, ein Buch unter dem Titel: „Der Untergang der Erde am Geist." Der menschliche Geist, so lehrte der „Warnruf", steht just heute an einem Punkte der Geschichte, wo die Wissenschaft, Chemie, Physik und Technik mit voller Sicherheit zum Untergang führen muß. Zur Selbstzerstörung des Menschen durch den Menschen. Zum Untergang der ganzen lebenden Erde, wenn nicht ein Volk aufsteht und verkündet: „Bis hierher und nicht weiter!"

Wir haben mit Gewehr und Gewalt zahllose Tierarten weggeschossen, Singvögel ausgerottet, Urwälder fortgerodet. Die Erde verarmte. Alles wurde vernichtet, was nicht dem mordbewaffneten Menschen nützlich ist bei seinem Erdgeschäft. Dann kamen die Naturvölker an die Reihe. Die Urbewohner Amerikas, die Negervölker Afrikas, das harmlose Leben der Südsee. Alle mußten sterben, weil die Mordmaschine überhand nahm. Heute droht China der Tod, morgen dem ganzen alten Orient samt Indien. Die Mordtechnik wird siegen. Aber zuletzt stehen Europa und Amerika vor dem Fluch der wechselseitigen Selbstzerstörung.

1918, nach Beendigung des sogenannten Weltkrieges, kannten wir acht verwendbare Giftgase. Heute produzieren wir über 800 Sorten Giftgas. Lungengase, Hautgase, Augengifte, Rachengifte. Hunderttausende Liter werden täglich auf Eisenbahnen in die Welt entsandt. Deutsche Firmen beliefern England mit Kriegsgift. 43 000 Kilo kann ein einziger Luftkahn aufnehmen. Ein Kilo genügt, um Tier und Mensch, Wald und Feld in hundert Kilometer Umkreis zu töten. Schutz gibt es nicht. Und wenn auch hundertmal getröstet und gelogen wird: „Es gibt gassichere Unterstände, Schutzmasken, Menschenschutz!" Es ist nicht wahr! Die Wirklichkeit haben wir noch nicht erprobt. Sie sieht ganz anders aus. Die Wahrheit ist: Wenn auf diese Weise einmal Kriege geführt werden, dann beginnt der Untergang unseres Kulturkreises.

Giftgasbomben voll Phosgen, Explosiv- und Brisanzbomben können alles, was wir in Jahrhunderten geschaffen haben, im Nu vernichten. Man wird Millionenstädte in tötende Nebel hüllen, die in den Wäldern und zwischen den Gebirgen auf Monate haften, tief in den Erdboden dringen und alles Leben, alle Lebensmöglichkeit auf Jahre hinaus zerstören. Entscheidend ist einzig, in welchen Mengen und auf wie lange hinaus man die Giftgase verwenden will. Wer will, kann die ganze Erde töten. Ich sage es nicht leichtsinnig. Wähnen wir doch nicht, daß mit unserem bißchen Protest gegen Giftgaskämpfe irgend etwas getan ist. Gewalt zwingt andere Gewalt. Wird ein Volk, ganz gleich, ob wir es sind oder ein anderes, erst mit solchen Waffen bekämpft, dann erwächst Volksverzweiflung, dann ergreift wachsender Irrsinn zu neuen, immer tolleren Waffen. Denn im Kriege, in einem solchen Kriege gibt es kein Recht und kein Unrecht. Da ist alles erlaubt. Dann kommt das Chaos über die Welt. Schon hören wir, daß in Amerika ein „Aeroplan ohne Pilot“ gebaut wird. Das ist ein Luftfahrzeug, das durch elektrische Wellen angetrieben wird und aus einer Entfernung von 1 500 Kilometer selbsttätig, also rein mechanisch, Giftgasnebel ausbreitet über Stadt und Wald. Da bedarf es keiner Helden mehr. Neben den chemischen Krieg, den sogenannten „Materialkrieg“ – so hat man vorgeschlagen –, muß der bakterielle treten. Warum auch nicht? Man wird Milliarden von Giftkokken, Cholera, Typhus und Diphtherie in die Quellen und Flüsse schütten. Brunnen und Leitung wird verpestet. Der Mensch stirbt an der Nahrung.

Gegen den Krieg von 1914 war der Krieg von 1870/71 ein Operettenkrieg. Aber Ludendorff, der Führer im Weltkriege, schreibt: „Verglichen mit dem Krieg, der nunmehr kommen wird, ist der Weltkrieg von 1914 ein kleiner Hausbrand gewesen.“ Gewalt erzwingt immer andere Gewalt. In wenigen Jahren wird die Physik gelernt haben, Atome zu spalten. Dann erst kommt die eigentliche Gefahr für das Menschengeschlecht. Denn dann vermögen wir dank den Methoden der Naturwissenschaft endlose dynamische Energien zu gewinnen. Wir können dann Jahrtausende alte Granitgebirge in Trümmer verwandeln. Dann kommt vielleicht der Krieg mit den Todesstrahlen, mit übersteigerten Teslaschen Hochfrequenzströmen. Die Wissenschaft schreitet fort, und wir stehen erst am Anfang.

Die Menschheit hat einst ein Mittelalter gehabt. Damals wütete Ketzerbrand und Hexenverfolgung. Wir sagen heute: „Das war Wahnsinn!" Wir glauben weitergekommen zu sein. Unser Wahn ist größer.

Man sagt: „Wer den Frieden will, der muß den Krieg rüsten." Völlig verkehrt! Millionen Tanks, mit Giftgasen gefüllt, warten auf den Losbruch. Millionen neuer Maschinengewehre werden fabriziert und verkauft. Und eines Tages birst die Hölle. Wir spielen mit Dämonen! Wenn solche Waffen einmal da sind und täglich in neuen Mengen fabriziert werden, so kommt auch der Tag, an dem sie losbrechen.

Jeder meint, gerade er werde Glück haben, gerade er gut davonkommen. Aber dann kann keiner mehr reden. Darum reden wir heute.

Wir besitzen heilige, hohe Werte: Vaterland! Wehrhoheit! Waffenehre! Wehrfähigkeit unseres Volkes! Manneszucht!

Ja, sind wir denn stumpf gegen unsere Heimat? Lieben wir nicht auch unser Vaterland? Sind wir blind für Ehre und Freiheit und Recht? Sind wir Drückeberger? Feiglinge? Nein! So ist es nicht! Auch wir stehen voll Ehrfurcht vor den Denkmalen der Helden. Aber wozu all dieser Jammer? Wofür all das Blutvergießen? Dieser Ozean von Tränen, Galle und Schweiß. Es gab einmal Zeiten, wo der Mann im Felde etwas wert war, wo im Kriege sich offenbarte alles Heldische, Große und Würdige im Menschen. Aber Giftgasbomben abwerfen über schlafende Dörfer, auf Mutter und Säugling, die Kranken, Schlafenden, Wehrlosen mit qualvoll pressenden Dunstnebeln gräßlich mordender Gase erstikken, das ist nichts Männliches, nichts Soldatisches. Das ist Schmach, eine Schurkerei. Und wenn ich dabei eine Generalsuniform anhabe, so tue ich doch eine Schurkerei. Und wenn ich es im Namen Gottes und für das Vaterland verübe, so verübe ich dennoch teuflische Verbrechen.

Man sagt: „Mit den Kriegen schwindet dahin die Staats- und Gesellschaftsordnung der Gegenwart." Eines daran ist richtig. Es ist die Sache des Proletariats, die wir führen. Jene Stände und Klassen, welche Kriege, wenn nicht wünschen, so doch zulassen, die begeisterte Hitlerjugend, die völkische Jugend, die nationalen Parteien der Rechten, erfüllt von den hohen vaterländischen Idealen, unsere Studenten und Schüler, die vom Tode fürs Vaterland reden, sie denken sich immer in die Rolle solcher, die Giftgase ausstreuen und aktiv kämpfen, die das Torpedo oder die Bombe abfeuern, die zu befehlen haben. Ganz fern aber liegt ihnen die Seele der großen Masse, die in dieser heroischen Weltgeschichte einfach das Opfer wird. „Anders philosophiert das Pferd über die Peitsche, anders der Fuhrmann." Die große Masse des Volkes ist immer nur das Schlachtopfer, das einzusetzende „Menschenmaterial". Ob der Krieg siegreich ausgeht oder auch verloren wird, das Proletariat macht dabei keine Geschäfte. Das Geschäft machen jeweils die führenden Klassen. Und wenn es denen nicht geht um Landeszuwachs oder Kolonien oder Geldgewinn, so geht es doch um Ehrgewinn und den Ruhm der großen Lügnerin: Weltgeschichte. Der unbekannte Soldat stirbt. Den Ruhm erntet der Feldherr, jener, der das Herz hat, Unbekannte zu opfern. Wer nennt die Namen der geopferten Proletarier? Sie sinken alle dahin und werden vergessen. Wer also soll dem Wahnsinn der Welt Halt gebieten, wenn nicht der Geopferte? Wer ein Ende machen mit dem Unfug, den man Politik nennt? Mit der Sinnlosigkeit in der Weltgeschichte, der die Sieger von nachhinein immer einen Sinn einlügen. Es ist aber Wahnsinn!

Man sagt: Die anderen sollen mit der Abrüstung beginnen. Immer die anderen. Der Völkerbund. Die Franzosen. Die Engländer. Sowjetrußland rüstet ja auch. Giftgase und riesige Armeen.

Ja, wer rüstet? Nie das Volk. Immer der Staat. Und Staat ist etwas anderes als Volk. Was die Staatsfunktionäre planen, was die Wirtschaftsführer schachern, die Völker erfahren es nachträglich. Kein Mensch auf Erden will den Wahnsinn. Aber jede Regierung schwebt in Angst vor jeder anderen Regierung. Ein Rudel raublustiger Wölfe, die einander die Knochen nicht gönnen. Die Knochen des Volks. Die Mächtigen wollen Macht bewahren. Die Ohnmächtigen wollen auch an den Futtertrog. Das ist Geschichte. Wahrheit und Recht? Sie frieren und erfrieren.

Man hetzt sich in den Flammenrausch des Vaterlandes. Aber wenn mal der Funke glimmt, dann brennt der ganze Wald. Kultur brennt zu Asche. Millionen fühlen es. Millionen wissen um den Wahnsinn. Warum schweigen sie? Weil sie ein

„Interesse“ haben. Der eine ist halt Beamter. Der zweite fürchtet für sein Geschäft. Der dritte ist verwirrt und verdummt durch Zeit und Zeitung. Denn auch bedrucktes Papier verbreitet giftige Gasnebel. Am Schlimmsten aber sind jene, welche denken: „Was geht mich der Wahnsinn der Welt an? Ich sorge für mein kleines Haus und bin zufrieden, wenn ich mein Scherflein im Trocknen habe.“ Die Lauen sind schlimmer als die Kriegshetzer. Das sind die eigentlich Schuldigen.

Ich fordere niemanden auf, den Kriegsdienst zu verweigern. Möge jeder das mit seinem Gewissen abmachen. Aber kein Unbill und Gewalt darf uns hindern, unser Gewissen zu befragen.

Kriege, Giftgaskriege sehen nicht aus, wie sie im Film, im Roman, in den Büchern der Geschichte erscheinen. Alles ist schön zu sehen und schön zu sagen, aber schrecklich zu sein. Im Kriege gibt es nicht Heldentum, nicht Romantik, nicht Ideale. Alles wird Zufall. Alles sinnlos.

Ich weiß und glaube, daß ein Volk für Freiheit und Recht alles tun darf. Aber was jetzt den Völkern zugemutet wird, das hat nichts mehr zu schaffen mit Freiheit, Vaterland und Recht. Das ist die internationale Bestialität. Die Erziehung des Kulturmenschen zur patriotischen Bestie. Mit voller Absicht habe ich vermieden, die Schrecken des Gastodes zu malen. Ich will keine Furcht verbreiten. Der Tod an den Gasen und mehr noch das Lebenbleiben nach einer Gasvergiftung ist schlimmer als alles, was die Phantasie der Vorwelt sich ausmalte als Greuel der Hölle. Dies ist die Hölle, die die Menschheit sich selbst geschaffen hat.

Aber seien wir getrost! Die Sonne, die versengt, ist auch die Sonne, die nährt. Der Geist des Menschen ist wie jene sagenhafte Lanze des Achill: die Wunden, die die Spitze schlägt, heilen, wenn man die Waffe umkehrt, wenn der Schaft die Wunde berührt. Wir wollen die Umkehr.

Ein Volk, das beste und adeligste, wird aufstehen und sprechen: „Wir machen nicht mit!“ Und so soll Deutschland anfangen mit der Liebe. Soll das deutsche Volk anfangen mit der Vernunft. Und alle werden folgen. Nicht weil die Menschen gut sind, sondern weil sie müssen. Denn folgen die Völker nicht, so gehen nicht wir Deutschen allein zugrunde, sondern ein Erdteil wird verschwinden.

Wir wollen die Umkehr! Wenn man uns zwingen will zu Frevel an Leben und Erde, wir sagen: Nein! Wenn man uns pressen will zum Irrsinn im Namen des Gesetzes, dann brechen wir das Gesetz. Wir lieben das Vaterland tiefer, tiefer die Menschen.

„Sie pflanzten Kanonen am Rhein und am Belt,
Und sagten: Mordet euch, Kinder der Welt!
Wer schwarz ist von Haar, haßt, wer blond ist von Haar,
Und tötet, den andere Scholle gebar.
Da sprachen wir: Nein,
Halt' vom Hasse dich rein.
Unser Vaterland muß größer sein.

Ein jeder Deutscher schwört es vor Tod,
Und färbt unser Herzblut Blumen rot.
Spricht noch das Blut als Herz der Welt
In den Menschengraus am Rhein und Belt,
Kündet: Nein, nein; nein!
Alle Liebe sei dein!
Heil Deutschland, Deutschland wird größer sein!"

Jörg Wollenberg

„Juden raus! Lessing raus"! Der Fall Lessing in den Akten des Preußischen Ministeriums für Wissenschaft, Kunst und Volksbildung[1]

„Wäre der Außenseiter nicht Jude gewesen, hätte das nur quantitativ, nur auf das 'Strafmaß' Einfluß gehabt. Mehr gibt der gern als Beispiel herangezogene und – der Person des Betroffenen wegen – interessanteste Weimarer 'Fall' nicht her." So resümiert Helmut Heiber die „Fallstudie Lessing" im ersten Teil seiner Untersuchung über die „Universität unterm Hakenkreuz"[2]. Heibers Recherchen und die Akten im preußischen Kultusministerium ermöglichen freilich eine weitergehende Interpretation, als der Mitarbeiter des Instituts für Zeitgeschichte zulassen möchte. Man hat die Causa Lessing auch – wie die zeitlich fast parallel laufenden Fälle des Heidelberger Privatdozenten Emil Julius Gumbel und des Jenaer Juristen Karl Korsch – als „Prolog in Weimar" zu deuten. Hier wurde ein „Spatenstich zum Grabe der deutschen Republik getan, unter Duldung und dem Stillhalten der Verteidiger ihrer Ordnung", wie Ekkehard Hieronymus schon 1964 die Auseinandersetzungen von 1925/26 um Lessing zusammenfaßte.[3] Rainer Marwedel interpretiert in seiner Monographie die Affäre um die Haarmann- und die-Hindenburg-Studie Lessings als „Symptom" und „öffentliche Pathologie", als „Einführung in die Katastrophengeschichte dieses Landes", das den Faschismus möglich machte.[4] Kurzum, wer mit dem Husserl- und Driesch-Schüler Helmuth Plessner die „Kapitulation des bürgerlichen Geistes und der Philosophie vor dem Nationalsozialismus" beschreiben will[5], wird das nationalkonservative Milieu der traditionellen Eliten mit berücksichtigen müssen. Dazu zählten auch Herman Nohl, Eduard Spranger, Edmund Husserl und Max Scheler, die 1925 vom preußischen Kultusminister aufgefordert wurden, sich zum Fall Lessing zu äußern. Zahlreiche Repräsentanten der deutschen Hochschulen ließen sich nach dem 5. März 1933 nahezu reibungslos gleichschalten. Später neigten sie freilich dazu, die hohe Affinität zum deutschen Faschismus in Distanz umzuinterpretieren.[6]

Die konservativen Repräsentanten der deutschen Eliten standen der Weimarer Republik distanziert bis ablehnend gegenüber. „Nach den begeisterten Tagen des März“ (1933), begründete Spranger seine Verklärung des „Geistes von Potsdam“, „beginne nun die geduldige und treue Arbeit im einzelnen..: Freiwilliger Arbeitsdienst und Arbeitsdienstpflicht, Wehrwille des Leibes und Wehrwille des Geistes, Freiheit und Bindung, Wille zur Macht und Achtung vor Recht, irdisches Bauen und Gottesdienst.“[7] Für die Herausgeber der „Freien Volksbildung“, Fritz Laack und Eduard Weitsch, siegte 1933 „die nationale Revolution, sie hat auf legalem Weg gesiegt, und Neuorientierung, Umschaltung und Gleichschaltung sind die Losungen des Tages.“[8]

Fünfhundertneunundzwanzig (529!) der etwa zweitausend Professoren an deutschen Universitäten und Hochschulen unterzeichneten im November 1933 das „entschiedene Bekenntnis zur nationalsozialistischen Weltanschauung“. Zu diesen Selbstgleichschaltern, angeführt von dem Philosophen Martin Heidegger, dem Mediziner Ferdinand Sauerbruch, dem Kunsthistoriker Wilhelm Pinder und dem Soziologen Arnold Gehlen, zählten auch die späteren „Grandseigneure“ der bundesdeutschen Philosophie und Pädagogik: Theodor Litt, Hans-Georg Gadamer, Gerhard Krüger, Joachim Ritter, Wilhelm Flitner, Fritz Blättner oder Otto Friedrich Bollnow. Eduard Spranger fehlte auf dieser Liste. Er verfaßte einen eigenen Aufruf, den der „Staatsanzeiger für Württemberg“ am 10. November 1933 veröffentlichte und der folgendermaßen endete: „Einen Deutschen jedenfalls, der nicht ehrlich ‘Ja’ sagte zu dem Aufruf des Volkskanzlers und damit eine Absage erteilte an die Knechtung, die man aufs neue über uns verhängt, wird es nicht geben. Das ist der Glaube, der in uns lebendig ist: nur mit Deutschland kann die Welt genesen!“

Mit Eduard Spranger, Herman Nohl und Aloys Fischer gehörten viele von ihnen schon zu den 3 016 deutschen Bekennern, welche der „Erklärung der Hochschullehrer des Deutschen Reiches“ vom 16. Oktober 1914 gefolgt waren:

„Unser Glaube ist, daß für die ganze Kultur Europas das Heil an dem Sieg hängt, den der deutsche Militarismus erkämpfen wird, die Manneszucht, die Treue, der Opfermut des einträchtigen deutschen Volkes." Dem „moderateren", aber ebenfalls chauvinistischen „Aufruf der 93" vom 4. Oktober 1914 unterzeichneten u.a. Edmund Husserl, Gerhart Hauptmann, Lujo Brentano, Ernst Troeltsch, die Brüder Alfred und Max Weber, Ferdinand Toennies, Adolf von Harnack, Gustav von Schmoller, Albert Einstein und Max Planck. Der „Seeberg-Adresse" mit der gezielten Kriegszieleingabe vom 8. Januar 1915 folgten noch einmal 1 347 Professoren und Intellektuelle aus Deutschland. Eine Gegenadresse richteten 141 Unterzeichner – wie A. Einstein, Harnack, Max Weber oder Theodor Wolff – an den Reichskanzler. Sie plädierten für einen baldigen Friedensschluß mit gemäßigten Kriegszielen.[9] Spätestens seitdem Heinrich von Treitschke am 15. November 1879 in den „Preußischen Jahrbüchern" den Berliner Antisemitismusstreit mit der Parole „Die Juden sind unser Unglück" entfacht hatte, verstärkte sich in Deutschland unter dem Vorzeichen eines integralen Nationalismus der Prozeß der Entliberalisierung der politischen Kultur. Er kulminierte in der Kontrastierung der „Ideen von 1914" mit denen von 1789. Dieses Intellektuellenprodukt der „Mandarine", der „Kritiker aus Beruf" (Max Weber), die ihre Aufgabe vernachlässigten, „Wächter zu sein in einer sonst allzu finsteren Nacht" (Karl Mannheim 1929), stützte den anschwellenden Chauvinismus und Antisemitismus in Deutschland. Nach 1918 lehnten die national-konservativ eingestellten Intellektuellen entschieden das neue Phänomen der „Massendemokratie" ab. Sie übernahmen erneut freiwillig eine tragende Rolle im NS-Staat. Es fand, wie der 1934 aus Köln vertriebene Philosoph und Soziologe Helmuth Plessner 1935 konstatierte, „die Kapitulation vor der Politik" statt. Die erst viel später rezipierte Studie Plessners über „Das Schicksal deutschen Geistes im Ausklang seiner bürgerlichen Epoche" kann auch als Selbstbesinnung gelesen werden: Er war, ähnlich wie Karl Jaspers, nicht durch die eigene philosophische Position, sondern durch den Antisemitismus der Nazis am Mitmachen gehindert worden.[10] „Anständige" deutsche Juden und anerkannte „Frontkämpfer", wie z.B. der Königsberger Historiker Hans Rothfels, verstanden sich als Wortführer der nationalgesinnten Hochschullehrer und baten ihren Führer vergeblich, in Deutschland weiter arbeiten zu dürfen.[11] Andere, wie z.B. der „rassisch belastete", aber als Freikorpsmitglied entlastete Göttinger Jurist Gerhard Leibholz, haben erst in der Emigration zu demokratischen Denkformen gefunden.[12] Der Jude, Pazifist und Sozialist Theodor Lessing dagegen stellte sich seit der „Wende von 1914" gegen die Verhaltensmuster der „Großen Zeit, wo immer ich's konnte" (Lazarett, 1929). Die Verunsicherungen und Erschütterungen im geistigen und politischen Leben Deutschlands waren für ihn nicht durch einen Rückgriff auf nationale Werte aufzuheben. Seine Kritik an den deutschen „Ideen von 1914" und seine Warnung vor dem „Geist von Potsdam" machten Theodor Lessing zum „ungeliebten Außenseiter" (Julius H. Schoeps). Nicht nur die Völkischen bekämpften ihn, auch die National-Konservativen raubten ihm frühzeitig die Lehrfreiheit, ohne daß die Minderheit der sich zur Republik bekennenden Elite einvernehmlich zur Gegenwehr schritt. Lediglich 64 dieser „führenden Geister" (Lessing) bekundeten am 23./24. April 1926 auf der Tagung Republikanischer Hochschullehrer in Weimar ihren Willen, „auf dem Boden der bestehenden demokratischen republikanischen Staatsordnung positiv mitzuarbeiten" und sich am „Ausbau unseres Verfassungslebens und an der Erziehung der heranwachsenden Generation zu staatsbürgerlichen Deutschen im Dienst der großen deutschen Volksgemeinschaft" zu beteiligen. Keiner der wenigen prominenten Vernunft- und Gesinnungsrepublikanern (wie z.B. Alfred Weber, Ferdinand Tönnies, Gustav Radbruch, Hugo Sinzheimer oder Friedrich Meinecke) war jedoch bereit, sich im Falle Theodor Lessing zu engagieren. Lediglich der Kölner Soziologe Leopold von Wiese und Kaiserswaldau, der Lessing in Hannover 1908 habilitiert hatte, beklagte, daß der Weimarer Kreis sich nicht zum Falle Lessing äußerte und damit auch den Minister Becker im Stich ließe.[13] Doch worum ging es eigentlich in der Causa Lessing?

Am 17. Februar 1925 forderte der Dekan der Fakultät für Allgemeine Wissenschaften der Technischen Hochschule Hannover den Minister für Wissenschaft, Kunst und Volksbildung in Preußen auf, eine „Disziplinaruntersuchung gegen den Privatdozenten Prof. Dr. Theodor Lessing einzuleiten" und zu prüfen, ob durch sein „Verhalten als Berichterstatter im Haarmannprozeß, das zur Entziehung der ihm erteilten Pressekarte geführt hat, die akademische Standesehre verletzt worden ist."[14] Der ehemalige Volksbeauftragte und Reichswehrminister Gustav Noske, nach Hannover als Oberpräsident abgeschoben, bat mit Schreiben vom 26. Februar 1925 den Minister, „der Fakultät zu bedeuten, daß es in ihrem und im Interesse der Allgemeinheit ratsam ist, von weiteren Maßnahmen Abstand zu nehmen und den Fall Lessing auf sich beruhen zu lassen" (Bd. I, Blatt 2). Am 24. März 1925 teilte der preußische Kultusminister der Technischen Universität mit, „daß die Einleitung eines Disziplinarverfahren gegen Theodor Lessing nicht in Frage komme" (I/37). Es war also Lessings publizistisches Engagement im Kriminalfall um den Massenmörder Haarmann, das den Stein ins Rollen brachte, bevor die Hindenburg-Affäre eskalierte. Die im Frühjahr 1925 von Lessing vorgelegte Veröffentlichung seiner Gerichtsreportagen und Essays zu der Mordsache unter dem Titel „Haarmann, die Geschichte eines Werwolfs"[15] überschritt mit ihrer psychologischen Deutung des Falles offensichtlich auch für den als liberal geltenden preußischen Kultusminister Becker „die Grenzen der Kritik". Er rügte Lessing in einem persönlichen Brief vom 29. September 1925 und drohte mit dem Entzug der Lehrbefugnis: „Der Charakter und Ton der den Fall Haarmann behandelnden Aufsätze läßt die notwendige und übliche Rücksicht auf Ihre Stellung als Hochschullehrer und akademischer Forscher vermissen. Ich bin genötigt, Ihnen ... mein Mißfallen auszusprechen."[16] Lessings Buchveröffentlichung über den Polizeispitzel und Massenmörder veranlaßte den Rektor der Technischen Hochschule am 12. Mai 1925, dem preußischen Minister zu schreiben: „Es geht aus allen Äußerungen hervor, daß Lessing nicht über die Grundbedingungen verfügt, die für einen akademischen Lehrer unerläßlich ist: die Tatsachen in objektive einwandfreie Formen darzustellen" (I/40). Um welche Tatsachen handelte es sich? Lessing hatte nicht nur ein sozial-psychologisches Portrait eines Außenseiters vorgelegt, sondern auch beschrieben, wer aus seiner Sicht für die Taten mitverantwortlich zeichnete: die Medien, Justiz, Polizei und Gerichtsmediziner: „Von 1918 bis 1924 konnte in einer deutschen Stadt von 400 000 Einwohnern ein Mordherd bestehen, ohne daß es in einem dieser Fälle gelang, die Spur vermißter Knaben und Jünglinge aufzufinden. Die hannoversche Affäre ... spielt in Häusern, die von Hunderten eng zusammengepferchter Menschen bewohnt wird. Man greift sich an den Kopf und fragt: Wie ist das möglich? Und wenn das möglich ist, in welcher Zeit, in welchem Staat leben wir?“[17]

Was das Schreiben des Rektors der Technischen Hochschule so folgenreich machte, war die Verflechtung der Haarmann-Affäre mit dem Fall Hindenburg. In seinem Brief vom 12. Mai 1925 wies er den Minister auf den Hindenburg-Artikel Lessings im Prager Tagblatt vom 25. April 1925 hin und folgerte, Lessing habe die „Würde der Hochschule und des akademischen Standes auf das schwerste verletzt und gefährdet“. Er sei „nicht würdig, Mitglied eines akademischen Lehrkörpers zu sein“ (I/40 f.). Dieser Vorwurf bezog sich auf Lessings Versuch, „das gute, väterliche Antlitz des alten Hindenburg“, der für das Amt des Reichspräsidenten nominiert worden war, am Vorabend des entscheidenden zweiten Wahlgangs als „deutsches Nationaldenkmal“ zu „analysieren“ und zu fragen, was sich ereignen würde, wenn „dieser unpolitischste aller Menschen zu einer politischen Rolle mißbraucht wird“. Denn dieser „Mann des Dienstes“ besitze nicht einmal die „Ansätze zu einer selbstentscheidenden und wägenden Persönlichkeit“. Kein „Philosoph“, sondern ein „guter treuer Bernhardiner ... würde mit Hindenburg den Thronstuhl besteigen“. Und am Schluß heißt es in Lessings Artikel: „Nur ein repräsentatives Symbol, ein Fragezeichen, ein Zero, man kann sagen: ‘Besser ein Zero als ein Nero.’ Leider zeigt die Geschichte, daß hinter einem Zero immer ein künftiger Nero verborgen steht.“

Schon vor dem Schreiben des Rektors setzte eine Hetzkampagne gegen Lessing ein. Verantwortlich dafür zeichnete der von deutschvölkischen Studenten initiierte antisemitische „Kampfausschuß“ gegen Lessing. Am 8. Mai 1925 huldigte die Stadt Hannover ihrem zum Reichspräsidenten gewählten Ehrenbürger, der zugleich Ehrendoktor der Technischen Hochschule Hannover war. Die völkischen Studenten beendeten ihren Fackelzug, aufgehetzt durch den örtlichen „Hannoverschen Kurier“, vor der Wohnung Lessings in der Stolzestraße, wo sie randalierten. Seine Vorlesungen wurden gestört. Studenten versperrten Lessing den Zugang zum Hörsaal. Am 14. Mai 1925 erklärten sie den „mit deutschfeindlichen Zeitungen schachernden Juden“ zum „Schmutzfleck im Lehrkörper“ und zum „Schmachfeld auf dem Ehrenfeld der TH“. Der Kultusminister sah sich gezwungen, gegen den „nackten Terror“ des „Kampfausschusses“ vorzugehen, auch wenn ihm „Lessings eigene Art zersetzenden Literatentums tief zuwider“ war.[18] Trotz der nicht nachlassenden Einschüchterungskampagne kamen am 4. Juni 1925 über dreitausend Teilnehmer zu einer Kundgebung des „Ausschusses gegen die Lessinghetze“, zu der republikanische und sozialistische Organisationen in den großen Saal des Volksheimes Hannover geladen hatten.[19] Für Lessing traten öffentlich ein: Siegfried Kawerau vom Bund entschiedener Schulreformer aus Berlin, Studienrat Georg Hoffmann aus Hannover, ein Student namens Hallstein und der Oberbürgermeister der Stadt Hannover und Landtagsabgeordnete Robert Leinert. Auch die sozialistischen Studenten in Hannover protestierten gegen die Lessinghetze und stellten fest, „daß der Kampf im sogenannten Fall Lessing mit Mitteln geführt wird, die nicht nur den akademischen, sondern jeglichen Gepflogenheiten öffentlicher Diskussionen kraß widersprechen. Wir wissen uns einig mit der Mehrzahl der klar und ehrlich Denkenden, wenn wir diesen Protest zur allgemeinen Kenntnis bringen“. Für Lessing nahm ebenfalls Stellung: Ludwig Quidde als geschäftsführender Vorsitzender der Deutschen Friedensgesellschaft, der am 16. Juni 1925 dem Minister für die Sicherung der Lehrfreiheit und für die Kritik am Vorgehen des Senats der Technischen Hochschule dankte (I/253). Am 19. Juni 1925 plädierte der Vorstand des Bundes der entschiedenen Schulreformer für Lessing (I/267).

Zwischen der Solidaritätsversammlung und der für den 8. Juni 1925 angekündigten „Schwerpunktaktion“ des „Kampfausschusses“ veröffentlichte Lessing am 7. Juni 1925 im Prager Tagblatt seinen Offenen Brief an „An den Reichspräsidenten“.20 Zu diesem Zeitpunkt bemühte sich Minister Becker nach wie vor um eine Entschärfung des Konfliktes. Er überzeugte Lessing am 27. Juni 1925, vorläufig nicht an der Technischen Hochschule Hannover zu lehren und sich für das Wintersemester 1925/26 beurlauben zu lassen. Gleichzeitig ließ der Minister vier renommierte Ordinarien bitten, für ihn gutachterlich tätig zu werden und ihm „streng vertraulich mitzuteilen, wie sie die Persönlichkeit und die wissenschaftlichen Leistungen des Privatdozenten an der Technischen Hochschule in Hannover, Prof. Dr. Theodor Lessing, beurteilen" (I/461). Drei der vier angefragten Gutachter folgten der Aufforderung des preußischen Ministeriums![21] Zwischen dem 12. und 20. August 1925 erreichten den mit dieser Angelegenheit betrauten Ministerialrat von Rottenburg die handschriftlich verfaßten Schreiben der Gelehrten aus deren Urlaubsorten.

Der Berliner Repräsentant der „geisteswissenschaftlichen Pädagogik", Eduard Spranger, der im gleichen Jahr in die Preußische Akademie der Wissenschaften aufgenommen wurde, hatte als einer der „Architekten" der Weimarer Bildungsreform immer wieder das Kultusministerium beraten dürfen. Auch der Kölner Ordinarius für Philosophie und Soziologie Max Scheler beteiligte sich seit 1919 als Direktor des Instituts für Sozialwissenschaften an dem intensiven „Gedankenaustausch" mit dem damaligen Unterstaatssekretär C.H. Becker über „Reformfragen des ganzen deutschen Universitäts- und Volkshochschulwesens"[22]. Und der damalige Inhaber des Freiburger Lehrstuhls für Philosophie, Edmund Husserl, zählte zu den Repräsentanten der deutschen Eliten, auf dessen Urteil die Ministerien Wert legten.

Was veranlaßte diese hochangesehenen und einflußreichen Hochschullehrer, so dezidiert kritisch bis ablehnend zur „Persönlichkeit und wissenschaftlichen Leistung" von Theodor Lessing Stellung zu nehmen? Wie kamen sie dazu, die „grenzenlose Subjektivität" und „Unberechenbarkeit" Lessings (M. Scheler) hervorzuheben oder ihn gar als „Charakter von ungewöhnlicher Niedrigkeit" (E. Husserl) zu bezeichnen, der stets „cum ira et studio" schreibe und „Freude an seinem Zerstörungswerk" habe (E. Spranger)? Warum legten sie unabhängig voneinander so viel Wert darauf, in ein „zerrüttetes Seelenleben" zu blicken (Spranger), dem die „ungewöhnliche und vielseitige Begabung" (Scheler/Husserl) immer wieder so im Wege stehe, daß Lessing als „Erzieher der Jugend nur verderblich wirken" (Husserl) oder

„als wissenschaftlicher Führer der akademischen Jugend“ nicht „günstig wirken“ könne (Spranger)? Aber dürfen die vernichtenden Gutachten dieser ansonsten durchaus unterschiedlichen Repräsentanten mit in den Zusammenhang eingeordnet werden, der die Causa Lessing als „Prolog in Weimar“ deutet und mit Arnold Zweigs Essay von 1936 einen Vorgang beschreibt, wie „in Deutschland die Tötung eines geistigen Menschen abrollt“?[23] Oder müssen wir mit dem von den Nationalsozialisten verfolgten Juden und im KZ Oranienburg gequälten „revolutionären Pazifisten“ Kurt Hiller die Antwort eher bei dem „philosophischen Schriftsteller Lessing“ selbst suchen, den „Selbsthasser, der noch den eigenen Selbsthaß haßte“? Kurt Hiller zitiert in dem Nachruf auf Lessing einen Brief von Sigmund Freud, in dem dieser die „auffällige Zerissenheit“ Lessings zu deuten versucht und in den von Lessing immer wieder behandelten „jüdischen Selbsthaß“ einordnet.[24]

Aber lenkt eine solche Erklärung nicht ab von dem Gesellschaftskritiker und Kriegsgegner Lessing, der schon früh durch seine Position am Mitmachen gehindert wurde? Thematisierte Lessing doch die Verunsicherung seiner Zunft „als eine Schicksalsfrage zugleich für die Philosophie und den deutschen Geist“, die Helmuth Plessner 1935 als „Ausdruck einer allgemeinen Erschütterung der Fundamente“ beschreibt, „auf denen das soziale, das staatliche und das kulturelle Leben Deutschlands ruht.“[25] Die „Zerstörung der Vernunft“ (Georg Lukacs) stärkte die Feinde der „offenen Gesellschaft“ (Karl Popper), weil auch die „guten Deutschen“, die „national Gesinnten“, denen der Faschismus zutiefst fremd erschien und die ihn mit dem „Geist des Cartesianismus“ (Husserl) zu bekämpfen glaubten, die „Zerstörung der Moral“ durch die Verteidigung militärischer Machtgelüste mit ermöglichten. Insofern ist der Fall Lessing in die Diagnose mit einzuordnen, die der Husserl-Schüler und Scheler distanziert begegnende Kölner Soziologe und Philosoph Helmuth Plessner als „Kapitulation des bürgerlichen Geistes und der Philosophie vor dem Nationalismus“ charakterisierte. Für die Interpretation der Gutachten ist zusätzlich zu beachten, daß zwei der Gutachter, Max Scheler und Edmund Husserl, Theodor Lessing persönlich gut kannten, was sie auch in ihren Stellungnahmen erwähnen. Lessing hatte sich mit ihnen schon vor dem Ersten Weltkrieg überworfen. Den fast gleichaltrigen Max Scheler lernte Lessing in München kennen. Zwischen beiden bestand um die Jahrhundertwende ein reger Austausch „über aktuelle Vorgänge und soziale Fragen". Zu diesem Zeitpunkt gefährdeten private Verwicklungen die wissenschaftliche Karriere der hochgesinnten „Geistesriesen". Scheler, von ähnlicher Zerrissenheit wie Lessing gequält und verfolgt, wurde 1910 nicht nur mit dem Verlust der venia legendi bedroht, er verlor seine Dozentur in München.[26] Aus Lessings Sicht zerbrach die Freundschaft zu dem vom jüdischen Glauben zum Katholizismus konvertierten Scheler an dessen Haltung zum Ersten Weltkrieg: „Er entbrannte wie alle am großen Flammenrausch des Vaterlandes. Er wollte die große Stunde nicht verpassen. Er schrieb ein bluttriefendes widriges Buch, das die weltgeschichtliche Metzelei dialektisch rechtfertigt und mir schlimmer schien als ein Mord."[27] Noch vor dem Ersten Weltkrieg suchten und fanden beide Kontakt zum Göttinger Kreis um den Philosophen Edmund Husserl, wo Lessing sich – wie Leonard Nelson – vergeblich um die Habilitation bemühte. Noch am 27. Mai 1907 bezeugte Husserl, daß Lessing sich an seinen Vorlesungen und Übungen „mit sachlicher Vertiefung und reifem Verständnis beteiligt hat."[28] Das zunächst enge Verhältnis wurde dadurch beeinträchtigt, daß Lessing sich in außeruniversitäre Angelegenheiten einmischte. Husserl störte aber nicht nur Lessings literarisches Engagement und seine Nebentätigkeit als Theaterkritiker beim Göttinger Tageblatt. Ihm mißfiel vor allem Lessings Ausschreibung seiner Vorlesungen zu eigenen Werken. Der sich ebenfalls als „ungetreuer Schüler" von Husserl chrakterisierende Helmuth Plessner bermerkte zu diesen Ängsten Husserls in dem Nachruf von 1938: „Schon in den Göttinger Vorkriegsjahren glaubte Husserl sich von seinen Schülern mißverstanden und sein Werk durch jeden kühneren Kopf gefährdet. So hat er Schelers Arbeit mit ständigem Mißtrauen verfolgt, sie werde seine neue Arbeitsweise zur Konstruktion eines neuen Systems mißbrauchen. Die metaphysische Wendung Schelers zu einer Persönlichkeitsontologie schien ihm recht zu geben."[29]

Zu Eduard Spranger, seit 1920 Lehrstuhlinhaber der Philosophie und Pädagogik in Berlin, bestanden ganz andere

Beziehungen und Zusammenhänge. Der nach dem Erscheinen der beiden Hauptwerke (Lebensformen, 1921/Psychologie des Jugendalters, 1924) hochgeschätzte Kathederfürst gab ab 1927 zusammen mit Aloys Fischer, Theodor Litt, Wilhelm Flitner und Herman Nohl, ab 1937 in alleiniger Verantwortung „Die Erziehung“ heraus. Nach 1945 zunächst erster kommissarischer Rektor der Universität Berlin, war er von 1946 bis zur Emeritierung 1952 in Tübingen tätig. Auch in diesem Fall stand Lessing als Mitarbeiter der Zeitschrift „Die Neue Erziehung“, dem zentralen Organ des Bundes der entschiedenen Schulreformer, auf der anderen Seite. Mit Paul Oestreich, Fritz Karsen, Fritz Helling, aber auch mit Adolf Grimme, dem Nachfolger von Becker als Kultusminister, gehörte er zu denjenigen, die das von Spranger vertretene konservative Ideal preußischer Staatsgesinnung als „kulturreaktionäre Gesinnungsknechtung“ interpretierten. In der „Neuen Erziehung“ vom Februar 1933 wurde Eduard Spranger als „politischer Pädagoge“ vorgestellt, der sich mit der 1932 veröffentlichten Sammlung von Reden und Aufsätzen unter dem Titel „Volk, Staat, Erziehung“ „ostentativ in die politische Kampffront der Gegenwart“ gestellt habe. Spranger fordere „nichts anderes als den Ausweg des Faschismus“, mit seinen eigenen Worten „die Wendung zur Diktatur“, weil „die parlamentarische Demokratie sich als unfähig erwiesen habe zur einheitlichen Willensbildung“. Der Kampf gegen „diesen überlebten Demokratismus“ sei nicht als staatsfeindlich zu bezeichnen.[30]

Spranger gehörte eindeutig zu den national-konservativen Eliten, die später glaubten, Hitler „an die Wand quetschen“ zu können (Gadamer), welche „die großen Ereignisse“ im März 1933 freudig begrüßten (Spranger) und damit zur Legitimierung des NS-Staats beitrugen: Daß z. B. „die Deutsche Philosophische Gesellschaft nach dem Januar 1933 eine Umstellung nicht vorzunehmen brauchte“ und „die machtvolle Neugestaltung der deutschen Ordnung bejahte“, stellte ihr Vorsitzender Felix Krueger (Leipzig) am 2. Oktober 1933 in seiner Eröffnungsrede auf der 12. Tagung der Gesellschaft „mit Genugtuung“ fest, weil sie „seit ihrem Bestehen (1917) diejenigen geistigen Strömungen, die mit der nationalen Revolution zur Herrschaft gekommen sind, stets gepflegt und vertreten hat“ – so die Vossische Zeitung am 3. Oktober 1933.[31] Solche Bekundungen waren von Edmund Husserl und Max Scheler nicht mehr zu erwarten. Der kurz nach der Berufung an die Frankfurter Universität am 19. Mai 1928 verstorbene Max Scheler konnte nicht mehr gleichgeschaltet werden. Aber als herausragender Autor der „Konservativen Revolution" gehörte er trotz aller späteren Korrekturen und Distanzierungen zum „Genius des Krieges und der Deutsche Krieg" zu den Vorkämpfern der Ideen von 1914, die den Nationalsozialismus ermöglichten, ohne „Kirchenväter des Faschismus" zu sein.[32] Wandelte sich auch der militante Preußenverteidiger Scheler nach 1918 zu einem Kritiker des Militarismus, so „blieb seine irrationale Lebensanschauung Triebfaktor einer religiös-politischen Erneuerungslehre", die als „Sprachrohr und Autorität der jüngeren Generation" Anpassungsprozesse nach rechts erleichterte.[33] Als „Nichtarier" isoliert und ab 1934 auch von der Teilnahme an internationalen Kongressen ausgeschlossen, verlor dagegen Husserl zum 31. Dezember 1935 die Lehrerlaubnis und durfte die Freiburger Universitätsbibliothek nicht mehr betreten. Viele seiner Göttinger und Freiburger Schüler waren als Vertreter der „phänomenologischen Bewegung" von den ersten „rassischen Säuberungen" massiv betroffen und zur Emigration gezwungen. Dem schon 1925 von den Völkischen bedrohten Lessing, 1906/07 für kurze Zeit Mitglied des Göttinger Phänomenologenkreises, wollte Husserl freilich nicht zur Hilfe kommen. Am 12. August 1925 schrieb er an Ministerialrat von Rottenburg[34]:

Ich kenne die Persönlichkeit Theodor Lessings in ihrer literarischen und charakterologischen Art genau – leider nur zu genau.

Lessing ist ein philosophischer Literat von ungewöhnlicher Begabung, aber auch ein Charakter von ungewöhnlicher Niedrigkeit. Einen solchen Satz würde ich über Niemand sonst aussprechen, und auch über Lessing würde ich lieber schweigen – wer Pech anrührt besudelt sich –, aber wo es sich um eine verantwortliche Auskunft im Interesse des deutschen Hochschulwesens handelt, muß ich offen sein. Die einzige Schrift Lessings, die wirklich unter den Titel „Wissenschaft" und nicht unter den bloßer „Literatur" (Literatenbetriebes) fällt, ist seine etwa vor 12-15 Jahren erschienene „Wertaxiomatik" (Meiners Verlag). Sie ist eine erweiterte Darlegung des

Inhalts von 2 Abhandlungen (Archiv f. Philosophie, etwa), deren erste, die alles Gedanklich-Wesentliche enthält, nichts anderes bietet, als eine meinen Namen verschweigende, also plagiatorische Bearbeitung meiner Vorlesungen. Es ist für Lessings Charakter typisch, daß er – der 2 Semester mein eifrigster Schüler war und seiner Begeisterung für mich und meine Philosophie einen oft peinlich aufdringlichen Ausdruck gab – auf meine schriftliche Anfrage hinsichtlich des Rechtes einer so gearteten Veröffentlichung, in überschwenglichsten Worten seiner dankbaren Schülerschaft und meiner Autorschaft hinsichtlich der Gedanken Ausdruck gab, diesen Briefen auch in überschwenglich starken Formen abgefaßte Entwürfe für öffentliche Erklärungen beilegte, um der Sache ein harmloses Gesicht zu geben suchte – daß er aber nachher an Stelle dieser Erklärungen eine neue, ganz verdünnte und zweideutige Anmerkung zu Druck brachte. Aber nicht nur das. Als ich jede Reaktion unterließ, veranstaltete er eine erweiternde Ausarbeitung jener Abhandlungen als Niederschrift, in der er in unverschämter Weise nicht nur so sprach, als ob er nur in einer ganz entfernten Beziehung zu mir und meiner Philosophie gestanden wäre, sondern sich auch ganz ausdrücklich als originalen Schöpfer dieser fraglichen Gedanken ausgab. Er spekulierte nicht ohne Grund auf meine prinzipielle Abneigung, bei den sehr gewöhnlichen literarischen Ausnutzungen meiner frei mitgeteilten Gedanken Prioritätsansprüche zu erheben. In dem oben erwähnten Briefwechsel hatte er auch die Kühnheit, mir – um sich meiner Toleranz für seine Freibeuterei zu versichern und einer ev. Anfrage von der Hannoverischen Hochschule einen günstigen Ausgang zu geben – die Widmung einer neuer Schrift anzutragen. Als ich jeden Verkehr mit ihm mir verbat, rächte er sich in einer, seiner würdigen Art, indem er in einem späteren Buch angebliche Eindrücke aus Privatgesprächen mit mir – meine Stellung zum Judentum betreffend – in der Weise vorbrachte, die nur als gemeine Insultation zu charakterisieren ist.

Die eben erwähnten Briefe Lessings – dokumentarische Belege seiner Plagiation – könnte ich nach meiner Rückkunft nach Freiburg (Ende September) vorlegen.

Bedauerlicherweise hat die Technische Hochschule zu Hannover es unterlassen, bei der Habilitation Lessings mich, als seinen Lehrer, um eine Auskunft zu ersuchen.

Ich meine, ein Mann solchen Charakters kann als Erzieher der Jugend nur verderblich wirken. Sein ganzes Verhalten in den letzten Jahren bezeugt, daß er derselbe geblieben ist, der er war.

Max Scheler schrieb am 20. August 1925 an das Ministerium für Wissenschaft, Kunst und Volksbildung[35]:

Es ist nicht leicht, ein Urteil über die Persönlichkeit Theodor Lessings zu fällen – weniger schwer über seine wissenschaftliche Leistung. Ich kenne Herrn Lessing schon seit meiner Studentenzeit und glaube ein ziemlich allseitiges Bild von ihm zu haben. Was seinen Charakter betrifft, so ist er ohne Zweifel ein subjektiv ehrlicher, moralisch einwandfreier Mann – von überdurchschnittlichem Mut, energisch und geradsinnig; stets Fanatiker seiner jeweiligen (stark wechselnden) Überzeugungen. Einer bewußten Unehrlichkeit und Niedrigkeit halte ich ihn nicht für fähig. Aber dieser „gute Wille" ist aufgebaut auf ein überaus labiles, erregbares, dunkles und leidenschaftliches Triebleben, das ihn auch da noch heimlich leitet, wo er es selbst nicht ahnt. So ist er in allem, was er sagt, tut, schreibt von einer grenzenlosen Subjektivität. Dieselben Menschen liebt er und preist er, denen er das nächste Mal (völlig unberechenbar) ein Bein stellt oder sie unmotiviert angreift. (Auch mir selbst ist beides häufig widerfahren.) Scharf ausgeprägt ist in ihm seit jeher eine fast pathologische Leidenssucht, ein Wille, sich vor sich selbst und anderen als Märtyrer darzustellen. Eng verbunden damit ist ein „sensitiver Beziehungswahn" (im Sinne Kretschmers), der ihn seit jeher bestimmt, sich selbst heimlich „verfolgt", „mißachtet", „zurückgesetzt" zu fühlen; sich mit Menschen gleichzusetzen, die verfolgt, nicht anerkannt oder nicht genügend gewürdigt wurden (z.B. E. Dühring, Schopenhauer etc.) Er greift an und meint sich zu verteidigen gegen Dinge, die ihm nur seine erregbare Angstphantasie vorspiegelt (persecuté persecuteur).

Sein überaus scharf ausgeprägtes Racejudentum, dessen Leiden er durch ein maßloses Selbstgefühl überzukompensieren sucht, locken leicht Konflikte heran, und so ist es begreiflich, daß er selten mit Menschen auskommt. Kommt er in Konflikte, so ist er rachsüchtig bis zum Äußersten und verschmäht auch die unedlen Mittel nicht, seine Ziele zu erreichen. Daß seine dazu maßlos eitle, selbstgefällige Art, seine ex-

tremen Urteile über Menschen, Dinge, Zustände, sein auftrumpfender Orientalismus starken Widerwillen bei dem deutschen Durchschnittsstudenten erwecken muß, ist mir sehr verständlich, und man muß diese dauernde Disposition seiner Umwelt auch in Anschlag bringen, wenn man die Aufnahme seiner Artikel über Hindenburg und der sensationellen Rolle, die er im Haarmannprozeß gespielt hat, verstehen will. Sein Tragödiantentum oder Komödiantentum verschmäht keine Reklame, besonders, wo er den Märtyrer spielen kann.

Lessing ist vielseitig begabt, aber doch nach keiner Richtung durchschlagend. Er schrieb Gedichte, Romane, Satiren neben seinen philosophischen Sachen. Aber all das erhebt sich trotz Scharfsinn, Witz, Paradoxie nicht über eine ziemlich rabulistische „Journalistik" (ein Wort, das auch E. Troeltsch in seinem Historismus, 2. Hälfte, S. 138 u. 577, mehrfach auf ihn anwendet). Die ernste Philosophie hat er in keinem Punkte wesentlich gefördert. Bald stützte er sich auf Schopenhauer und Nietzsche (ohne eine Spur Originalität), zeitweise auf Theodor Lipps und Husserl („Wertaxiomatische Studien", in denen er Husserls Vorlesungen ausschrieb, um dann Husserl anzugreifen und sich alten Gegnern Husserls, z.B. Meinong zuzuschlagen; neuerdings ist er ganz von Klages abhängig („Der Untergang der Erde am Geist", IV. Aufl. von „Europa und Asien"). Das ist keine selbständige Entwicklung, sondern Gefangensein bald von diesen, bald von jenen „Eindrücken" – stets so ausgewählt, daß sie seiner anklägerischen Affektivität „gegen" irgend etwas entsprechen. Am ernstesten zu nehmen sind noch die Schriften: „Philosophie als Tat" (Ges. Gelegenheitsaufsätze), 1914; „Geschichte als Sinngebung des Sinnlosen" und „Der Untergang der Erde am Geist". Aber auch diese Dinge erheben sich nicht über einen das Paradoxe und Sensationelle suchenden Journalismus. Seine Vorrede zur „Symbolik der menschlichen Gestalt" von Carus strotzt von Hochfahrenheit, Unwissenheit und gibt nicht die Spur eines neuen Gedankens. Stark jüdelnder Witz und Satire („Der Feind im Land", 1923) ist so stark in ihm, daß sie auch ernsthaftere Anfänge durchqueren.

In keinerlei sinnvollem Verhältnis zu diesen Leistungen steht nun aber sein Selbstbewußtsein und seine Selbsteinschätzung als „Philosoph". Er pflegt in der Nachahmung (bis auf Stil und Wortwahl) A. Schopenhauers von sich zu spre-

chen; wenn diese Art schon bei diesem wahrhaft großen, originellen Geiste nicht eben „schön" war, so klingt diese noch dazu nachgeahmte Sprache im Munde eines geistigen Zwerges natürlich peinlich und lächerlich.

Ich möchte Ihnen, verehrter Herr, vor allem den Rat erteilen, in der Abwicklung dieser schwierigen Angelegenheit den erregten Kreisen in Hannover zu verstehen zu geben, daß Lessings geheimer Wille nach Martyrium geradzu schreit; und daß man ihm deswegen keine Gelegenheit geben soll, sich vor der, den Universitäten und Hochschulen mißgünstigen Bohème und vor dem Ausland als Märtyrer aufzuspielen.

Eduard Spranger schrieb an das Ministerium für Wissenschaft, Kunst und Volksbildung am 20. August 1925[36]:

Sie wünschen von mir eine Äußerung über die wissenschaftliche Bedeutung von Prof. Theodor Lessing in Hannover. Meine Antwort steht von vornherein unter der Schwierigkeit, daß es für einen Philosophen eigentlich keinen allgemein geltenden Maßstab seines wissenschaftlichen Wertes gibt. Seine Aufgabe kann unter Umständen darin bestehen, die zu seiner Zeit herrschende Wissenschaft als Irrweg zu kritisieren, ja er kann von einem neu betonten Weltbild aus Wissenschaft überhaupt völlig herabwerten. Ob es zweckmäßig wäre, einen so gerichteten Geist in ein akademisches Lehramt zu berufen, ist eine andere Frage.

Ich muß mich demgemäß auf eine Art von Charakteristik des Genannten beschränken. Dabei stütze ich mich auf zwei seiner Hauptwerke:

1. Studien zur Wertaxiomatik, 1908, 2. Aufl. Leipzig 1914.

2. Geschichte als Sinngebung des Sinnlosen, München 1919.

Die erste Schrift ist unverkennbar aus starkem ethischen Problemerleben erwachsen (cf. Vorwort: „Unser Ausgangspunkt ist die tiefste ethische Skepsis"), bekennt sich im Resultat aber zur strengsten Absolutheit der Wertgesetze. Sie gliedert sich der damals (1908) eben zur Beachtung gelangten modernsten philosophischen Gedankenrichtung, die von Brentano und Husserl eingeleitet wurde, mit durchaus selbständigen und sehr interessanten Fragestellungen ein. Scheler hat wenig später ganz ähnliche Grundgedanken entwickelt und die ethische Diskussion dadurch erheblich gefördert. Daß die kleine Schrift von Lessing in Unfertigkeiten und Widersprüchen stecken blieb, dürfte nicht gegen ihren wissenschaftlichen Ernst sprechen. Die 2. Schrift ist von ganz anderer Art. Sie ist in ihren beiden ersten Teilen eine durchaus negative Kritik an dem Wahrheitswert der Geschichtswissenschaft. Sehr belesen, geistvoll und schriftstellerisch gewandt, geht der Verfasser hier doch nirgendwo in die Tiefe, die ihm selbst erreichbar gewesen wäre. Er schreibt entschieden cum ira et studio, will es auch (cf. S. 270) und übergeht die seiner Auffassung abgewandte Seite in einem Grade, der jeder wissenschaftlichen Haltung ins Gesicht schlägt. Man fühlt überall die Freude an seinem Zerstörungswerk heraus. Das Wort „Forschung" kommt kaum an 2 oder 3 Stellen vor, obwohl der Verfasser doch die Tendenz zu irgendeiner Art von Objektivität in der Geschichtswissenschaft schwerlich übersehen haben kann. Er schreibt von einer ästhetisch-individualistisch-aristokratischen Weltanschauung aus, die sich selbst mitten zwischen Epikur und Buddha stellt und offenbar im ganzen Habitus an Nietzsche orientiert ist. Gegenüber den beiden ersten durchaus skeptisch gehaltenen Teilen ist der dritte aufbauend gemeint: Geschichte wird hier als „dichtende Willenschaft" bezeichnet. Sie wird also der Wissenschaft im üblichen Sinne (cf. die Urteile S. 133, 193, 237, 267 f., 274) bewußt entgegengesetzt. Sie nimmt ihre Wahrheit aus der Idee, nicht aus der Wirklichkeit. Sie wird sogar als „Rauschersatz" ausgegeben. Eine solche philosophische Stellungnahme läßt sich nicht eigentlich kritisieren. Höchstens könnte man sagen, daß der Verfasser seinen eigenen Standpunkt höchst schludrig, schillernd und unmethodisch durchführt, wie er auch hier alle verwandten älteren Anschauungen beiseite läßt und sich allein mit voller Souveränität zur Geltung kommen läßt.

Oft (z.B. S. 106) blickt man durch die Darstellung, wie schon in der 1. Schrift, in ein nicht nur ringendes, sondern fast zerrüttetes Seelenleben, das blindlings nach dem Absoluten greift, um sich Gott zu geben, der aber offenbar unter den Kriegsereignissen besonders schwer gelitten hat (vgl. die Urteile S. 192, 203, 206). Der Verfasser lehnt bewußt alle ideale Bedeutung der Politik ab. Für ihn gilt als groß nur der nach innen lebende einsame Mensch (Mystik des unmittelbaren Sichselbsterlebens). Er ist also Pazifist, wirtschaftlich anscheinend Kommunist, wie es bei rein ästhetisch sensiblen Naturen der Fall zu sein pflegt. Daher seine Urteile über Politiker und Politik, wie z.B. S. 24, 205; über Hindenburg spricht er S. 51, vielleicht auch S. 140??).

Die Hauptfrage wäre nun, wie ein solcher Mann zur Wahrheit steht. Er hat offenbar seine ganz eigene Idee von Wahrheit, auch hinsichtlich krimineller Tatbestände und Strafprozeßurteile (vgl. „Wertaxiomatik" und „Geschichte etc." S. 58). Einer seiner Grundgedanken, der immer wiederkehrt, ist die „logificatio ex post" als Methode der Bewußtmachung und „Wissenschaft". Er selbst hält das unmittelbar gelebte Leben für triebhaft, irrational, unfaßbar. Gelegentlich muß er selbst philosophische Arbeiten wie seine erste Schrift berichtigen (83, 197, 230), während er sich an anderen Stellen wieder auf sie beruft (199, 204). Nicht unerwähnt möchte ich lassen, daß er von sich selbst mit einiger Freude den Fall einer bewußten Irreführung der Presse berichtet, den man aber als Scherz teilweise entschuldigen mag (S. 112/3).

Soll ich zum Schluß ein persönliches Urteil aussprechen, so enthalte ich mich dabei aller Beziehung auf die Vorgänge, die mir nur aus fragmentarischen Pressenotizen bekannt geworden sind. Ob ein Mann von dieser Grundrichtung als wissenschaftlicher Führer der akademischen Jugend günstig wirkt, ist mir sehr zweifelhaft, hauptsächlich wegen der Unklarheit, mit der er seine meisten Ansichten vorträgt. Sie hat offenbar auch den äußeren Erfolg seiner interessanten Bücher sehr beeinträchtigt. Daneben aber stehen unzweifelhaft hohe Qualitäten, abgesehen vom Reichtum an Geist nach meinem Eindruck ein sittlicher Ernst, der freilich, von aller echten Tradition gelöst und mit Raffinement gesättigt, zu keiner Kraft und Sicherheit gelangen konnte. Jedenfalls gehen auch die angefeindeten Äußerungen aus der gekennzeichneten Weltanschauung hervor.

Endlich möchte ich bemerken, daß ich mit diesen (von mir gewünschten) Ausführungen pro et contra so objektiv wie möglich zu sein strebte. Nach irgend welchen praktischen Folgerungen bin ich nicht gefragt, muß aber zu meiner persönlichen Salvierung sagen, daß ich bei praktischen Maßnahmen ein solches „Einerseits und andrerseits" (wie es z.B. die Heidelberger Fakultät publiziert hat) nicht kennen würde. Bestehen für solche Fälle keine Prinzipien, so sollte man sie, sei es im Sinne der Freiheit oder der Bindung, endlich statuieren."

Mit diesen Gutachten, der ministeriellen Rüge im Brief an Lessing vom 29. September 1925 und der befristeten Beurlaubung Lessings schien die Affäre abgeschlossen. Nach der Wiederaufnahme von Lessings Vorlesungstätigkeit im Mai 1926 spitzten sich jedoch die Hetzkampagnen und Tumulte erneut zu, zunächst ohne Gegenwehr der Hochschulverwaltung und der Öffentlichkeit. Im Preußischen Landtag ergriff am 10. Mai 1926 der Abgeordnete Danicke von der Deutschvölkischen Freiheitspartei (DVFP) das Wort und behauptete: „Dieser völkerversöhnende Herr kann immer noch gegen das Deutschtum hetzen, in Hannover seine Vorträge halten, dem geschieht nichts“ (II/490). Und für sich und seine Partei reklamierte er: „Wir sind als Träger des Hakenkreuzes die treuesten Schützer des Deutschtums.“ Die damals extrem völkischen Kreise der Hannoveranischen Studentenschaft waren solchen Bekenntnissen eng verbunden. Den Höhepunkt der von ihnen initiierten Tumulte bildete der 31. Mai 1926. Etwa 700 – nach den Akten des Ministeriums 400-500 – mit eichenen Bergstöcken bewaffnete Studenten bedrohten Lessing und hinderten ihn, seine Vorlesung zu halten. Während des Kollegs brüllten sie: „Juden raus! Verhaut ihn! Schlagt ihn nieder!“ „Juden raus! Lessing raus!“ (II/103)[37] Am 7. Juni 1926 fand ein „Exodus“ nach Braunschweig statt. Mit einem Sonderzug verließen etwa 1 500 Studenten Hannover. Es ging das Gerücht um, Hugenberg habe dieses kostspielige Unternehmen finanziert.[38] Am 9. Juni 1926 rief der „Hannoversche Kurier“ zum Pogrom auf: „Bürgertum wach auf und wehr dich! ... Heraus zu einer geschlossenen Front. Dann sind es nicht mehr nur 1 500 Studenten, die gegen das Ministerium protestieren, dann sind es Hunderttausende.“

Oberpräsident Noske hatte den Minister schon im August 1925 gewarnt: „Es handelt sich jetzt m.E. kaum noch darum, ob ein Professor mehr oder weniger töricht geredet oder geschrieben hat, oder ob temperamentvolle Jugend gelegentlich über die Strenge geschlagen hat, sondern darum, daß der Herr Minister gegenüber nun allmählich rebellierenden Studenten und Dozenten die Autorität der republikanisch-preußischen Regierung aufrechterhält“ (I/478). Ähnlich argumentierte Lessing in der „Frankfurter Zeitung“ vom 11. Juni 1926: „Ich kämpfe nicht um die venia legendi, um Zugehörigkeit zum Lehrkörper oder um sonst ein persönliches Ziel. Ich kämpfe um das Prinzip staatlicher Autorität, ich kämpfe gegen einen Rechtsbruch, durch welchen die Hochschule Hannover in einer für sie selber sehr schwierigen Lage sich kurzerhand zu helfen sucht. Würde ich, was ich vom persönlichen Standpunkt aus gerne täte, diesen Rechtsbruch zugeben, so wäre die Geistes- und Lehrfreiheit von allen Universitäten bedroht. Man versucht, durch illoyale Mittel mich dazu zu zwingen; ich war immer bereit, um meiner Heimatstadt und Hochschule Ruhe zu verschaffen, zurückzutreten. Ich kann mich aber dazu nicht durch Gewalt pressen lassen" (II/116). Das war zugleich Lessings schriftliche Antwort für die Kundgebung, die am 11. Juni 1926 im Herrenhaus zu Berlin von den sozialdemokratischen Studenten zu dem Thema „Staatsgewalt und akademische Freiheit" veranstaltet wurde. Der als Referent eingeladene Lessing sagte ab, um eine weitere Eskalation zu verhindern. Für ihn sprach der Heidelberger Privatdozent und Jude Emil Julius Gumbel (II/116), der 1925 von der Universität Heidelberg mit dem Entzug der venia legendi bedroht wurde, weil der Kriegsfreiwillige von 1914 auf einer Veranstaltung der Deutschen Friedensgesellschaft in Heidelberg von den Kriegstoten sprach, die, „ich will nicht sagen, auf dem Felde der Unehre gefallen sind, aber doch auf gräßliche Weise ums Leben kamen."[39]

Die Berliner Kundgebung steht für den Beginn der spät einsetzenden Solidaritätswelle zugunsten von Lessing. Aus dem Fall Lessing war schon lange ein „Fall Hannover" geworden. Für den Leipziger Philosophen und Psychologen Hans Driesch gewann der Fall Lessing gar eine fatale Ähnlichkeit mit der „Affäre Dreyfus". Und er fügte seinen Betrachtungen in der „Bayerischen Hochschulzeitung" vom 8. und 22. Juni 1926 hinzu: „Hüten wir uns vor einem deutschen Seitenstück zum Dreyfus-Falle! Das deutsche Ansehen in der Welt durch die Morde an Erzberger und Rathenau, durch die Fememorde, durch alle möglichen Putschversuche und durch die Inflationen und ihre Folgen schwer erschüttert, beginnt zu steigen. Aber wir dürfen das kleine Kapital an Ansehen, das wir uns wieder erworben haben, wahrlich nicht leichtsinnig aufs Spiel setzen."[40] Hans Driesch würdigte im „Berliner Tageblatt" vom 12. Juni 1926 Theodor

Lessing als „den Kulturphilosophen unserer Zeit", der „den tiefsten Blick in die Stellung des bewußten Menschen zum Universum" getan habe: „Seit Nietzsche und Schopenhauer haben wir nichts Ähnliches."[41] Georg Bernhard griff in seinem Leitartikel für die „Vossische Zeitung" vom 13. Juni 1926 auf die Argumente von Driesch zurück. Auch für ihn war die Causa Lessing ein „Fall Hannover" geworden. Und wie es bei der Dreyfus-Affäre nicht auf die Person angekommen sei, so sei Lessing ein zufällig ausgesuchtes Objekt, denn es gehe um viel weitergreifende politische Ziele. Wenn in den Hugenberg-Blättern rechtsgerichtete Professoren gegen die Verfassung und gegen die Republik hetzten, denke kein Mensch daran, ihnen daraus einen Vorwurf zu machen. In diesem Widerspruch aber dokumentiere sich die ganze politische Lage in Deutschland. Daß der Kultusminister nur starke Worte gefunden, aber nichts für einen seiner schutzlos dem völkischen Terror ausgelieferten Beamten getan habe, belege die Erfahrung, daß auf dieser „Leisetreterei der Republikaner" die ganze Macht der Hetzpresse und Hetzparteien beruhe. Lessing sei das „Versuchskaninchen" für den Kampf gegen die Republik und der Kampf gegen Lessing ein „Stück offenen Angriffes gegen die Meinungsfreiheit und Handlungsfreiheit", ein „Teilstück des geplanten Gesamtangriffes gegen die Republik ... Der Fall Lessing ist zur Sache der Republik geworden."[42] Das zentrale Organ der Sozialdemokratie, der „Vorwärts", ließ am 18. August 1926 verbreiten: „Rechtsbruch, offene Gewalttat, studentische Anmaßung haben ihr Ziel erreicht. Ein republikanischer Professor ist aus seinem Lehramt verdrängt. Von Sühne ist keine Rede. Das zuständige Ministerium läßt sich den Willen randalierender völkischer Studenten aufzwingen. Ist das Wahrung der Staatsautorität?"[43]

Schon am 17. Juni 1926 hatte sich der Verband sozialdemokratischer Akademiker an den Minister Becker mit der Bitte gewandt, Theodor Lessing zu unterstützen und seine venia legendi aufrecht zu erhalten (II/253). Folgende Professoren unterschrieben: Ernst von Aster (Gießen), Carl Böhm (Karlsruhe), Heinrich Cunow (Berlin), Hans Driesch (Leipzig), Albert Görland (Hamburg), A. Grotjan (Berlin), S. Hellmann (Leipzig), Immanuel Hermann (TU Stuttgart), Bruno Kuske (Köln) und Siegfried Marck (Breslau), H.R.

Mehmke (Stuttgart), Leonard Nelson (Göttingen), Fritz Noether (Breslau) und Hans Rademacher (Breslau), Levin Schücking (Leipzig), Hugo Sinzheimer (Frankfurt) und Karl Vorländer (Münster). Für Lessing Partei ergriff am 24. Juni auch der Republikanische Lehrerbund aus Gießen (II/261), angeführt von August Messer, der noch im gleichen Jahr eine Dokumentation zum Fall Lessing vorlegte. Zahlreiche Lehrervereine folgten, auch der Bremer Lehrerverein mit einem Schreiben vom 17. Juni 1926. Und selbstverständlich immer wieder auch der Bund der entschiedenen Schulreformer mit den engagierten Mitgliedern und Freunden Lessings wie Paul Oestreich, Fritz Karsen und Siegfried Kawerau, nicht aber die Ortsgruppe des Bundes in Hannover. Angesichts solcher Solidaritätskampagnen und eines erneuten Vermittlungsversuches von Professoren und Rektoren der Technischen Hochschulen in Preußen[44] wurde der Konflikt in Hannover im Einvernehmen mit Theodor Lessing am 19. Juni 1926 ministeriell folgendermaßen geregelt: „Ich erteile Ihnen hiermit, Ihren Wünschen entsprechend, den dauernden Auftrag zur wissenschaftlichen Forschung auf dem Gebiete der Geschichts- und Kulturphilosophie unter gleichzeitiger Aufhebung meiner Erlasse vom 22. Februar 1923 und 27. Oktober 1923 ... Ich bin gleichzeitig damit einverstanden, daß Sie vom 1. August des Jahres ab Ihre Lehrtätigkeit an der Technischen Hochschule in Hannover einstellen ... An Ihrer bisherigen Zugehörigkeit als außerordentlicher Professor an der Technischen Hochschule Hannover tritt keine Änderung ein" (II/294). Schon am 18. Juni 1926 erhielt Lessing die Nachricht, daß sein Auftrag zur wissenschaftlichen Forschung mit monatlich 400 Mark dotiert werde, daß er nicht in Hannover leben müsse und ins Ausland gehen könne. Die Vereinbarung gelte allerdings nur für den Fall, solange er keine planmäßige Beamtenstellung innehabe (II/342). Hinzuzufügen bleibt, daß auch unter dem Kultusminister Adolf Grimme, dem Schüler Husserls und Freund Lessings aus Hannoveraner Jahren, keine „Sühne" in der Causa Lessing stattfand. Lessing versuchte nach 1930 mehrfach, seinen Status zu bessern. Grimme gelang es lediglich, eine Kürzung der Vergütung für Lessing zu verhindern, indem er die Regierungshauptkasse in Hannover am 1. Mai 1931 mit Blick auf die Verordnung des Staatsministeriums vom 30. Dezember

1930 anwies: „Die Vergütung unterliegt nicht der zwanzigprozentigen Kürzung.“[45]

Theodor Lessing war ab Juni 1926 erneut darauf angewiesen, als „Wanderlehrer, Vortragsredner, Kritiker, Publizist, Rezitator“ durch Deutschland und die Welt zu reisen. Nach der Machtergreifung der Nazis war es auch damit vorbei, und es ist sicher kein Zufall, daß seine Gegner sich erneut meldeten, um das jetzt von dem Hannoveraner Studienrat und NS-Gauleiter Bernhard Rust geleitete preußische Ministerium für Wissenschaft, Kunst und Volksbildung aufzufordern, „zwecks Genugtuung für die verletzte deutsche Ehre dem Juden Lessing den Forschungsauftrag zu entziehen und ihn endgültig zu verabschieden als unwürdig Lehrer der deutschen Jugend zu sein“ (III/124). Die „Volksdeutsche Gemeinschaft“ aus Göttingen verlangte am 7. März 1933 vom preußischen Ministerium, die Mittel des Forschungsauftrags für Lessing „zur Aufdeckung der verschütteten germanischen Heiligtümer an den Externsteinen, im Fichtelgebirge und an anderen Orten auszuwerfen“ und „mit diesem Forschungsauftrag den Volkswirt Karl Nüse zu Göttingen zu betreuen“ (III/174). Am 8. April 1933 bat der Rektor der TH Hannover „auf Anregung mehrerer Personen“ den Minister, „genehmigen zu wollen, daß seine Aufführung im Vorlesungsverzeichnis künftig unterbleibt. Ich möchte sogar noch weiter gehen und bitten, wenn irgend möglich dem Professor Dr. Lessing die venia legendi zu entziehen, da seine Zugehörigkeit zur Hochschule eine Belastung für diese bedeutet und immer die Gefahr besteht, daß Dr. Lessing seine Lehrtätigkeit wieder aufnimmt“ (III/199). Am 1. April 1933 teilte die Regierungshauptkasse Hannover Theodor Lessing mit, „daß die Zahlung des ihm zustehenden Gehalts von monatlich 400 Reichsmark auf telegrafische Anweisung des Herrn Ministers für Wissenschaft, Kunst und Volksbildung gesperrt sei. Er wurde aufgefordert, die schon erhaltene Rate in Höhe von 190 RM sofort zurückzuzahlen“, (III/200). Für Lessing, der zu diesem Zeitpunkt schon im Exil in Marienbad lebte, schrieb seine Frau Ada am 2. April 1933 an die Regierungshauptkasse: „Da mein Mann zur Zeit nicht in Hannover ist, erlaube ich mir darauf hinzuweisen, daß wir völlig mittellos sind und nicht in der Lage sind, den Betrag von 190 Mark zurückzuerstatten, ich habe den größten Teil des Betrages schon ausgegeben für die am 1. April notwendigen Zahlungen, da ich leider auch meine persönlichen Einnahmen verloren habe“ (III/202). Am 29. Mai 1933 ließ das Ministerium per Einschreiben Theodor Lessing wissen: „Aufgrund der Paragraphen 1, 3 und 7 des Gesetzes zur Wiederherstellung des Berufsbeamtentums vom 7. April 1933 und der dritten Verordnung zur Durchführung dieses Gesetzes vom 6. Mai 1933 entziehe ich Ihnen hiermit die Lehrbefugnis an der Technischen Hochschule Hannover“ (III/204). Bedeutete das auch den Entzug des „dauernden Forschungsauftrages“? Die inzwischen in die Heinrich-Heine-Straße umgezogene Ada Lessing bat den Minister für Wissenschaft, Kunst und Volksbildung am 16. Juni 1933 um Aufklärung und Unterstützung: „Wenn ich mich nun anstelle meines Mannes heute an Sie, Herr Minister, wende, so geschieht das darum, weil vielleicht einmal die Bekanntschaft seit frühen Jugendjahren die Angelegenheit erleichtert, aber auch zum anderen aus dem Grunde, weil ich meinem Mann weitere Demütigungen ersparen möchte. Ich erlaube mir nun auf folgendes hinzuweisen:

1. Das Gehalt meines Mannes bezog sich nicht auf den Lehrauftrag an der Technischen Hochschule, sondern auf einen 1926 vom Herrn Minister für Wissenschaft, Kunst und Volksbildung erteilten dauernden Forschungsauftrag. Der Forschungsauftrag ist bis heute nicht gekündigt, der Lehrauftrag hat zunächst nichts mit dem Forschungsauftrag zu tun. Sollten jedoch beide Aufträge gekündigt werden, so würde doch wohl die Zahlung des Gehaltes solange zu erfolgen haben, bis der entsprechende Termin abgelaufen ist.

2. Durch die unerwartete sofortige Sperre des Gehaltes sind wir in die größten wirtschaftlichen Schwierigkeiten geraten, zumal auch ich meine persönliche Stellung als Leiterin der Volkshochschule am 16. März 1933 niederlegen mußte“ (III/205/6).

Immerhin sah sich das Ministerium im Juni 1933 noch veranlaßt, die Angelegenheit durch ein gutachterliches Verfahren klären zu lassen. Staatssekretär von Rottenburg plädierte am 23. Juni 1933 dafür: „Im Hinblick auf die Persönlichkeit Lessing sowie darauf, daß er viele Jahre ohne Gegenleistung seine Bezüge erhalten hat, kann eine moralische

Verpflichtung nicht anerkannt werden. Daher ist in diesem Falle von einer Weiterzahlung überhaupt abgesehen worden. Es wäre zu prüfen, ob dieser Standpunkt vielleicht anläßlich der formellen Entziehung der venia legendi gemäß oben zwei nochmals festzulegen und dann Klage abzuwarten wäre. Ich schlage vor, auch von den Herren Bojunga, Schoering, Breuer und Burmeister Voten einzuholen" (III/208 f.). Auch der inzwischen zum Ministerialrat aufgestiegene langjährige ehemalige Mitarbeiter im Verwaltungsausschuß der Volkshochschule Hannover, Bojunga, trat am 18. Juli 1933 dafür ein, „sich in aller Form für die Entziehung des Forschungsauftrages auszusprechen", aber bis zum 1. April 1934 die Hälfte der bisherigen Bezüge noch auszuzahlen (III/210 f.). Durch ministerielles Schreiben vom 29. Juli 1933 erhielt der in Marienbad lebende Theodor Lessing – per Einschreiben nach Hannover, Heinrich Heine Straße 16, die Nachricht: „Aufgrund des § 44, Abs. 1 des Gesetzes vom 30. Juni 1932 hebe ich die mit Ihnen am 18. Juni 1926 getroffene Vereinbarung mit Wirkung vom 31. Juli 1933 auf und entziehe Ihnen von dem gleichen Zeitpunkt ab den erteilten Forschungsauftrag an der Technischen Hochschule Hannover und die dafür zu zahlende Vergütung. Wegen Nachzahlung der Vergütung bis zu diesem Zeitpunkt habe ich Anweisung gegeben" (III/212). Dem Regierungspräsidenten in Hannover wurde mitgeteilt: „In Abänderung meines Erlasses vom 20. April 1933 – U.I 30980 – ersuche ich die Regierungshauptkasse anzuweisen, das Forschungsstipendium von jährlich 4 800 Reichsmark noch bis Ende Juli 1933 an Professor Lessing zu zahlen. Soll für 1933: 1 600 RM. Verrechnungsstelle: Kapitel 134 Titel 2 für 1933 als Mehrausgaben" (III/212). Damit war der Fall Lessing „korrekt" und bürokratisch abgewickelt.

*

Schon auf dem Höhepunkt der Hetzkampagne gegen ihn hatte Theodor Lessing am 9. August 1925 notiert: „Es ist möglich, daß so ein fanatischer Querkopf mich niederschlägt, wie sie Rathenau und Harden niedergeschlagen haben. Nun, dann werde ich zu Gott beten, daß es schnell geschehe. Am Leben gehangen habe ich nie ... Und damit rechne ich, daß ich aus der Heimat fort muß und wieder neu beginnen. Aber ist denn das eine 'Heimat'? Und wenn diese Menschen deutsche Menschen sind, was verliere ich an den deutschen Menschen? Und wenn das, was man mir antut, deutsch ist, was kann es da für mich ehrenvoll sein, Deutscher zu heißen? ... Ich will noch eine Zeitlang kämpfen, daß auf Erden das Leiden der Menschen ende und Gerechtigkeit und Wahrheit werde."[46]

In dem 1936 veröffentlichten Essay über Theodor Lessing hat Arnold Zweig noch einmal mit dem Blick auf 1933 eine Würdigung der Hintergründe und Folgen des großen Kesseltreibens gegen den Sozialisten und Juden Theodor Lessing aus den Jahren 1925/26 vorgenommen: „Der Vorgang soll einmal systematisch festgehalten werden, mit dem in Deutschland die Tötung eines geistigen Menschen abrollt. Am Anfang steht das deutsche Kapitalverbrechen: Lästerung der Armee ... Erschien ein Aufsatz, der das tat, in einer linken Zeitschrift, so gab es in den nächsten Tagen entrüstete Zitate daraus in den Blättern, die der Reichswehr nahestanden ... Auf den Wink der abdruckenden Zeitungen aber begann aufgrund dieser Zitate die Hetze gegen den Verfasser ... Stand er beim Staat in Lohn und Brot..., so ging man systematisch an seine Ausräucherung. Studententumulte in seinen Vorlesungen, drohende Artikel gegen ihn in lokalen Zeitungen der Reaktion, Aufforderung zum Boykott, Bekanntgabe seiner Wohnung."[47]

Lange bevor auf Hindenburg Hitler folgte, gehörte Lessing wegen seines kompromißlosen Kampfes gegen den deutschen Militarismus zu den verfolgten Gegnern der Nationalsozialisten. Dabei erwies sich der in schwierigen Verhältnissen lebende Kriegsgegner durch den Entrüstungssturm der Hindenburgverehrer als besonders gefährdet. Insofern ist der Fall Lessing in der Tat ein „drohendes Vorspiel der Ereignisse von 1933", wie Otokar Fischer in seinem Vorwort zum ersten Band der Gesamtausgabe der Schriften Lessings von 1935 formuliert. Nicht nur die nationalkonservativen Eliten und die parteiungebundenen „Vernunftrepublikaner" gingen auf Distanz zu dem schon vorher ungeliebten Außenseiter. Auch der als liberal geltende preußische Kultusminister Becker – Mitglied des vom SPD-Ministerpräsidenten Otto Braun geleiteten Kabinetts in Preußen –

verteidigte mit zunehmender Reserve die Lehrfreiheit des umstrittenen Hannoveraner Philosophen. Schon vor den von Deutsch-Nationalen beantragten Landtagssitzungen zum Fall Lessing in Preußen (u.a. am 6. Juli und 3. November 1925) und Braunschweig (26. Juni 1926) fiel die Gegenwehr so matt aus, daß der Hannoveraner Hermann Canzler erklärte: „Erbärmlich nenne ich die Stellungnahme mancher Kreise, die sich tolerant, fortschrittlich oder gar entschieden demokratisch gebärden, nun aber, weil es ihnen nicht gelang, Lessing zum Parteigänger gerade ihres Ideal- und Interessenkreises zu machen, tatenlos beiseite stehen."[48] Mit Unterstützung zahlreicher Hochschullehrer verkündeten die im „Kampfausschuß" gegen Lessing 1925/26 vereinigten Korpsstudenten und andere „Blüten der Nation": „Juden raus! Lessing raus!" Fast an allen deutschen Universitäten traten damals nicht nur rechtsgerichtete Studenten für den um die „Sauberkeit der Hochschule" besorgten „Kampfausschuß" ein.

Vor diesem Hintergrund dürfte es wenig verwundern, daß wir die Gegner Lessings unter den Professoren schon vor 1933 auf der Seite derjenigen finden, die sich als „deutsche Männer" für die Machtübertragung an die Nationalsozialisten einsetzten. Die Liste „Deutscher Hochschullehrer für Adolf Hitler!" zur Reichstagswahl am 6. November 1932 wie auch zum 5. März 1933 („Die Deutsche Geisteswelt für Liste 1") schwoll an; an dem „Bekenntnis der Professoren an den deutschen Universitäten und Hochschulen zu Adolf Hitler und dem national-sozialistischen Staat" aus Anlaß der Volksabstimmung vom 12. November 1933 finden wir unter den 338 Unterschriften aus den Universitäten und 191 aus den Technischen Hochschulen auch 40 ordentliche Professoren der Technischen Hochschule Hannover, darunter die Dekane und Rektoren, die federführend an der Causa Lessing beteiligt waren.[49] Keiner gehörte freilich zu denjenigen, die mit dem Freiburger Historiker Gerhard Ritter Bedenken gegen die Liste wegen des „grundsätzlichen Ausschlusses aller Nichtarier" äußerten. Allzugerne hätte Ritter in Freiburg i.Br. – aus außenpolitischen Gründen – bei der „großaufgezogenen Kundgebung" den weltbekannten Philosophen und Emeritus Edmund Husserl dabei gewußt.[50] Er vermochte den damaligen Rektor Martin Heidegger nicht davon zu überzeugen. Dieser verhielt sich gegenüber seinem Lehrstuhlvorgänger und Lehrer Husserl zutiefst beschämend. Für die Rektoren der Technischen Hochschule Hannover, L. Klein (bis 19. Juni 1933) und O. Franzius, stellte sich dieses Problem nicht mehr. Klein hatte mit seinem Antrag vom 3. April 1933 erreicht, daß Theodor Lessing am 29. Mai 1933 endgültig die Lehrbefugnis an der Technischen Hochschule entzogen wurde. Am 29. Juli 1933 verlor Lessing auch seinen Forschungsauftrag an der Technischen Hochschule (vgl. Bd. 3, 199-204). Am 30. August erschossen ihn gedungene Mörder in seiner Wohnung im Marienbader Exil.

ANMERKUNGEN ZUM BEITRAG VON WALTER GRAB

1 Theodor Lessing: Die deutsche Studentenschaft um 1925. Abgedruckt in diesem Band, S. 63-71.
2 Theodor Lessing: Et si omnes ego non – Krieg und Armut. Abgedruckt in diesem Band, S. 27-45.
3 Vgl. Anm. 1.
4 Ebenda.
5 Theodor Lessing: Jüdisches Schicksal. In: Der Jude. Sonderheft 3 von „Judentum und Deutschtum", Berlin/Wien 1926, S. 11-17, Zitat S. 14.
6 Vgl. Jacob Toury: Soziale und politische Geschichte der Juden in Deutschland 1847-1871, Düsseldorf 1977, S. 352-357.
7. Vgl. Werner Jochmann: Antisemitismus und der Untergang der Weimarer Republik. In: Ders., Gesellschaftskrise und Judenfeindschaft in Deutschland 1870-1945, Hamburg 1988, S. 171-194.
8 Prager Tagblatt, 25. April 1925. Vgl. Kurt Hiller, Der Denker im Spiegel. In: Köpfe und Tröpfe. Profile aus einem Vierteljahrhundert, Berlin/Hamburg 1963, S. 301-308.
9 Theodor Lessing: Die Unlösbarkeit der Judenfrage. Abgedruckt in diesem Band, S. 140-150.

ANMERKUNGEN UND ERLÄUTERUNGEN ZU DEN TEXTEN VON THEODOR LESSING

An den Nerven krank und dem Zusammenbruch nahe –Tagebuchnotizen August 1914.
In: Stadtarchiv Hannover, Nachlaß Th. Lessing, Nr. 2138.

Die schwer entzifferbaren handschriftlichen Notizen enden am 25. August 1914. Sie beginnen am 27. Juli 1914, dem Geburtstag seiner Lieblingstochter Miriam aus erster Ehe, den Lessing mit seiner 1 1/2 Jahre alten Tochter Ruth aus zweiter

Ehe mit einen Ausflug zum Zoologischen Garten in Hannover beging. 1925 schrieb Lessing diese Tagebuchnotizen um und veröffentlichte sie in dem Artikel „Ausflug nach Goslar" im Prager Tagblatt vom 6. Dezember 1925.

1 Zur „Spionitis" sowie zur Legende über die „Goldautos vgl. Hellmut von Gerlach: Die große Zeit der Lüge. Der Ersze Weltkrieg und die deutsche Mentalität (1871-1921). Hrsg. von Helmut Donat und Adolf Wild. Mit einem Nachwort von Walter Fabian, Bremen 1994, S. 36-39. Allerdings berichtet Gerlach nichts über „Goldautos", die wirklich „abgefangen" worden seien. – Vgl. auch Kurt Mühsam: Wie wir belogen wurden. Die amtliche Irreführung des deutschen Volkes, München 1918.

Krieg und Not. Vorbemerkungen zu den Vorträgen im Winter 1914.
In: Stadtarchiv Hannover, Nachlaß Th. Lessing, Nr. 2138.

Das handschriftliche Manuskript wurde von Lessing später um diese „Vorbemerkung" ergänzt. Zeitpunkt und Anlaß sind nicht vermerkt. Lessing kündigte die Vortragsreihen „Krieg und Not" und „Krieg und Armut" als „Vorspiel der Philosophie der Not" an, also als Stoffsammlung für das unausgeführte Hauptwerk „Philosophie der Not". Auch seine beiden „Kriegsbücher" verstand er als Zwischenbemerkungen. Das 1914 abgeschlossene, aber erst 1916 in der „Aktions-Bücherei" von Franz Pfemfert veröffentlichte Buch „Europa und Asien" mit dem späteren Untertitel „Untergang der Erde am Geist" ist „aus jener Stimmung von Schmerz, Scham und tiefen Menschenekel geboren, die eine kleine Schar Einsamer und Unzeitgemäßer aus allen Ländern zusammenschmiedete, in dem selben Augenblick, wo Europas Menschen – allen voran die führenden Geister – am großen Flammenrausch des Vaterlandes zu Verzückungen politischen Machtwillens entbrannten" (Vorwort zur 1. Auflage, Winter 1914). Und die 1916 veröffentlichte „Geschichte als Sinngebung des Sinnlosen – oder die Geburt der Geschichte aus dem Mythos", die bei C.H. Beck noch vor Spenglers „Untergang des Abendlandes" erschien, nahm ihren Ausgang von den Eindrücken und

Erlebnissen dreier Kriegsjahre (Vorrede von 1927, S. 4). Zeitbedingte Reflexionen finden wir auch in „Die verfluchte Kultur. Gedanken über den Gegensatz von Leben und Geist", München 1921, die Lessing als „Abwandlungen der selben Melodie" charakterisierte.

Da Lessing erwartete, daß seine „Bücher als fortlaufende Spuren und Tagebücher eines Lebens betrachtet werden" und „eines aus dem anderen Licht empfängt" (Vorrede 1927, S. 26 von „Geschichte als Sinngebung des Sinnlosen"), finden wir in Lessings Publizistik und Schriften immer wieder entsprechende Nachdenkübungen, die er in „Feind im Land" noch einmal so zusammenfaßt: „Im August 1789 beschlossen die Menschen, Weltbürger zu werden. Im August 1914 beschlossen sie das Gegenteil." (1923, S. 106). Sein „Nein!" gegen das Intellektuellenprodukt der sogenannten „Ideen von 1914" und die „große Stunde der Lüge" hat ihn seitdem gegen die überwiegende Mehrheit der Ja-Sager begleitet – „als Frondeur mit jedem Blutstropfen angewidert von der gräßlichen Barbarei des Zeitalters". Die „Nemesis für unsere und aller Schuld" sah er in dem „Tötenkönnen" und „Sterbenmüssen" des Ersten Weltkrieges. Im August 1914 „endete unsere Jugend". Alles was vor diesem Datum lag, „war noch keine rechte Wirklichkeit" (Jüdischer Selbsthaß, 1930, S. 191). Seit 1914 war und blieb Lessing „heimatlos, zwischen allen Sekten und Parteien hin- und hergeworfen, besaß er nur den Schutz der Selbstkritik als Quelle seiner Selbstbefreiung" (Philosophie als Tat, 1914, S. 324).

Spuren und Ausschreibungen der Reden von 1914 finden wir u.a. im Anhang zu „Europa und Asien, 1923, S. 397 ff. „Glocken und Grüfte" bündelt noch einmal die Gedichte und „Oden im Weltbrand", z.B. das „Totenfeuer" Nr. 1, das Heinrich Binder aus Schleswig gewidmet ist (Nr. 2 gilt Kurt Eisner und seiner Ermordung am 26. Februar 1919). – Die Geschichte zwischen den deutschen und französischen Gräben wird als „Episode 1916" in „Feind im Land", Hannover 1923, S. 173 ff., zu einer Friedensutopie umgestaltet. Und „Kamerad Levi", die Geschichte des 26jährigen Hannoveraner „Kriegsfreiwilligen", wird mehrfach aus- und umgeschrieben, so in „Feind im Land", S. 149-171, und in den „Kommunalen Mitteilungen – Amtliches Kreisblatt für den Landkreis Linden", Nr. 49-53, 6. Juli 1924 bis zum 20. Juli 1924, S. 814 ff.; 853 f. und 877 f.

Et si omnes ego non: Krieg und Armut, 1914/15.
In: Stadtarchiv Hannover, Nachlaß Th Lessing, Nr. 2139.

Die hier abgedruckte erste Rede hielt Theodor Lessing am 14. Oktober 1914 im kleinen Saal der Königlich Technischen Hochschule zu Hannover. Der Text liegt als maschinenschriftliches Typoskript vor.

Die Rede dokumentiert, wie auch der Kriegsgegner Lessing – ähnlich wie der Pazifist Magnus Hirschfeld – in seiner Analyse der Kriegsursachen der zeithistorischen Interpretation erlag und bei der „Entklitterung der Zusammenhänge dieses großen Krieges" Englands Politiker zu den Hauptverantwortlichen erklärte, die das „Pulverfaß bereiteten" und „das ungeheuerlichste europäische Hasardspiel" im August 1914 einleiteten. Dabei bezieht sich Lessing u.a. auf die von der deutschen Politik selbstverschuldete Einkreisungspolitik Englands, die den gegenseitigen Rüstungswettkampf nach 1904 zur Folge hatte. Vgl. dazu Hermann Kantorowicz: Der Geist der englischen Politik und das Gespenst der Einkreisung Deutschlands, Berlin 1929, und George W.F. Hallgarten, Das Wettrüsten, Frankfurt/Main 1967.

1 Die „Dreadnought" läutete in der britischen Flottenrüstung eine Revolution in der Seekriegsführung ein und beeinflußte den diplomatischen Konflikt im Frühjahr 1905 um die Marokkofrage zwischen Deutschland und Frankreich (Algeciras-Konferenz). Die deutsche Antwort auf das Flottenrüsten schloß die psychologische Kriegsführung ein: Mit fingierten Bombenangriffen der zigarrenförmigen Zeppelin-Luftschiffe auf London sollte Panik erzeugt werden. Rudolf Martins und August Niemanns „romanhafte" Verarbeitungen solcher Szenarien waren Lessing allzu vertraut.

2 Der Terminus Lokalisierung gehört zu den wichtigsten Begriffen jener Historiker und Politiker, deren Bemühen es ist, die deutsche Reichsleitung von ihrer Schuld an der Verursachung des Ersten Weltkrieges freizusprechen. Er besagt, daß die deutsche Regierung in der Julikrise 1914 versucht habe, einen möglichen Krieg auf die unmittelbaren Kontrahenten, Serbien und Österreich-Ungarn zu beschränken, eben zu lokalisieren. Erst die Teilmobilma-

chung, die Rußland am 29. Juli 1914 verfügte, habe den Kalkül der Deutschen zunichte gemacht. Diese Interpretation läßt die Tatsache außer Acht, daß jeder Angriff Österreich-Ungarns auf Serbien dessen Schutzmacht, Rußland, in den Konflikt einbeziehen mußte, was wiederum die bis dato unbeteiligten Mächte Deutschland, Frankreich und Großbritannien auf den Plan rief. Vgl. Richard Grelling: Der Lokalisierungsschwindel. Das Steckenpferd der deutschen Unschuldspropaganda, Olten 1927.

3 Der Frankreich-Freund Lessing verarbeitet in diesem Vortrag auch seine Pariser Reiseerlebnisse vom Mai 1914, die er 1929 noch einmal in der „Lazarett"-Artikelserie für das Prager Tagblatt ausschmückt. Die Schule von Barbizon meint die von Théodore Rousseau gegründete Schule der Landschaftsmalerei in Barbizon bei Fontainebleau in Frankreich.

Das Lazarett (1929).

In: Prager Tagblatt, 10. und 17. Februar 1929; 2., 7. und 23. März 1929; 6. und 29. April 1929. Nachgedruckt in: Theodor Lessing: Ich warf eine Flaschenpost ins Eismeer der Geschichte. Essays und Feuilletons. Hrsg. von R. Marwedel, Frankfurt a.M. [2]1989, S. 354-389.

1 Offensichtlich liegt hier ein Irrtum Lessings vor. Felix Faure ist bereits im Jahre 1899 gestorben. Präsident der Dritten Republik in den Wochen vor dem Ersten Weltkrieg war der im Mai 1913 gewählte Raymond Poincaré.

Krieg oder Weltrevolution (1921).

In: Die verfluchte Kultur. Gedanken über den Gegensatz von Leben und Geist, München 1921. Nachgedruckt bei Matthes & Seitz, München 1981, S. 20-25, S. 45 f.

1 Mit dem beschriebenen Eigentümer von Kohlengruben, dem Papierhersteller und Zeitungsbesitzer dürfte Alfred Hugenberg gemeint sein.

Die deutsche Studentenschaft um 1925 (1925).
In: Die Neue Erziehung. Monatsschrift für entschiedene Schulreform und freiheitliche Schulpolitik (Organ des Bundes Entschiedener Schulreformer), 8. Jg., Heft 9/1925, S. 637-643. Nachgedruckt in: Th. Lessing: Ich warf eine Flaschenpost, S. 75-82 (ohne den Schlußteil).

Die in Berlin, Leipzig und Wien erscheinende Zeitschrift „Das Stachelschwein" veröffentlichte in Heft 17/1925 unter dem Titel „An die nationalen Studenten" ebenfalls einen Beitrag von Lessing. Nachgedruckt in: Theodor Lessing: Wortmeldungen eines Unerschrockenen. Publizistik aus drei Jahrzehnten. Hrsg. von Hans Stern, Leipzig/Weimar 1987, S. 320-325. Dieser Text setzt sich direkt mit den Vorwürfen der Studenten an der TH Hannover auseinander. Er endet: „Ich habe nur den Ehrgeiz, für die edelsten Herzen und die besten Köpfe Europas zu lehren. Ob die unter Euch an der Technischen Hochschule lebendig sind, das möge die Nachwelt entscheiden. Dieselbe Nachwelt, welche auch befinden mag, ob ich ein Recht habe, die Vorgänge an der hannoverschen Hochschule für schmachvoller zu halten als eine verlorene Feldschlacht."

1 1912 legte F. W. Taylor „The Principles of Scientific Management" vor und begründete damit den Taylorismus (Zeitstudien zur besseren Ausnutzung der Arbeitskraft).
2 Gemeint ist Louis Ferdinand von Preußen, der zweite Sohn des Kronprinzen.
3 Unter Hesychasmus ist die mystische Bewegung innerhalb des orthodoxen Mönchtums der Ostkirche zu verstehen.
4 Belästigen.
5 Es handelt sich um die „Comödie" von Theodor LENSING (Psyeudonym für Lessing). 2 Bde., Leipzig 1893/94.

Ein Justizmord ist begangen. Schlußwort über Haarmann und Grans.
In: Prager Tagblatt, 26. Januar 1926. Nachgedruckt in: Theodor Lessing: Haarmann. Die Geschichte eines Werwolfs, Frankfurt am Main 1989, S. 207-215. Dieser von Marwedel herausgegebene Band enthält neben dem Haarmann-Text

(Die Geschichte eines Werwolfs, S. 47-205) zahlreiche Gerichtsreportagen und Essays von Lessing mit Erläuterungen zu den Texten, auf die wir ausdrücklich verweisen.

1 „Den Haarmann trickse ich aus."
2 Gesündigt.
3 Gemeint ist Herbert von Garvens (nach Marwedel).
4 Riese aus der griechischen Mythologie und ein Sohn Poseidons.

An den Reichspräsidenten (1925).
In: Theodor Lessing, Hindenburg. Vorwort von Maximilian Harden. Nachwort von Herbert Eulenburg, Berlin 1925. Nachgedruckt in: Theodor Lessing, Wortmeldungen eines Unerschrockenen, S. 313-319.

Am 7. Juni 1925 verfaßte Lessing nochmals einen öffentlichen Brief „An den Reichspräsidenten". Schon in seiner Jugend kannte Lessing Hindenburg als Patienten seines Vaters. Nach seiner Pensionierung wohnte Hindenburg abermals in der Nachbarschaft der Lessings. Zunächst veröffentlichte Lessing seinen kritischen und warnenden Beitrag über Hindenburg am 25. April 1925, ein Tag vor der Reichspräsidentenwahl (2. Wahlgang), im Prager Tagblatt. Nach dem Kesseltreiben gegen ihn erweiterte Lessing seinen Aufruf zu einer eigenständigen Buchpublikation; enthalten ist darin der Hindenburg-Aufsatz, der „Brief um Gerechtigkeit" vom 7. Juni 1925 sowie das Vor- bzw. Nachwort zweier hochgeschätzter Schriftsteller: Maximilian Harden und Herbert Eulenburg.

1 Götzendienst, Selbstvergötterung.
2 Absetzung, Entfernung.
3 Dienstenthebung.
4 Einkreisungsschlacht vom 25. bis 31. August 1914 im Raum Allenstein, die den Mythos Hindenburg (und Ludendorff) begründete und zur Revanche für die Niederlage des deutschen Ritterordens (15. Juli 1410 gegen Polen) überhöht wurde.
5 Friedensvertrag zwischen den Siegermächten und Deutschland vom 28. Juni 1919, der von zahlreichen Deutschen als

Diktat und „Schmachfrieden" verworfen wurde, aber Interessenverbände und Reichsbürokratie nicht antastete.

Hindenburg (1925).
In: Prager Tagblatt, 25. April 1925, und Theodor Lessing: Hindenburg, Berlin 1925. Nachgedruckt in: Theodor Lessing: Ich warf eine Flaschenpost, S. 65-69.

1 Adelskalender, genealogisches Taschenbuch (seit 1900).
2 1848 von Bismarck initiierte konservative „Neue Preußische Zeitung".
3 Gemeint ist Erich Ludendorff, seit August 1914 Generalstabschef beim Oberbefehlshaber der VIII. Armee in Ostpreußen (Hindenburg); Ende August 1916 Leitung der deutschen Kriegsführung (OHL); Theoretiker des „totalen Krieges" (1935), reaktionärer Politiker und Ideologe, der die Dolchstoßleglende verbreitete und die NSDAP förderte.

Die deutsche Universität (1933).
In: Die neue Weltbühne (Wien/Prag), 2. Jg., Heft 36/1933, S. 1112-1116. Nachgedruckt in: Theodor Lessing: Ich warf eine Flaschenpost, S. 111-115.

1 Gemeint sind die Störaktion und die Hetzkampagne gegen Lessing in Hannover, siehe dazu den Beitrag von Jörg Wollenberg in diesem Band.
2 Es handelt sich um Otto Braun, von 1925 bis zum 20. Juli 1932 (Papen-Putsch) preußischer Ministerpräsident; Gegenkandidat von Hindenburg bei den Reichspräsidentenwahlen von 1925.
3 Die Rede ist von Carl Heinrich Becker, der als anerkannter Wissenschaftler (Orientalist) von 1925 bis 1930 das preußische Ministerium für Kunst, Wissenschaft und Volksbildung leitete.
4 Gemeint sind Hitler und die NSDAP.
5 Ludwig Klages empfand sich als Verkörperung der von Henrik Ibsen gestalteten Figur „Peer Gynt", die mit Lessing formuliert „jedem persönlichen Belieben eine fanta-

sieentsprungende Sanktion zu geben“ versucht, die eher sich verbirgt und das Enthüllen meidet (vgl. Theodor Lessing: Einmal und nie wieder, Prag 1935; Neudruck: Gütersloh 1969, S. 432).

6 Lessing spricht hier von Ludwig Klages, seinem engsten Jugendfreund. In der Schmähschrift gegen Lessing bezeichnet Klages seinen einstigen Freund als Verkörperung des Ahasver, also als Sinnbild des nie zur Ruhe kommenden Juden.

Über einen Ausspruch von Doktor Goebbels (1930).
In: Das Tagebuch, 11. Jg., Heft 42/1930, S. 1692 f. Nachgedruckt in: Theodor Lessing: Ich warf eine Flaschenpost, S. 73 f. und Theodor Lessing: Wortmeldungen eines Unerschrockenen, S. 342 ff.

Vaterland (1931).
In: General-Anzeiger für Dortmund und das gesamte rheinisch-westfälische Industriegebiet, 28. Dezember 1931. Nachgedruckt in: Theodor Lessing: Ich warf eine Flaschenpost, S. 105-108.

Deutschland (1933).
In: Aufruf (Prag), Heft 6/1933. Nachgedruckt in: Theodor Lessing: Wortmeldungen eines Unerschrockenen, S. 356 ff.

Antwort auf eine Frage der „Linkskurve“ (1930).
In: Die Linkskurve (Berlin), Heft 9/1930. Nachgedruckt in: Theodor Lessing: Wortmeldungen eines Unerschrockenen, S. 346 f.

Nachdem der Reichsminister des Inneren, Carl Severing (SPD), das Verbot der Wehrformationen der NSDAP (Stahlhelm) und der KPD (Roter Frontkämpferbund, RFB) abgelehnt hatte, antwortete der preußische Innenminister, Grzesinski (SPD), mit einem Demonstrationsverbot für Berlin, das selbst am 1. Mai 1929 nicht aufgehoben wurde. „Die Weltbühne“

sprach von einer „Diktatur der Angst" (25. Jg., Nr. 17, S. 621, 23. April 1929). Die Folge: Unbewaffnete Demonstranten wurden auf Anweisung des Berliner Polizeipräsidenten Zörgiebel (SPD) mit Gummiknüppeln und Schußwaffen auseinander getrieben. 25 zumeist unbeteiligte Zivilisten verloren dabei ihr Leben. Nach dem „Blutmai" von 1929 zählte Lessing zu den 35 Künstlern, Wissenschaftlern und Publizisten, die den Aufruf Kurt Hillers gegen das Verbot des RFB im Mai 1929 unterschrieben. Die Mehrheit der Unterzeichner wie Alfred Kerr, Paul Oestreich, Arnold Zweig und Gustav Wyneken gehörten nicht der KPD an. Ebenso unterstützte Lessing die Protestaktionen gegen den Bau des Panzerkreuzers A, ohne sich von der Sozialdemokratie zu trennen. An den Solidaritätsaktionen zugunsten der Sowjetunion (Bund der Freunde der SU) scheint er sich nach 1928 aber ebenso wenig beteiligt zu haben wie an der Mitarbeit im Rahmen der „Marxistischen Arbeiterschulen".

Konservative Tendenzen in der Sozialdemokratie? (1930).
In: Mitteilungsblatt des Sozialdemokratischen Intellektuellenbundes, Heidelberg 1930, Heft 5, S. 9-13. Nachgedruckt in: Theodor Lessing: Ich warf eine Flaschenpost, S. 96-102.

Der „Sozialdemokratische Intellektuellenbund" wurde 1919 als „Arbeitsgemeinschaft sozialdemokratischer Geistesarbeiter" gegründet und 1926 in den „Verband sozialdemokratischer Akademiker" umgewandelt. Geprägt von ethischen und religiösen Sozialisten, dominierten unter den 650 Mitgliedern des Verbandes Juristen, Ärzte und Mediziner. Ihr Publikationsorgan war das „Mitteilungsblatt des Sozialdemokratischen Intellektuellenbundes". Als Redakteur zeichnete der Vorsitzende des Verbandes, der Jurist Hugo Marx, verantwortlich, der gleichzeitig Mitglied des Vereins zur Abwehr des Antisemitismus war und 1933 über die Schweiz und Frankreich in die USA floh. Innerhalb der Gesamtpartei isoliert, hoffte der Intellektuellenbund auf mehr Resonanz durch kritische Fragestellungen. Die Diskussion über „Konservative Tendenzen in der Sozialdemokratie" war ein solcher Versuch und wurde zum Gegenstand der Jahresversammlung Anfang Oktober 1930 in Hannover. Hauptredner war der Linksso-

zialist und Aachener Professor der Soziologie, Alfred Meusel, der 1925 die SPD verlassen hatte und 1930 die „Gesellschaft der Freunde des neuen Rußlands" leitete. Diese Debatte füllte auch das Heft 6 des Mitteilungsblattes.

Um Stellungnahmen wurden neben Theodor Lessing gebeten: der zum rechten Flügel der SPD zählende Berliner Professor der Sozialen Hygiene, Alfred Grotjahn, außerdem Max Seydewitz als Vertreter der Linken in der Reichstagsfraktion, weiter Fritz Naphtali, Carl Severing, Hermann Müller und Siegfried Marck. Vgl. Franz Walter, Sozialistische Akademiker- und Intellektuellenorganisationen in der Weimarer Republik, Bonn 1990, S. 104 ff.

1 Während Th. Lessing Leonard Nelson hier als „leidenschaftlichen Gegner der Demokratie und darum dennoch durchaus strenger Sozialist" bezeichnete, charakterisierte er ihn im Prager Tagblatt vom 18. August 1927 folgendermaßen: „Ein Denker von kristallender Klarheit und mathematischer Treffsicherheit, politisch einer der freiesten und unabhängigsten Männer Deutschlands" (zitiert nach Theodor Lessing, Ich warf eine Flaschenpost, S. 438). Und in „Die verfluchte Kultur" von 1921 zählte er Nelson zu den „großen geistigen Persönlichkeiten im gegenwärtigen Deutschland" (1981, S. 43) Der Jude und Sozialist Nelson hatte sich wie Lessing in Göttingen nach 1906 vergeblich darum bemüht, von Edmund Husserl habilitiert zu werden.

Was hat die Sozialdemokratie der Jugend zu bieten? (1930).
In: Mitteilungsblatt des sozialdemokratischen Intellektuellenbundes, Heidelberg 1930, Heft 6, S. 35-36. Nachgedruckt in: Theodor Lessing, Ich warf eine Flaschenpost, S. 102-105.

Jüdisches Schicksal (1926).
In: Der Jude (Berlin/Wien), Sonderheft 3/1926 (Judentum und Deutschtum), S. 11-17. Nachgedruckt in: Theodor Lessing: Wortmeldungen eines Unerschrockenen, S. 69-76.

Gnade dem Maultier (1933).
In: Selbstwehr (Prag), 31. August 1933. Nachgedruckt in: Wortmeldungen eines Unerschrockenen, S. 358-363.

1 Gemeint ist die durch Theodor Herzls programmatische Schrift „Der Judenstaat“ (1896) geschaffene politische Bewegung, die eine Lösung der Judenfrage anstrebte, das Judentum als Nation in Palästina neu zu konstituieren. Lessing selbst bekannte sich zum Poale-Zionismus, dem Verband des ostjüdischen Proletariats, „welcher einerseits das jüdische Volk und Rassetum als gleichberechtigt zu halten wünscht, andererseits aber sozialistisch und nicht national denkt.“ (Brief an Frau Breling, Fischerhude, 3. April 1929).

Internationalismus und Nationalismus. Eine Kontroverse über nationales Judentum (1929).
In: Jüdische Rundschau, 24. April 1929, S. 207.

Die „Jüdische Rundschau“, das „Offizielle Organ der Zionistischen Vereinigung für Deutschland“, veröffentlichte den Briefwechsel von Jakob Klatzkin und Theodor Lessing mit dem Hinweis, daß „diese Gedanken wohl für unsere Leser auch dort von Interesse sein werden, wo sie ihnen nicht zustimmen können.“ Der Publizist und Verleger Dr. Jakob Klatzkin war 1921-1932 Schriftleiter der „Freien Zionistischen Blätter“ (Heidelberg) und gab die „Encyclopaedia Judaica“ heraus.

1 Plural von Jeschiba, bezeichnet die Talmudhochschulen in Palästina und Babylonien sowohl für die Gelehrtenkollegien wie auch für die als Bildungsanstalten der reifen Jugend fungierenden Akademien, während die später in anderen Ländern gegründeten Jeschibot allein dem Unterricht dienten.
2 Gemeint ist der im Jahre 1893 in Berlin gegründete „Central-Verein der deutschen Staatsbürger jüdischen Glaubens“, der 1926 über 60 000 Einzelmitglieder zählte, die in 555 Ortsgruppen und 21 Landesverbänden vereinigt gewesen sind.

Die Unlösbarkeit der Judenfrage (1932).
In: Der Jud ist schuld? Diskussionsbuch über die Judenfrage, Basel/Berlin/Leipzig/Wien 1932, S. 402-412. Nachgedruckt in: Theodor Lessing: Ich warf eine Flaschenpost, S. 415-425.

Der Sammelband, herausgegeben im Zinnen-Verlag und eingeleitet von Friedrich von Lettow-Vorbeck, vereinigt zahlreiche Autoren der unterschiedlichsten Auffassungen; so etwa Hermann Bahr, Franz Blei, Hans Blüher, Gottfried Feder, Lion Feuchtwanger, Oskar Maria Graf, Heinrich Mann, Max Naumann, Wilhelm Sollmann, Werner Sombart, Wilhelm Stapel u.a. 1933 erscheint das Buch unverändert unter dem Titel „Gegen die Phrase vom jüdischen Schädling", Prag 1933.

1 Erneuerungsbewegung unter den Juden Osteuropas, die auf den Rabbi Israel ben Elieser aus Niedzyborz zurückgeht.
2 Pioniere der Landurbarmachung.
3 Land Israels; Palästina als geographische Bezeichnung ist eine Schöpfung der Römer. Judäa wird zur geographischen Bezeichnung nach der Rückkehr der Juden aus Babylon.

Zionist und Sozialist (1930).
In: Theodor Lessing: Der jüdische Selbsthaß, Berlin (Jüdischer Verlag) 1930, S. 211-213. Nachgedruckt 1984 bei Matthes & Seitz in München.

Maximilian Harden (1930).
In: Theodor Lessing: Der jüdische Selbsthaß, Berlin 1930, S. 167-207. Nachgedruckt in: Theodor Lessing: Wortmeldungen eines Unerschrockenen, S. 176-202.

Im Prager Tagblatt vom 12. Dezember 1925 findet sich eine weitere Annäherung an Harden; sie ist nachgedruckt in: Theodor Lessing, Ich warf eine Flaschenpost, S. 389-393. Wie der Artikel „Leibniz in Hannover" (1908) so ist auch dieser Aufsatz als „ein Stück Autobiographie" zu lesen (vgl. Theodor Lessing: Ausgewählte Schriften, Bd. I, S. 53-56). Im „Jüdi-

schen Selbsthaß" sind weitere fünf Lebensgeschichten enthalten, so die von Paul Rée, Otto Weininger, Arthur Trebitsch, Max Steiner und Walter Calé.

1 Vgl. dazu Lessings Tagebuchnotizen von August 1914. Der Aufruf kam nicht zustande. Dafür verfaßten 93 herausragende deutsche Gelehrte und Künstler von Max Planck und Eduard Spranger bis Gerhart Hauptmann und R. Dehmel am 4. Oktober 1914 den Aufruf „An die Kulturwelt". Vgl. dazu auch den Beitrag von Jörg Wollenberg in diesem Band, S. 247-274.
2 Maximilian Harden gründete am 1. Oktober 1892 die Zeitschrift „Die Zukunft", die er bis 1922 in alleiniger Verantwortung als „Wochenschrift für Politik, öffentliches Leben, Kunst und Literatur, unabhängige Rednertribüne für jedermann" herausgab.
3 Gemeint ist das Attentat auf Maximilian Harden am 3. Juli 1922, neun Tage nach der Ermordung von Walter Rathenau. Auf die Ergreifung der Täter setzte die Reichsregierung die lächerliche Summe von 70 Dollar fest.
4 Der Harden-Prozeß fand vom 12. bis 14. Dezember 1922 vor dem Landgericht III in Berlin-Moabit statt. Der Prozeß endete mit einem milden Urteil. Die Angeklagten wurden zu 4 Jahren und 9 Monaten bzw. 2 Jahren und 9 Monaten Gefängnis verurteilt. Am 2. Juni 1924 wurde gegen den eigentlichen Attentäter Ackermann ohne Teilnahme Hardens verhandelt. Kurt Tucholsky berichtete über den Prozeß in der „Weltbühne" vom 21. Dezember 1922 und sprach vom „Selbstmord der Justiz". Das Gericht setzte sich aus dem Landgerichtsdirektor Dr. Rippner, dem Sohn eines Rabbiners, und den Beisitzern Vogel und Risop zusammen. Die Attentäter Weichardt und Grenz wurden durch die getauften jüdischen Rechtsanwälte Schiff und Bloch vertreten.
5. Gemeint ist die Veröffentlichung im Prager Tagblatt vom 12. Dezember 1925.

Kleines Lexikon fürs Dritte Reich (1932).
In: General-Anzeiger für Dortmund und das gesamte rheinisch-westfälische Industriegebiet, 19. August 1932. Nach-

gedruckt in: Theodor Lessing, Ich warf eine Flaschenpost, S. 118 f.

Die Potsdamer Garnisonskirche. Der Sitz des neuen Reichstags (1933).
In: Prager Tagblatt, 3. März 1933. Nachgedruckt in: Theodor Lessing, Ich warf eine Flaschenpost, S. 116 f.

Was kommen wird (1932).
In: Generalanzeiger für Dortmund und das gesamte rheinisch-westfälische Industriegebiet, 19. Juni 1932. Nachgedruckt in: Theodor Lessing, Ich warf eine Flaschenpost, S. 108-111.

1 Am 11. Januar 1923 wurde durch die Verordnung des französischen Militärbefehlshabers Degoutte der Belagerungszustand im Ruhrgebiet ausgerufen, den Reichsregierung und Reichspräsident als „Generalstreich gegen Deutschland" charakterisierten. Die Zentrale der KPD forderte am 22. Januar 1923: „Schlagt Poincaré und Cuno an der Ruhr und an der Spree!"
2 Der Roman „Erfolg" von Lion Feuchtwanger erschien 1930 mit dem Untertitel „Drei Jahre Geschichte einer Provinz" (Bayern).

Die überstaatlichen Mächte (1932).
In: Generalanzeiger für Dortmund und das gesamte rheinisch-westfälische Industriegebiet, 13. November 1932.

Die Kulturmission der abendländischen Völker (1927).
In: Das Flammenzeichen vom Palais Egmont. Hrsg. von der Liga gegen Imperialismus und für nationale Unabhängigkeit, Berlin 1927, S. 205-214. Nachgedruckt Theodor Lessing: Wortmeldungen eines Unerschrockenen, S. 248-259.

Es handelt sich um das offizielle Protokoll des Kongresses gegen koloniale Unterdrückung und Imperialismus in Brüssel vom 10. bis 15. Februar 1927. Mitglieder der deutschen Delegation waren neben Lessing u.a. Albert Einstein, Alfons Goldschmidt, Ernst Toller, Arthur Holitscher, Otto Lehmann-Rußbüldt, Helene Stöcker, Willi Münzenberg.

1 Über die Ausrottung von Vogelarten durch die „Federmode“ und die bestialische Ermordung von Robben vgl. auch Hans Paasche: „Ändert Euren Sinn!“ Schriften eines Revolutionärs. Hrsg. von Helmut Donat und Helga Paasche. Mit einem Nachwort von Robert Jungk, Bremen 1992, S. 87 ff. und S. 104-118.

Deutschland und seine Juden (1933).
In: Theodor Lessing: Deutschland und seine Juden, Prag-Karlin 1933.

Es handelt sich um die letzte Veröffentlichung von Lessing zu Lebzeiten, die auf 31 Seiten „Worte“ bündelt, „die im März, April und Mai 1933 gesprochen“ wurden (S. 2). Im ersten Band der Ausgewählten Schriften von Lessing haben wir auf den Seiten 81-84 einige Passagen aus diesem Text abgedruckt, die als die letzten autobiographischen Äußerungen Lessings anzusehen sind. Hier folgt der schwer zugängliche, vergriffene Nachdruck des kompletten Textes, dessen Veröffentlichung Lessing selbst noch kurz vor seiner Ermordung erlebte und der noch einmal die Gedanken zum deutschen Nationalismus und zum Judentum zusammenfaßt.

1 Nicht mit Heeresgewalt, nicht mit Waffenmacht, sondern einzig mit der Kraft des Geistes. Dasselbe Zitat bringt Lessing noch einmal an anderer Stelle; vgl. S. 154 in diesem Band.

Nein! (1933)
In: Volkswille (Hannover), 31. Januar 1933. Beilage „Für Unterhaltung und Bildung“.

In dem Organ der Sozialdemokratie Hannovers veröffentlichte Lessing diesen Text einen Tag nach der Machtergreifung

Hitlers. Es handelt sich vermutlich um die letzte Veröffentlichung von Lessing in Deutschland. Nachgedruckt in: Theodor Lessing: Wortmeldungen eines Unerschrockenen, S. 347-353.

Lessing thematisierte früh die Folgen, die mit der NS-Bewegung verbunden waren. Er warnte schon vor dem 30. Januar 1933: Wer Hitler wählt, wählt den Krieg! Deshalb konnte er nach der NS-Machtergreifung auf Überlegungen zurückgreifen, die nicht für diesen Tag formuliert waren und dennoch prognostisch die Zukunft Deutschlands beschreiben. Noch jedoch gab es die Chance der Gegenwehr: „Nein! Wir machen nicht mit. Wir wollen die Umkehr!" Aber warum läßt Lessing diesen Appell ausklingen mit den „Sonetten aus Flandern", die er 1914/15 geschrieben hatte und die er 1923 in der dritten Auflage von „Europa und Asien" mit dem Untertitel „Der Mensch und das Wandellose. Sechs Bücher wider Geschichte und Zeit" veröffentlichte? (Vgl. 1923, S. 406) Es ist anzunehmen, daß Lessing damit noch einmal unterstreichen wollte: Ohne die „Nemesis für unsere und aller Schuld", ohne die „große Stunde der Lüge" von 1914 ist der Sieg der Nazis nicht zu erklären. Die „Ideen von 1914" dokumentierten sich für Lessing in der erneuten Dienstwilligkeit der intellektuellen Würdenträger, sich dem „Führer-Staat" zur Verfügung zu stellen und der „nationalen Revolution" mit dem Lossagen von der „Vergötzung eines boden- und machtlosen Denkens" zu dienen (so Heidegger in seiner Freiburger Universitätsrede von 1933). Lessing blieb nur die Flucht aus Deutschland. Bis zu seiner Ermordung am 30./31. August 1933 hat er nicht nachgelassen, die Schweiger und Mitmacher in Deutschland aufzufordern, umzukehren und sich nicht blenden zu lassen, dem anderen und besseren Deutschland zum Sieg zu verhelfen – durch das „Nein! Wir machen nicht mit!"

Anmerkungen zum Beitrag von Jörg Wollenberg

1 Unter den im Geheimen Staatsarchiv in Berlin-Dahlem lagernden Akten des preußischen Ministeriums für Wissenschaft, Kunst und Volksbildung befinden sich mehr als 1 600 Blätter „Sonderakten Lessing" als Teil der Unterlagen zur Technischen Hochschule Hannover: Rep 76 V b Sekt. 13 tit III, 2 c, Bd I-III. Für den Fall Lessing enthalten sie wichtige Dokumente, auf die Helmut Heiber in seiner umfangreichen Studie über die „Universität unterm Hakenkreuz" (Teil I) zurückgegriffen hat. In diesem Beitrag werten wir diese Akten aus und ordnen sie der Fragestellung zu, die im zweiten Band der „Ausgewählten Schriften" Theodor Lessings in den Mittelpunkt gerückt werden: Lessings Veröffentlichungen zum deutschen Nationalismus und Judentum.

2 Helmut Heiber: Universität unterm Hakenkreuz. Teil 1. Der Professor im Dritten Reich, München 1991, S. 54-67. Vgl. auch Ernst Rudolf Huber: Deutsche Verfassungsgeschichte seit 1789, Bd. VI, Stuttgart 21993, S. 993-1002. Der wissenschaftliche Beirat des von Hans Rothfels und Theodor Eschenburg gegründeten Münchener Instituts für Zeitgeschichte lehnte übrigens die Drucklegung der selbst angeregten und jahrelang geförderten ersten umfassenden Studie über die Hochschulen im Dritten Reich ab. Teil II erschien 1992 unter dem Titel „Die Kapitulation der Hohen Schulen (Bd. I); Teil III 1994: „Die Kapitulation der Hohen Schulen. Das Jahr 1933 und seine Themen" (Bd. II).

3 Ekkehard Hieronimus: Theodor Lessing. Otto Meyerhof. Leonard Nelson. Bedeutende Juden in Niedersachsen, Hannover 1964, S. 39 f.

4 Rainer Marwedel: Theodor Lessing 1872-1933. Eine Biographie, Darmstadt 1987. Vgl. auch Julius H. Schoeps' Studie „Zum Leben und Werk des Philosophen und Schriftstellers Theodor Lessing. In: Leiden an Deutschland. Vom antisemitischen Wahn und der Last der Erinnerung, München 1990, S. 159-179; Hans Mayer: Theodor Lessing. Bericht über ein politisches Trauma. In: Der Wi-

derruf. Über Deutsche und Juden, Frankfurt a.M. 1994, S. 192-220.

5 Helmuth Plessner: Das Schicksal des deutschen Geistes im Ausgang seiner bürgerlichen Epoche, Zürich 1935; zweite, erweiterte Auflage erschien 1959 unter dem Titel: Die verspätete Nation. Über die politische Verführbarkeit bürgerlichen Geistes.

6 Vgl. dazu neben Heiber die zahlreichen Veröffentlichungen zu diesem Sündenfall u.a. W.F. Haug (Hrsg.): Deutsche Philosophen 1933, Hamburg 1989; Thomas Laugstien: Philosophische Verhältnisse im deutschen Faschismus, Hamburg 1990; Monika Leske: Philosophen im Dritten Reich, Berlin 1990; Werner Mosse/Arnold Pauckert (Hrsg.): Entscheidungsjahr 1932. Die Judenfrage in der Endphase der Weimarer Republik, Tübingen 1965; Michael H. Kater: Studentenschaft und Rechtsradikalismus in Deutschland 1918-1933, Hamburg 1975; Martin Broszat/Klaus Schwabe (Hrsg.): Die deutschen Eliten und der Weg in den Zweiten Weltkrieg, München 1989; Jörg Tröger (Hrsg.): Hochschule und Wissenschaft im Dritten Reich, Frankfurt a.M. 1986; Jahrbuch für Pädagogik 1995: Auschwitz und die Pädagogik, Frankfurt a.M. 1995; Victor Farias: Heidegger und der Nationalsozialismus, Frankfurt a.M. 1987; Ulrich Hermann/Jürgen Oelkers: Pädagogik und Nationalsozialismus. In: Beiträge für Pädagogik, 22. Beiheft, 1988.

7 Leitartikel „März 1933“ in: Die Erziehung, 8. Jg., S. 401-408, April 1933.

8 Freie Volksbildung, 1933.

9 Vgl Thomas Laugstien: Philosophische Verhältnisse im deutschen Faschismus, Hamburg 1990, S. 202; Heiber, 3. Teil, 1992, Bd. 1, S. 570-575; Fritz K. Ringer: Die Gelehrten. Der Niedergang der deutschen Mandarine 1890-1933, Stuttgart 1983; H.P. Bleuel: Deutschlands Bekenner. Professoren zwischen Kaiserreich und Diktatur, Bern 1968, S. 89 ff.; G. Hübinger/W.J. Mommsen: Intellektuelle im deutschen Kaiserreich, Frankfurt a.M. 1993; Jürgen und Wolfgang von Ungern-Sternberg: Der Aufruf „An die Kulturwelt!“ Stuttgart 1996; Karl Holl: Pazifismus in Deutschland, Frankfurt a.M. 1988, S. 103 ff.; Ludwig Quidde: Der deutsche Pazifismus während des Welt-

krieges 1914-1918. Hrsg. von Karl Holl und Helmut Donat, Boppard a.Rh. 1979.

10 Vgl. W.F. Haug: Deutsche Philosophen 1933, Hamburg 1989, S. 9.

11 Vgl. George W.F. Hallgarten: Das Schicksal des Imperialismus im 20. Jahrhundert, Frankfurt a.M. 1969, S. 93 ff., Heiber, 1. Teil, 1991, S. 67.

12 Vgl. Die Universität Göttingen unter dem Hakenkreuz, München 1987, S. 99 f., 117 f.; Jürgen Meinck: Weimarer Staatslehre und Nationalsozialismus, Frankfurt a.M. 1978.

13 Vgl. die zeitgenössische Dokumentation des Gießener Pädagogen August Messer, Der Fall Lessing, Bielefeld 1926. Zum Weimarer Kreis: H. Döring, Der Weimarer Kreis. Studien zum politischen Bewußtsein verfassungstreuer Hochschullehrer in der Weimarer Republik, Meisenheim a.Gl. 1975.

14 Akten des Ministeriums für Wissenschaft, Kunst und Volksbildung, Rep. 76 Vb Sek 13, Tit. III, 2c, Bd. I, Blatt 1. Im folgenden zitieren wir nach diesen Akten und zwar jeweils nur den Band und das Blatt.

15 Lessings Buch über Haarmann erschien in zweiter Auflage noch einmal unter dem Titel: Haarmann. Die Geschichte eines Werwolfs, herausgegeben von Rainer Marwedel, Darmstadt 1989.

16 Der Brief vom 29. September 1925 mit der ministeriellen Rüge gelangte am 14. Januar 1926 über den „Hannoverschen Kurier" an die Öffentlichkeit, vgl. Messer 1926, S. 37.

17 Theodor Lessing: Haarmann, Darmstadt 1989, S. 35.

18 So in einer Erklärung vor dem Landtagsausschuß, der sich mit der am 8. Juni 1925 von der SPD-Fraktion über den Hannoveraner Landtagsabgeordneten Leinert eingebrachten großen Anfrage (Nr. 613) im Preußischen Landtag beschäftigte (I/281).

19 Vgl. hierzu den entsprechenden Artikel in der Zeitung „Volkswille" (Hannover), 6. Juni 1925.

20 Der offene Brief vom 7. Juni 1925 erschien Mitte Oktober 1925 zusammen mit dem Hindenburg-Artikel im Prager Tagblatt vom 25. April 1925, angereichert um ein Vorwort von Maximilian Harden und ein Nachwort von

Herbert Eulenburg, als eigenständige Buchveröffentlichung unter dem Titel „Hindenburg".

21 Warum der Göttinger Pädagoge Nohl dieser Einladung nicht folgte, war nicht ermittelbar. Weder im Preußischen Staatsarchiv noch in dem Nachlaß von Herman Nohl (Universitäts- und Staatsbibliothek Göttingen) fand sich ein Hinweis auf den Eingang oder die Beantwortung des Schreibens vom preußischen Ministerium.

22 Vgl. Max Scheler, Gesammelte Werke. Bd. VIII, München 1980, S. 467.

23 Vgl. Theodor Lessing ermordet am 31.8.1933. In: Arnold Zweig, Essays. Bd. 2, Berlin 1967.

24 Kurt Hiller: Der Denker im Spiegel. In: Köpfe und Tröpfe, Hamburg 1950, S. 301-308. Zu beachten ist, daß Hiller Sigmund Freud diesen Aufsatz zur Kenntnis gab, was wiederum Freud veranlaßte, mit Schreiben vom 9. Februar 1936 über seine Beziehung zu Lessing zu berichten. Hiller zitiert auf S. 308 Freud: „Am Schluß des Briefs skizziert Freud eine Analyse des Lessingschen Selbsthasses generell als ein typisches Phänomen. 'Er mag in der Art zustandekommen, daß man seinen Vater intensiv haßt und sich doch mit ihm identifiziert; das ergäbe den Selbsthaß und die auffällige Zerrissenheit.' Freud fragt mich: 'Meinen Sie nicht, daß der Selbsthaß wie bei Th. L. ein exquisit jüdisches Phänomen ist?' Ich meine das in der Tat; und schon darum wirkt Th. L.s Verächtlichmachung der Psychoanalyse als 'jüdisch' so peinlich. Ist sie jüdisch, so wäre sie ja die Frucht einer rassenspezifischen Tugend, die durch ein rassenspezifisches Laster als Laster verspottet wird!

Hervorgehoben zu werden verdient, daß Freud selbst in dieser flüchtigen Notiz seine rühmenswerte unverallgemeinernde kritische Vorsicht walten läßt: nicht den Selbsthaß gemeinhin, sondern den 'Selbsthaß wie bei Th. L.' beschreibt er als exquisit jüdisch. Er ist es; weil sein Gegenstand rassische (oder vermeintlich rassische) Eigenschaften des Selbst sind. Dieser besondere Selbsthaß ist bei Nichtjuden selten. Einer, der auf andere, mehr individuelle Eigenschaften des Selbst abzielt, kommt überall vor. Er ist weder spezifisch jüdisch, noch muß (wie ich in dem Kapitel über Tucholsky zeigte) Kritik eines Juden an bestimmten jüdischen Typen durch Selbsthaß bedingt sein. So wenig wie die Kritik eines Nichtjuden an bestimmten Typen seiner eigenen Rasse oder Nation. Die grimmigste Satire auf die Menschheit braucht keineswegs von jemandem herzurühren, der an sich selber beklagt, verwirft oder verabscheut, daß er Mensch ist." Hinzuzufügen ist, daß auch die beiden Lessing einst nahestehenden Gutachter Scheler und Husserl ebenfalls unter ihren jüdischen Wurzeln litten und ihnen mit jeweils anderen Konsequenzen zu entfliehen versuchten – Husserl mit dem Übertritt zum Protestantismus, Scheler durch das Bekenntnis zum Katholizismus.

25 Vgl. Helmuth Plessner: Die verspätete Nation, Stuttgart 1959 bzw. Das Schicksal deutschen Geistes im Ausgang seiner bürgerlichen Epoche, Zürich 1935, S. 163.

26 Vgl. Wilhelm Mader: Max Scheler, Reinbek 1980, S. 31 ff.

27 Theodor Lessing, Einmal und nie wieder. Lebenserinnerungen, Prag 1935, S. 276. Gemeint ist „Der Genius des Krieges und der deutsche Krieg", Leipzig 1915; vgl. auch „Gerichtstag über mich selbst". In: Junge Menschen. 6. Jg., Heft 10/1925, S. 212.

28 Vgl. R. Marwedel: Theodor Lessing, 1987, S. 96 (Faksimile des Briefes von Husserl); Theodor Lessing, Gerichtstag über mich selbst. In: Junge Menschen, 6. Jg., Heft 10/1925, S. 212.

29 Vgl. H. Plessner: Gesammelte Schriften. Bd. IX, Frankfurt a.M. 1985, S. 124/25. In der „Formalen und transzendenten Logik" vermerkt Husserl mit einer eigenen Fußnote ausdrücklich, daß Lessings „Wertaxiomatik" auf seine Vorlesungen und Seminarien zurückgeht (Gesammelte Schriften. Bd. 7, Hamburg 1992, S. 142, 1).

30 Vgl. „Die Neue Erziehung", Heft 2/1933, S. 80-88.

31 Vgl. W.F. Haug, Deutsche Philosophen 1933, Hamburg 1989, S. 7; M. Leske, Philosophen im Dritten Reich, Berlin 1990, S. 96 f.

32 Vgl. Armin Mohler: Die Konservative Revolution in Deutschland 1918-1932. Ein Handbuch, Darmstadt [4]1994.

33 Vgl. R. van Dülmen, Religion und Gesellschaft, Frankfurt a.M. 1989, S. 181

34 Vgl. Rep. 76 Vb, Sekt 13 , Tit. III, Nr. 26, Bd. I, 499.

35 I, 500-503.
36 I, 504-506.
37 Vgl. auch A. Messer, Der Fall Lessing, Bielefeld 1926, S. 39. Der radikale Judenhaß der kompromißlos völkischen Linie im Hannoveraner Hochschulring ist auch daran abzulesen, daß sie als erste den Numerus clausus für Juden forderten.
38 Ebenda, S. 40.
39 Zitiert nach Eike Wolgast, Die Universität Heidelberg 1386-1986, Berlin 1986, S. 133.
40 A. Messer, Der Fall Lessing, S. 178.
41 Zitat nach H. Heiber, Universität unterm Hakenkreuz, 1991, S. 64.
42 Zitiert nach R. Marwedel, Theodor Lessing, S. 305.
43 Zitiert nach A. Messer, Der Fall Lessing, S. 59.
44 Vgl. dazu A. Messer, Der Fall Lessing, S. 52 f.
45 Rep 76 Vb, Sekt. 13, Bd. III, Blatt 166/67.
46 Theodor Lessing: Gerichtstag über mich selbst. In: Junge Menschen. Monatshefte für Politik, Kunst, Literatur und Leben aus dem Geist der jungen Generation, hrsg. von W. Hammer und K. Ahlborn, 6. Jg., Heft 10, S. 238-244, hier 243/244, Oktober 1925.
47 Theodor Lessing ermordet am 31. August 1933. In: Arnold Zweig, Essays. Bd. 2, Berlin 1967, S. 86.
48 Junge Menschen, 6. Jg., Heft 10/1925, S. 236.
49 Vgl. H. Heiber, Universität unterm Hakenkreuz, Teil II. Bd. I, 1992, S. 573.
50 Ebenda, S. 32.

Danksagung

Die vorliegende Ausgabe erscheint als zweiter Band einer behutsam kommentierten Ausgabe „Ausgewählter Schriften“ von Theodor Lessing. Von den wenigen erhaltenen Originalmanuskripten und -typoskripten wurden die Texte berücksichtigt, die Lessing im Ersten Weltkrieg verfaßt hat. „Ich erlebte ihn“ – so Lessing im „Gerichtstag über mich selbst“ (1925) – „meiner ganzen Natur nach vom ersten Augenblick als Frondeur, mit jedem Blutstropfen angewidert von der gräßlichen Barbarei des Zeitalters,

Ansonsten haben wir auf die von Theodor Lessing mehrfach überarbeiteten Vorlagen kleinerer Schriften und Zeitungen zurückgegriffen. Die Texte wurden auf orthographische Irrtümer und Druckfehler durchgesehen. Kürzungen der Herausgeber sind mit eckigen Klammern versehen. Auch hier folgen wir den verdienstvollen Arbeiten von Rainer Marwedel und Hans Stern, deren Leseausgaben der Schriften Lessings inzwischen leider vergriffen sind.

Verlag und Herausgeber danken folgenden Personen und Institutionen für Auskünfte und Hilfeleistungen:

Stadtarchiv Hannover, Exilarchiv der Deutschen Bibliothek in Frankfurt/Main, Geheimes Staatsarchiv Berlin, Archiv der deutschen Friedensbewegung (Bremen), Fachbereich 12 der Universität Bremen und der IG Metall-Bezirksleitung Hannover. Bei der mühseligen Entzifferung der Texte, der Herstellung und Korrektur des Typoskriptes halfen Dr. Klaus-Frieder Bastian, Heika Eilers, Elke Dierßen, Jens Kolkowski, Thea und Karl-Heinz Schweingruber, Anna Wollenberg, Peter F. Zimmermann.

Der Theodor Lessing-Stiftung und Frau Helga Schmidt sind wir für die inhaltliche Betreuung und Finanzierung der Publikation zu Dank verpflichtet. Vor allem danken wir Herrn Prof. Dr. Peter Gorny (Oldenburg) für die freundliche Genehmigung des Abdrucks der Texte.

Besonders erfreut und dankbar sind wir, daß Prof. Alfred Hrdlicka Zeichnungen und Texte für diesen Band anfertigte und das der ehemalige Leiter des Institutes für Deutsche Geschichte in Tel Aviv, Prof. Dr. Dr. h.c. Walter Grab, das Vorwort verfaßt hat.

Personennamenindex

Die Theodor Lessing-Stiftung in Hannover

Theodor Lessing war ein universaler Denker, dessen Lebenswerk auch heute, über sechzig Jahre nach seiner Ermordung, noch längst nicht in seiner Gesamtheit bearbeitet und gewürdigt ist. Gerade die Vielseitigkeit seiner wissenschaftlichen Arbeit blieb vielen seiner Zeitgenossen verborgen. Um so mehr war er als gesellschaftskritischer Provokateur und politischer Nonkonformist verschrien. Auch heute noch wird der Name Lessings zuallererst mit seiner Analyse des Massenmörders Haarmann oder dem berühmten Aufsatz über Hindenburg in Verbindung gebracht. Viele Beobachter des deutschen Geisteslebens und der politischen Kultur bedauern den Verlust verfügbarer literarischer Dokumente Lessings für die Zukunftsbewältigung in der Bundesrepublik.

1991 wurde von uns, Ursula und Peter Hansen, die Theodor Lessing-Stiftung mit dem Zweck gegründet, den kulturellen Gedankenaustausch und insbesondere die soziale und ökologische Verantwortung im Wirtschaftsleben zu fördern. Als Hochschullehrerin an der Wirkungsstätte Lessings und als mittelständischer Unternehmer wollen wir unseren kleinen Beitrag zur kritischen Auseinandersetzung mit den Zukunftsaufgaben unserer Gesellschaft und zum Wachhalten der Anregungen Lessings leisten. Wir sind Lessings Tochter Ruth Gorny – die 1992 verstarb – dankbar, daß sie uns dazu die Einwilligung gab. Inzwischen ist Frau Helga Schmidt, Schwester bzw. Schwägerin der Stifter, in die finanzielle Trägerschaft für den zweiten Band eingetreten.

Die Theodor Lessing-Stiftung wird die gründliche Aufarbeitung eines vernachlässigten Erbes deutscher Geistesgeschichte unterstützen und zur weiteren Lessing-Forschung beitragen. Nach der Förderung des ersten Bandes „Theodor Lessing – Bildung ist Schönheit“ mit autobiographischen Zeugnissen und Schriften zur Bildungsreform, tragen wir mit Freude zur Veröffentlichung dieses zweiten Lessing-Bandes bei.

Helga Schmidt,
Ursula und Peter Hansen